KB203718

매일 새벽 주 말씀의
묵상과 기도로
행복한 나날이 되시길 기원합니다.
(님께)

나의 사랑 안에 거하라

새벽이 오면 내 귀에 들려주시는 주 예수님의 세미한 속삭임

365 말씀 묵상집

나의 사랑 안에 거하라

아버지께서 나를 사랑하신 것 같이 나도 너희를 사랑하였으니
나의 사랑 안에 거하라(요 15:9).

김명환 지음

코람데오

저자의 글

"아버지께서 나를 사랑하신 것 같이
나도 너희를 사랑하였으니
나의 사랑 안에 거하라"(요 15:9).

주님께서 어찌 저를 이리도 사랑하시는지요.

지나온 세월의 크고 작은 희로애락의 기억들이 새록새록 떠오르네요. 그 무엇 하나도 하나님의 섭리와 사랑의 은혜가 아닌 것이 없었음을 깨닫게 됩니다.

사라 영 저자의 책 《지저스 콜링》을 5년 전에 읽었고, 그 후에도 저자가 쓴 여러 권의 책들을 묵상하면서 저는 적지 않은 큰 감동을 받았답니다.

무엇보다도 기도하는 마음으로 성령을 의지하며, 주님의 음성을 지속적으로 듣고 쓰는 방식으로 취하되, 예수님께서 직접 말씀하시는 형식의 글을 선택하여 글을 쓰셨다는 것에 큰 은혜와 놀라움을 감출 수가 없었습니다.

제가 그동안 8권의 책을 발간하기까지, 저의 소견을 주님께 아뢰는 기도시와 소원의 글을 주로 써 왔지요. 그러나 지난 3년 전부터는 저 역시도 이른 새벽에 기상하여 성경 말씀을 묵상하고 기도하는 중에 성령님께서 새로운 감동의 생각을 주셨습니다.

사라 영 저자가 취했던 주님이 직접 마음으로 들려주시는 글을 저도 작성하라는 교훈을 심어 주셨지요.

저는 즉시 실천하기로 했고, 이번에는 매 주일마다, 또는 수요 예배나 금요기도회 때 교회의 강단에서 말씀하시는 목사님이나 전도사님의 설교를 노트에 기록하며 되새김질을 하였습니다.

제가 365편의 글을 한 편 한 편 작성하면서 제 자신에 대한 새로운 경험을 터득했습니다. 성경 본문의 말씀을 주제로 쓰되 주 예수님이 저의 심중에 직접 들려주시는 이야기로 받으니, 제 마음이 뭉클하고 주체할 수 없는 주님의 사랑을 느낄 수밖에 없었습니다.

그 후로 설교 노트의 말씀들 중에서 가장 감동으로 다가오는 레마의 요절 말씀을 선택하였고, 새벽마다 기도하며 말씀 묵상의 글을 쓰기 시작했습니다. 2021년 1월부터 지난 6월까지 3년 6개월이라는 긴 나날 동안에 이르러 작성한 글을, 저의 아홉 번째 책으로 선정하여 출간하게 된 것에 주님께 무한 감사를 드립니다.

예수님의 말씀이 기록된 하단에는 '오늘의 기도' 자리를 마련하여 주님의 말씀에 감사로 답변하는 아멘의 마무리 기도로 마침표를 삼았습니다.

이 책은 모두 일곱 부분으로 분리시켰고, 6개월 분의 글을 각각 일련번호 순으로 작성했습니다. 차례대로 읽어도 좋지만 독자들이 주제에 따라 어느 부분이나 자연스럽게 찾아 읽을 수 있도록, 말씀에 합당한 주제를 강조했답니다. 그러므로 기록된 연월일과 요일은 일체 생략했다는 점을 밝혀 드립니다.

주님이 말씀하시는 것을 저의 마음과 영으로 듣는 입장이라 교회 이름이나 사람의 이름, 장소 등은 되도록 기록하지 않았다는 것도 알려 드립니다.

이 책이 발간되기까지 수고를 아끼지 않으시고 늘 기도해 주신 코람데오 출판사의 임병해 대표님과 직원들께 감사를 드립니다. 저는 길다면 긴 지난 15년 동안 제가 먼저 섬기던 교회를 부득불 떠나올 수밖에 없었습니다. 주께서 저의 모든 사정을 아시고 헤아려 주시리라 믿습니다. 늘 함께하던 귀한 목사님, 성도님들을 잊을 수가 없습니다. 헤어짐의 아쉬운 마음을 새벽마다 기도로 아뢰지요.

이제는 은퇴한 전도사의 신분에서 제가 기도하던 중 지난해 12월 성탄의 달을 맞이하여 저의 어린 시절부터 다니던 고향과도 같은 감리교회로 새롭게 인도받게 되었다는 것을 말씀드립니다.

주로 심방 전도사를 배출하는 감리교회 교단의 신학교와 선교대학원을 졸업한 저로서는 감리교회가 그리웠고, 더욱 간절해지는 제 심정을 제어하기가 힘들었답니다. 이제 새로운 교회에서 예배드리며 적응하고 있는 기간이 반년이 좀 지났습니다. 제가 편안한 마음으로 전반적인 교회 생활에 잘 임하도록 처음부터 관심과 기도를 아끼지 아니하시는 고촌감리교회의 박정훈 담임 목사님께 진심으로 감사를 드리며, 교역자님들과 장로님들, 모든 성도님들께도 감사의 인사를 드립니다.

무엇보다 홀로된 어머니를 위해 효도하며 물심양면으로 보살펴 주는 사랑하는 두 딸(양소현, 양성은)에게 고마운 마음을 전합니다.

아무쪼록 제가 그동안 새벽마다 기도하며 받은 말씀인 이 365편의 글들을 독자들께서 읽으시고 묵상하시며, "나의 사랑 안에 거하라"는 말씀으로 속삭이시는 예수님의 세미한 음성을 통해, 날마다 주와 함께 동행하시는 행복한 삶이 되시길 진심으로 기원하며 기도합니다. 이 모든 영광을 지금도 우리를 변함없이 사랑하시는 성 삼위일체 하나님께 찬양과 경배를 드립니다. 이 책과 함께하시는 모든 분에게 영육의 강건함과 평안이 넘쳐나시길 주안에서 늘 기도하겠습니다. 감사합니다.

2024년 추석 명절이 있는 9월에
주의 청지기, 김명환 드림.

목 차

하 나

2021.1 ~ 2021.6

나의 사랑 안에 거하라

"아버지께서 나를 사랑하신 것 같이
나도 너희를 사랑하였으니
나의 사랑 안에 거하라"(요 15:9).

001

네가 내 음성을 듣고 문을 열면

"볼지어다 내가 문 밖에 서서 두드리노니 누구든지 내 음성을 듣고 문을 열면 내가 그에게로 들어가 그와 더불어 먹고 그는 나와 더불어 먹으리라"(계 3:20).

내가 늘 문 밖에 서서 네가 있는 곳의 문을 두드리고 있단다. 너는 인지하지 못하고 있지는 않는지 모르겠다. 사랑하는 내 친구야!

오죽하면 내가 어제 네게 '2021년 올해 내게 주신 하나님 말씀' 쪽지를 선물하지 않았느냐. 요즘 네가 심란해 하는 마음을 안다. 너의 그 아파하는 통증의 강도도 느끼지. 또한 어디가 아픈지도 나는 다 알고 있단다. 그래서 어젯밤 내가 귀히 쓰는 동역자들을 통해 너의 머리에 안수하며 등에 손 대어 기도했지 않느냐.

오늘 너의 태도가 달라졌구나. 내 음성을 듣고 내게 다가와 속삭이려는 네가 어찌 이리도 예쁜지. 이제 너는 나와 함께 먹으리라. 네가 문만 열어주려무나.

- 너의 왕 너의 친구

오 늘 의 기 도

주 예수님, 감동입니다. 이렇게 제게 사랑의 편지를 말씀으로 보내시며 이끄시다니요. 속삭여 위로해 주시다니요. 하루도 빠짐없이 편지를 보내주신다 하셨네요. 감사합니다. 주님이 친구되어 주신다니 감개무량입니다. 예수님의 이름으로 기도합니다. 아멘.

002

너의 앞서가는 길에

"그는 너희보다 먼저 그 길을 가시며 장막 칠 곳을 찾으시고 밤에는 불로, 낮에는 구름으로 너희가 갈 길을 지시하신 자이시니라"(신 1:33).

너의 성품을 내가 안다. 급한 성품으로 인하여 일의 두서가 없는 어지러운 상황을 곧잘 만들곤 하지. 그래도 너의 좋은 점을 내가 안다. 끝까지 너의 아집대로 행동하지 않고 나를 찾는구나.

성경에 기록된 아버지 하나님의 말씀을 묵상하며 너의 잘못을 뉘우치지. 새벽마다 일어나 큐티하는 너의 습관은 무엇과도 바꿀 수 없는 좋은 영적 습관이란다.

그러나 좀 더 깊이 있는 기도를 하려무나. 자주 방언으로 기도하는 너의 의도를 나는 알지. 너의 인간적인 생각이 끼어 들지 않도록 내게 영적으로 구하는 기도의 그 자세에 칭찬하고 싶구나. 이젠 너의 앞서가는 길에 내가 너를 맞이할 것이다.

밤에는 불로, 낮에는 구름으로 네 갈 길을 인도하련다.

- 너의 안내자

오 늘 의 기 도

어제나 오늘이나 동일하신 주 예수 그리스도시여! 주 없이 저는 살 수가 없습니다. 공기 없이 살 수 없듯이, 주님은 저의 구원자요 방패가 되십니다. 예수님의 이름으로 기도합니다. 아멘.

003

능히 감당하게 하나니

"사람이 감당할 시험 밖에는 너희가 당한 것이 없나니 오직 하나님은 미쁘사 너희가 감당하지 못할 시험 당함을 허락하지 아니하시고 시험 당할 즈음에 또한 피할 길을 내사 너희로 능히 감당하게 하시느니라"(고전 10:13).

사랑하는 나의 벗, 나의 친구야! 오늘은 너를 위로하고 싶구나. 네 중심에는 항상 나를 응시하고 나의 뜻대로 행동하려는 의지가 있음을 내가 안다.

네 눈물이 떨어지는구나. 내가 네 심정을 알아주니까…. 반사적으로 위로의 눈물이 흘러 내리게 되지. 그래. 그런 눈물은 너의 마음을 편안하게 한단다.

하나님은 감당하지 못할 시험 당함을 허락하지 않으신단다. 피할 길을 주시지. 그러므로 시험 당할 즈음에 네가 능히 그 시험을 감당하도록 이끄신단다. 성령의 능력으로 시험에서 승리케 하시지.

요즘 네가 많이도 질병 때문에 힘들어 하는 것을 내가 알고 있거든. 병원도 몇 번 다녀왔구나. 걱정 말아라. 너의 모든 질병이 점점 치유되어갈 것이다. 나의 이름으로….

- 너의 치료자

오 늘 의 기 도

저의 작은 생각까지도 헤아려 주시는 분! 주 예수님, 당신은 저의 영원한 구세주요 치료자가 되십니다. 시험 중에도 감당케 하사 이기게 하심을 감사드립니다. 예수님의 이름으로 기도합니다. 아멘.

004

항상 나를 향해 기도하라

"다니엘이 이 조서에 왕의 도장이 찍힌 것을 알고도 자기 집에 돌아가서는 윗방에 올라가 예루살렘으로 향한 창문을 열고 전에 하던 대로 하루 세 번씩 무릎을 꿇고 기도하며 그의 하나님께 감사하였더라"(단 6:10).

너의 참 친구, 구원자가 부탁한다. 다니엘의 믿음을 본받으렴. 시대적 상황이나 환경, 사람이 바뀌어 혼돈에 빠져있을 때에도 불변의 신앙적 지조를 지켜 나가는 선지자가 아니더냐.

네 깊은 심연의 세계를 내가 왜 모르겠느냐. 그럼에도 불구하고 감사의 조건을 찾으려무나. 하루 중에 세 번씩이 아닌 단 한 번의 기도라도 신령과 진정으로 내게 아뢰렴.

그 진실된 감사의 기도를 내가 들어 응답해 준다는 사실을 확실히 믿고 나아가길 원한다.

다른 곳을 향하지 말고, 항상 나를 향해 기도하라. 기도의 결실은 네 앞에 홍해가 갈라짐 같이 기적의 역사로 나타날 것이다.

- 너의 구원자

오 늘 의 기 도

사순절로 이어지는 이 주간에 다니엘의 감사기도를 본받게 하심을 감사드립니다. 주 예수님! 저의 형식적인 기도의 허물을 용서하소서. 진실된 기도자로 써 주소서. 예수님의 이름으로 기도합니다. 아멘.

005

누구든지 그리스도의 영이 없으면

"만일 너희 속에 하나님의 영이 거하시면 너희가 육신에 있지 아니하고 영에 있나니 누구든지 그리스도의 영이 없으면 그리스도의 사람이 아니라"(롬 8:9).

너희 속에 하나님의 영이 거하시면 너희가 육신에 있지 아니한 것이라 했다. 영에 있다고 했다.

그러므로 누구든지 그리스도의 영이 없으면 그리스도의 사람이 아니라고 했다. 내가 곧 예수 그리스도가 아니더냐. 그리스도의 영이 바로 성령이 아니더냐.

삼위일체 하나님 안에 예수인 내가 있고 성령이 있음을 너는 알고 있지 않더냐. 너는 그리스도의 영인 내 안에 거하고 있다. 따라서 내 아버지 하나님의 영이 내 안에 거하듯이, 너에게도 하나님의 영이 거하시는 하나님의 사람이다. 예수님의 사람이요 성령님의 사람이란다. 착각하지 않기를 바란다.

사랑하는 나의 사람아! 명심하렴. 네가 나의 영을 소유한 그리스도의 영이 있는 자, 곧 그리스도의 사람임을 자랑하려무나.

- 네 영의 소유자

오 늘 의 기 도

신실하신 주 예수 그리스도시여! 제 안에 그리스도의 영이 있는 그리스도의 사람으로 인쳐 주심을 무한 감사드립니다. 제 속에 하나님의 영이 거하시는 성령의 사람으로 인정해 주심이 얼마나 놀랍도록 벅찬 감동인지요. 예수님 사랑합니다. 예수님의 이름으로 기도합니다. 아멘.

006

너를 잠잠히 사랑하시며

"너의 하나님 여호와가 너의 가운데에 계시니 그는 구원을 베푸실 전능자이시라 그가 너로 말미암아 기쁨을 이기지 못하시며 너를 잠잠히 사랑하시며 너로 말미암아 즐거이 부르며 기뻐하시리라 하리라"(습 3:17).

나를 이 땅에 보내시고, 골고다 언덕의 십자가를 지게 하신 분! 그분이 누구인지 너도 알겠지? 너의 하나님 여호와이시다. 그 아버지 하나님이 전능자이시라. 너의 가운데 계시고, 너로 말미암아 기쁨을 이기지 못하신단다. 너를 잠잠히 사랑하시며, 즐거이 부르면서 기뻐하시리라.

오늘 네가 새벽 큐티 묵상으로 읽은 말씀이 아니더냐. 그 때 네 마음속에 각인 되었구나. 그리고 어제 예배 시간에 받은 말씀에서 '잠잠히'라는 깊은 의미를 깨달았구나. 너의 순수한 동심의 마음을 나는 좋아한다.

나의 한 분밖에 안 계신 하나님 아버지가, 네게도 한 분밖에 안 계신 살아 역사하시는 하나님 아버지이심을 믿고 또 믿으렴. 내 안에 그분이 계시고, 그분 안에 내가 있다. 그러므로 너도 내 안에 있고 나도 네 안에 있다. 네가 나와 함께 있는 것이 참 행복이라 하니 나도 행복하단다.

- 너의 전능자

오 늘 의 기 도

신실하신 아버지 하나님! 감사와 영광을 돌립니다. 어느덧 한 겨울도 며칠 남지 않았고, 새봄이 기다리고 있습니다. 제 영혼에도 죄악이 벗어지는 영적인 새봄이 오게 하소서. 예수님의 이름으로 기도합니다. 아멘.

007

땅에 떨어져 죽은 밀알

"내가 진실로 진실로 너희에게 이르노니 한 알의 밀이 땅에 떨어져 죽지 아니하면 한 알 그대로 있고 죽으면 많은 열매를 맺느니라"(요 12:24).

진실로 네게 알리고 부탁하는 나의 심정을 너는 얼마나 헤아리는지…. 땅에 떨어져 죽은 밀알은 곧 땅의 기운을 받고 새싹으로 움이 틀 준비를 한단다. 봄의 계절을 만날 때 적당한 수분과 햇빛을 받고 옥토의 기름진 땅에서 새 생명을 창출해 내지.

너는 너의 나이가 드는 것에 대해 예민해 하는구나. 그 마음을 잘 알지만 더 깊은 영적 세계에서 나를 바라보렴. 사람은 죽음에 대해 두려움, 불안으로 힘들어 하지. 내가 너를 위해 십자가에 못박혀 죽었다가 다시 살아난 것을 너무 잘 알고 있구나. 영생의 천국이 보장되는 부활의 소망으로 네가 거듭나기를 응원한다.

네가 기쁨으로 순종하면 풍성한 열매를 네게 주리라.

- 너의 안식처

오 늘 의 기 도

아멘! 맞습니다. 주님의 말씀이 옳습니다. 울타리 콩 한쪽이 땅에 묻혀 새싹이 나고, 추수 때에 한 소쿠리의 열매를 거둬 본 제 경험을 떠올립니다. 밀알 신앙 주소서. 예수님의 이름으로 기도합니다. 아멘.

008

너희 기쁨이 충만하리라

"지금까지는 너희가 내 이름으로 아무 것도 구하지 아니하였으나 구하라 그리하면 받으리니 너희 기쁨이 충만하리라"(요 16:24).

이 새벽 시간에 최상의 기량을 발휘하기 위해 노력하는 너의 그 마음이 가상하구나. 나를 위해…. 나의 말에 집중하기 위해 영혼과 육신을 온전히 조절하려는 그 모습이 어여쁘구나.

구하렴. 너의 원하는 것을 구하라. 내가 너의 기도를 받고 응답할 것이다. 네 기쁨이 충만하리라. 내 이름으로 구하라.

이미 내가 네게 준 은사의 달란트가 있음을 너는 의식하고 있지 않느냐. 이 험한 세상에 꼭 필요한 것을 내가 네게 주었다.

다른 사람에게서 발견하지 못하는 그 은사로 가장 먼저 네 자신을 위해 구하여 기도하라. 그리하면 네가 받은 치유로 네 안의 기쁨이 배가 되리라.

- 너의 응답자

오 늘 의 기 도

아멘이십니다. 주 예수 그리스도시여! 주는 살아계신 하나님의 아들이십니다. 제가 더욱 더 힘써 구하여 응답 받고, 주님 이름의 능력을 간증하는 자로 온전히 써 주소서. 예수님의 이름으로 기도합니다. 아멘.

009

내 말이 너희 안에 거하면

"너희가 내 안에 거하고 내 말이 너희 안에 거하면 무엇이든지 원하는 대로 구하라 그리하면 이루리라"(요 15:7).

"나는 참 포도나무요 내 아버지는 농부라" 했다.

"나는 포도나무요 너희는 가지라" 했다.

그러므로 "너희가 내 안에 거하고 내 말이 너희 안에 거하면 무엇이든지 원하는 대로 구하라 그리하면 이루리라"고 내가 말했다.

너는 진실로 나의 이 말을 믿느냐? 너에게 묻고 싶다. 가지된 네가 내게서 떨어져 나가면 너는 밖에 버려질 수 밖에 없다. 포도나무인 내게 끝까지 붙어 있으렴. 추수기가 오면 너는 나와 함께 결실한 포도송이의 곳간에서 기뻐 춤추며 노래할 날이 올 것이다.

농부되시는 하나님 아버지께서 너를 안아 기뻐하시고 후한 상급으로 채워 주실 것이다. 너는 기대하라. 그날은 꼭 올 것이다. 끝날까지 너는 내 안에 거하라.

- 너의 참 포도나무

오 늘 의 기 도

아멘! 아멘! 그 말씀을 아멘으로 받습니다. 이 세상에 살면서 어떠한 유혹과 시련이 와도, 내 주님 예수 그리스도시요 살아계신 하나님의 아들이신 나의 구세주를 믿고 견디렵니다. 예수님의 이름으로 기도합니다. 아멘.

010

산 제물의 영적 예배자로 살라

"그러므로 형제들아 내가 하나님의 모든 자비하심으로 너희를 권하노니 너희 몸을 하나님이 기뻐하시는 거룩한 산 제물로 드리라 이는 너희가 드릴 영적 예배니라"(롬 12:1).

너는 기억하고 있느냐? 너의 30대 그 시절 말이다. 너는 병아리를 키우고 있었지. 야산 아래 지어진 단독 주택의 마당은 넓었지. 내가 네게 준 지혜로 너는 마당에 닭장을 만들고 거의 1년 이상을 양계 사업에 힘썼던 것을 나는 알고 있다.

병아리들이 7개월쯤 되자 알을 낳기 시작했고, 어미닭들로 성장했을 때 너의 마음은 무척이나 감격해 했단다. 무공해 유정란 알을 꺼낼 때마다 너는 한 영혼을 떠올렸지. '말 못하는 닭도 알을 낳아 주인님께 드리는데, 나는 전도도 못하니 어쩌나….'하는 네 마음을 읽었다.

그 후 너는 끝내 교회에서 전도상을 받았다. 어느날 닭을 잡으며 너는 산 제물(롬 12:1)에 대한 말씀을 기억하고 통곡한 것을 안다. 이제 너는 영적 예배자로 살라.

- 네 예배의 주인공

오 늘 의 기 도

예. 그렇습니다. 제가 뒷뜨락에 앉아 닭을 잡으면서 제 완악한 모습을 회개하며 울었습니다. 다시 엎드리오니 저를 주님이 기뻐하시는 산 제물로 인쳐 주소서. 예수님의 이름으로 기도합니다. 아멘.

011

네 모든 쓸 것을 채워 주겠다

"나의 하나님이 그리스도 예수 안에서 영광 가운데 그 풍성한 대로 너희 모든 쓸 것을 채우시리라"(빌 4:19).

오늘 새벽에 감동한 너를 보았다. 내 임재가 너의 심령에 흰 눈처럼 곱게 쌓여지기를 기원한다.

상대방의 따뜻한 말 한마디, 정성스러운 선물 꾸러미가 얼마나 너의 마음을 기쁘게 하는지를 네가 경험했구나. 그 모습을 보는 내 마음도 몹시 기뻤지. 왜냐하면 내가 사람을 통해서 나의 뜻을 너에게 전달했기 때문이란다.

아무튼 내 일에 순종하며 하인이 되어 시중들어 준 네게 박수를 보낸다. 내 안에 거하렴. 그리하면 내가 네 모든 쓸 것을 채워 주겠다.

네 몸의 부실한 부위도 내가 다 안다. 음식 관리, 운동 관리, 마음 관리에 집중하렴. 내가 너의 건강도 지켜주리라.

- 네 존재의 왕

오 늘 의 기 도

주님의 그 크신 사랑을 제가 무엇으로 갚으리이까! 그저 엎드려 눈물로 감사의 기도드릴 일밖에는 할 일이 없습니다. 이렇게 살아 숨 쉬고 있음도 감사한데 더 채워주신다니요. 예수님의 이름으로 기도합니다. 아멘.

012

나를 믿는 자는 못할 일이 없다

"예수께서 이르시되 할 수 있거든이 무슨 말이냐 믿는 자에게는 능히 하지 못할 일이 없느니라 하시니"(막 9:23).

너는 나를 의식하며 내 안에서만 하루를 온전히 보내본 때가 있었는지, 이 시간 곰곰이 묵상해 보려무나. 하루라는 24시간 동안에 나에게 분배된 너의 시간 관리를 알고 싶구나.

내 뜻대로 산다고 고백은 자주 하지만 상황에 따라 원망과 불평의 말을 곧잘 하는 너를 발견한단다.

코람데오의 뜻을 잘 아는구나. 하나님 앞에서의 진실된 마음, 말, 행동이 얼마나 소중한지를 말이다.

'할 수 있거든'이란 말을 내 앞에서 하지 않기를 부탁한다. 나를 믿는 자는 못할 일이 없다.

좀 더 강하고 담대한 네가 되길 원한다. 내 안에서 너는 모든 것을 할 수 있다. 네 믿음대로 될지어다.

- 너의 능력자

오 늘 의 기 도

신실하신 주 예수님의 참 능력을 제가 믿습니다. 제 인생의 최고 능력자는 예수 그리스도이십니다. 오 주여 영광과 찬양을 받으옵소서. 주님을 온전히 믿으며 예수님의 이름으로 기도합니다. 아멘.

013

네가 여호와께 충성하였은즉

"그 날에 모세가 맹세하여 이르되 네가 내 하나님 여호와께 충성하였은즉 네 발로 밟는 땅은 영원히 너와 네 자손의 기업이 되리라 하였나이다"(수 14:9).

"네 발로 밟는 땅은 영원히 너와 네 자손의 기업이 되리라." 듣기만 해도 네 마음이 기쁘지 않는지. 여호와께서는 죽도록 충성하는 자에게 땅의 상급을 주신다.

이 세상의 모든 일에 우연은 없다. 안 보이는 미지의 세계조차도 나의 뜻이 숨어 있단다.

사람은 속일 수 있으나 나는 못 속인다. 양심도 거짓 앞에선 떨고 있단다.

너는 네 자신이 하나님 안에 있는 내게 얼마나 충성한다고 대답할 수 있느냐? 혹시 네가 상급을 위해 계산적인 충성의 모습을 보이고 있는 것은 아닌지 알고 싶구나. 너를 위해 십자가 보혈을 흘린 날 위해 감사로 충성하길 원한다. 내가 너를 믿노라. 너를 충성자로 여기노라.

- 네 땅의 주인

오 늘 의 기 도

신실하신 주 여호와 하나님을 경배합니다. 저를 위해 육신을 입고 오신 예수님을 진정 사랑합니다. 저희 가족을 돌보시고, 어두운 골목길에서 방황치 않도록 이 귀한 처소의 장막 주심을 감사합니다. 예수님의 이름으로 기도합니다. 아멘.

014

내 마음에 든지라

"누가 주의 이 많은 백성을 재판할 수 있사오리이까 듣는 마음을 종에게 주사 주의 백성을 재판하여 선악을 분별하게 하옵소서"(왕상 3:9).

솔로몬의 겸손한 마음을 헤아리신 아버지 하나님을 너는 어떻게 생각하는지 묻고 싶구나. "내 마음에 든지라."라고 여호와 하나님은 말씀하셨다. '종은 작은 아이'라고 그는 자신을 낮추었다.

선악을 분별할 수 있는 지혜로운 재판자! 하나님의 음성, 예수 그리스도인 나의 음성, 성령의 음성을 바르게 들을 수 있는 자가 지혜로운 재판자로 선택될 수 있다.

교만은 패망으로 가는 길이다. 나는 온유와 겸손으로 옷 입었다. 너는 나의 마음에 합당한 자로 살고 싶지 않느냐? 그렇다고 대답하는구나.

나를 닮으려면 먼저 네 안에 있는 세상의 잡동사니들을 청소하려무나. 그러면 내가 네 마음에 들어가겠다.

- 너의 재판자

오 늘 의 기 도

이 땅에서의 재판자를 두려워하지 말고, 저의 왕이 되시는 주의 재판을 두려워하게 하소서. 선악을 분별하는 슬기로운 여종이 되길 소원합니다. 겸손케 하소서. 예수님의 이름으로 기도합니다. 아멘.

015

하늘이 땅보다 높음같이

"이는 하늘이 땅보다 높음 같이 내 길은 너희의 길보다 높으며 내 생각은 너희의 생각보다 높음이니라"(사 55:9).

네가 쓴 치유의 일기를 내가 읽고 또 읽었다. 지난 주간에 네가 며칠간 골몰하며 곧 출판될 원고 교정에 매진하는 모습도 보았지. 네가 생각한 대로 잘 될거야. 걱정하지 말려무나.

내가 네게 일러줄 말이 있다. 네가 애쓰고 수고한 만큼의 대가를 바라지 말려무나. 세상의 모든 사람들은 네게 만족할 만한 기대를 갖고 있지 않을 수도 있단다. 잠시 스쳐 지나가는 바람처럼 말이야.

너는 내 안에서만 만족할 수 있음을 너무도 잘 알고 있지. 난 너의 진솔한 마음을 기록한 글을 기쁨으로 받고 있다. 내게 영광 돌리는 네 칠십대 인생의 이야기를 너무 만족해 하고 있단다. 하늘이 땅보다 높음같이 내 길과 내 생각은 네 길과 네 생각보다 높다는 사실을 잊지 말려무나.

- 너의 만족자

오 늘 의 기 도

사랑의 주 예수님을 제가 찬양합니다. 저보다 앞서가시며 제 길과 제 생각을 먼저 인도해 주시는 예수 그리스도가 제겐 최상이 되십니다. 예수님의 이름으로 기도합니다. 아멘.

016

나의 평안을 너희에게 주노라

"평안을 너희에게 끼치노니 곧 나의 평안을 너희에게 주노라 내가 너희에게 주는 것은 세상이 주는 것과 같지 아니하니라 너희는 마음에 근심하지도 말고 두려워하지도 말라"(요 14:27).

네 마음의 상태가 그리 편치 않았었구나. 오늘 새벽엔 좀 어떠한지….

그래. 역시 너는 성경의 말씀을 레마의 말씀으로 공급받을 때 안정을 찾게 된다는 것을 알았다.

어제보다는 훨씬 상쾌해졌구나. 네 근심과 두려움은 햇빛이 잠시 구름에 가리운 것뿐이란다. 잠깐의 시간이 흐르면 구름도 사라지고, 네 모습은 태양처럼 밝게 비추일 테니까.

나의 평안을 너희에게 주노라. 보혜사 성령의 은혜가 네 심령을 평강의 삶으로 이끄노라. 너는 늘 내 안의 그늘에서 쉬려무나.

- 너의 안위자

오 늘 의 기 도

주님의 말씀이 최고이십니다. 제 심령의 위로자는 오직 주님밖에 없습니다. 이 세상 끝날까지 매순간 주와 함께 거하리이다. 예수님의 이름으로 기도합니다. 아멘.

017

나를 위해 찬송하라

"이 백성은 내가 나를 위하여 지었나니 나를 찬송하게 하려 함이니라"(사 43:21).

아직도 너는 지난 수요일 밤 헌신예배 때의 말씀을 기억하고 있구나. 강사 목사님의 우는 모습에 찬양대에 서서 찬송하던 네 얼굴이 무척이나 충격의 감동으로 상기되어 있었단다. 내가 네 심정을 익히 알고 있지.

다른 목회자들에게서 느끼지 못했던 개척교회 담임목사님만의 순수함, 겸손함이 숨김 없는 눈물로 나타나는 진실을 네가 인지했구나. 너도 이와 같이 나를 위해 찬송하려무나.

그러므로 너는 내 앞에서 네 계획과 의지대로 결단하지 말라. 함부로 말하지 말라. 너는 나를 위해 지어졌음을 항상 잊지 말려무나.

내게 수시로 기도하며 물어보렴. 곡조있는 기도로 찬양하렴. 그러면 너의 적절한 그 때에 내가 네게 말하리라. 내 뒤에서 나만 따르면 다 형통이란다.

- 너의 창조자

오 늘 의 기 도

오 저의 예수님, 당신의 이름을 찬송하고 찬양합니다. 언제나 첫 개척자의 마음으로 낮아지며 살게 하소서. 한 주간의 중심인 수요 삼일예배를 소중히 드리게 하소서. 예수님의 이름으로 기도합니다. 아멘.

018

여호와께서 집을 세우지 아니하시면

"여호와께서 집을 세우지 아니하시면 세우는 자의 수고가 헛되며 여호와께서 성을 지키지 아니하시면 파수꾼의 깨어 있음이 헛되도다"(시 127:1).

이 땅에 세워진 수많은 아파트 건물들을 너는 헤아리고 있느냐. 그리고 지금 이 순간도 끊임없이 집들이 지어지고 있지. 네 눈을 사방으로 둘러 보려무나.

논과 밭들이 점점 사라지고, 그 땅에 사람이 거처할 아파트가 높이 세워지고 있지 않느냐. 너의 가족이 살 아파트도 저만치 보이는구나.

그러나 눈에 보이는 집과 거대한 성도 여호와께서 지키지 아니하시면, 그 수고가 헛되다는 사실을 정녕 너는 잊지 말려무나.

네 영혼의 파수꾼은 내 안에 계신 하나님 아버지이심을 온전히 믿고 의지하라. 보이는 건물의 집보다 더욱 귀하고 소중한 것은 나와 함께하는 네 영혼이라는 진리를 잊지 말거라. 나보다 더 의지하거나 사랑하는 것은 우상이 됨을 알고 있지 않느냐. 너는 항상 내 안에 거하라.

- 네 영혼의 파수꾼

오 늘 의 기 도

오 주님! 주님의 말씀에 아멘으로 화답합니다. 더 넓은 집에서 살 수 있는 장막을 주께서 예비하셨네요. 감사합니다. 가을에 그 집에서 살 때에도 저는 주님을 최고로 모시렵니다. 예수님의 이름으로 기도합니다. 아멘.

019

주라 내가 네게 안겨 주리라

"주라 그리하면 너희에게 줄 것이니 곧 후히 되어 누르고 흔들어 넘치도록 하여 너희에게 안겨 주리라 너희가 헤아리는 그 헤아림으로 너희도 헤아림을 도로 받을 것이니라"(눅 6:38).

네가 경험하지 않았느냐. 받기 보다 줄 때의 기쁨과 보람이 넘쳐나고, 그 베푸는 헤아림으로네가 더 풍족한 헤아림을 받게 된다는 것을 말이다.

이 사순절의 때에 네가 아낌없이 베푸는 모습을 보았노라. 그 마음도 사실은 내가 준 것이다. 너의 영광으로 받지 않는구나.

사람들의 칭찬을 받을 때 내게로 영광을 돌리는 네 마음을 내가 기쁘게 받았다. 모든 것이 내게로부터 왔으니 너는 내 본연의 위치에서 선한 청지기로 살라. 그리하면 내가 네게 후히 되어 안겨 주리라.

- 너의 공급자

오 늘 의 기 도

우리 주 예수 그리스도의 십자가 사랑을 무엇으로 갚으오리까. 주고 또 주며 살아도 저는 주님의 은혜를 갚을 길이 없습니다. 예수님의 이름으로 기도합니다. 아멘.

020

네게 전한 복음이 곧 나의 말이다

"그러므로 모든 육체는 풀과 같고 그 모든 영광은 풀의 꽃과 같으니 풀은 마르고 꽃은 떨어지되 오직 주의 말씀은 세세토록 있도다 하였으니 너희에게 전한 복음이 곧 이 말씀이니라"(벧전 1:24-25).

봄이 되어 산과 들에 새싹이 움돋고 꽃이 피어나고 있구나. 너는 유독 초록을 좋아하지. 추운 겨울에서 기지개를 펴고 자연의 마당으로 나와 보려무나.

그런데 영원할 것 같던 꽃들과 풀들이 계절의 변화에 따라 시들어 말라 버리지. 꽃잎이 떨어져 흙이 되어 버리는 사실을 너는 목격하고 있지 않니.

무엇이 영원할까? 네가 나를 의식하고 대답하는구나. 오직 주의 말씀이라고…. 너의 고백이 맞다. 네게 전한 복음이 곧 나의 말이다.

내 사랑하는 자여! 자연의 이치 속에서 더욱 나의 말을 새겨 들으렴. 내 말은 세세토록 있어 일점일획이라도 변함이 없단다. 너가 삼시 세끼의 음식을 섭취하듯 날마다 매 순간 나의 말에 집중하여 실천하길 바란다.

- 너의 복음 증거자

오늘의 기도

아멘! 주님의 말씀은 저의 영원한 기업이 되십니다. 저의 존재도 주님의 말씀으로 여기 있음을 고백합니다. 봄, 여름, 가을, 겨울을 체험하며 주의 말씀을 묵상하나이다. 예수님의 이름으로 기도합니다. 아멘.

021

너는 이 세대를 본받지 말라

"너희는 이 세대를 본받지 말고 오직 마음을 새롭게 함으로 변화를 받아 하나님의 선하시고 기뻐하시고 온전하신 뜻이 무엇인지 분별하도록 하라"(롬 12:2).

네가 네 자녀들을 떠올리면 무슨 생각이 먼저 드느냐. 내가 네 본연의 심성에 모성애의 본능을 심어 주었다. 너의 두 딸들을 위해 내게 소원을 놓고 기도하는 네 모습이 어찌 그리도 애절한지.

때때로 너의 진심을 모르고 불평하는 자녀들을 몸소 겪게 될 때가 있지. 그때 네 마음이 슬프지만 밉게 느껴지지 않는 것이 자녀를 사랑하는 모성애 때문이란다.

너는 나의 자녀인 네 자신을 비교해 보았느냐. 네가 내 말을 안 듣고 다른 길로 갈 때의 내 마음을 생각해 보았냐고 묻고 싶다.

이제 깨달았다고 죄송해 하는구나. 너는 이 세대를 본받지 말라. 마음을 새롭게 하여 하나님의 온전하신 뜻을 분별하려무나.

- 네 영의 분별자

오늘의 기도

살아 역사하시는 하나님 아버지를 제가 경외하고 사랑합니다. 주님의 사랑과 헌신의 깊이를 아주 그림자만큼이라도 깨달아 변화하라고 자녀를 맡기셨네요. 감사드리며 예수님의 이름으로 기도합니다. 아멘.

022

내 생명의 능력이시니

"여호와는 나의 빛이요 나의 구원이시니 내가 누구를 두려워하리요 여호와는 내 생명의 능력이시니 내가 누구를 무서워하리요"(시 27:1).

이 세상에 살면서 누구를 가장 무서워 했는지 너는 알고 있느냐? 그래 사람이었다고 네가 고백을 하는구나. 많이도 사람들에게 시달렸구나.

어린 시절부터 너는 참 외롭게 자랐지. 동화책의 소공녀가 네 자신이라고 여기며 착한 소녀 노릇을 했지. 외롭게 혼자 논둑길을 걸었지.

그러나 네 마음은 수치심으로 가득 찼었다. 그래도 네가 내 안에서 예배하고 기도하는 생활이 너를 악의 길로 가지 않게 하는 방패가 되었단다. 너의 지금 노년의 인생이 되도록 말이다.

살구나무가 심겨진 계단 위의 교회가 생각나지? 그때도 난 어린 너를 지켜보고 있었단다. 네 고백을 다시 받고 싶다. "내 생명의 능력이시니"라고 찬양하는 네가 복되다.

- 네 생명의 은인

오 늘 의 기 도

주여, 아멘이십니다. 주님이 제 곁에 아니 계셨다면 아마도 저는 악의 길에서 소리치는 멸망자로 떨어졌을 것입니다. 빛과 구원이신 여호와의 전에서 살게 하심을 감사드립니다. 예수님의 이름으로 기도합니다. 아멘.

023

네 앞의 일을 모르는 것이 복이다

"하나님이 모든 것을 지으시되 때를 따라 아름답게 하셨고 또 사람들에게는 영원을 사모하는 마음을 주셨느니라 그러나 하나님이 하시는 일의 시종을 사람으로 측량할 수 없게 하셨도다"(전 3:11).

내가 너를 위해 준비한 이 아름다운 세계를 너는 얼마나 알겠느냐. 내 아버지 하나님의 깊고 오묘한 섭리를 그 누구도 다 깨닫거나 감지할 수가 없단다.

하나님이 하시는 일의 시종을 사람으로 측량할 수 없게 했단다. 그러므로 너는 네 앞의 일을모르는 것이 복이다. 다 알고 있다면 어떻게 되겠느냐. 모르는 것이 복이다.

하나님이 사람들에게 영원을 사모하는 마음을 주셨다. 너는 얼마나 영원을 사모하느냐. 영생의 삶을 네가 나와 함께 산다는 생각을 얼마나 하느냐.

너는 내 말을 온전히 믿느냐. 말씀과 기도에 전념하라. 십자가와 부활을 묵상하라. 내가 네게 맑은 영을 주리라.

- 너의 영원자

오 늘 의 기 도

주 예수님의 말씀이 곧 하나님의 말씀이요. 보혜사 성령님의 말씀이심을 제가 믿습니다. 사철의 변화를 주시고 영원을 사모하는 마음 주심을 감사합니다. 모르는 것이 복이라 하신 예수님의 이름으로 기도합니다. 아멘.

024

내가 너와 함께하리라

"내가 사망의 음침한 골짜기로 다닐지라도 해를 두려워하지 않을 것은 주께서 나와 함께 하심이라 주의 지팡이와 막대기가 나를 안위하시나이다"(시 23:4).

네가 사망의 음침한 골짜기로 다닐지라도 두려워 말라. 나는 너의 구세주이다. 내가 너와 함 께 하리라. 나의 지팡이와 막대기가 너를 감싸 안위하리라.

돌다리도 두드려 보고 건너는 네 신중한 마음을 내가 왜 모르겠니. 그러나 때로는 소심함으로 보일 때도 있단다.

일단 나를 전폭적으로 믿고 건너렴. 그러면 시간도 단축되지. 뿐만 아니라 네가 나를 신뢰하는 믿음의 폭이 넓어지지.

너는 십자가의 용감한 영적 군사인 것을 잊지 말라. 네가 여성이라도 내 손과 함께 하면, 남성보다 더 큰 위대한 일도 할 수 있다. 내가 너와 함께 하기 때문이다.

- 너의 동행자

오 늘 의 기 도

오늘도 살아 역사하시는 하나님 아버지께 감사와 영광을 돌립니다. 주께서 저와 함께하신다니 이보다 더 기쁠 수가 없습니다. 이 땅에 사는 동안에도 저는 천국 시민으로 행복합니다. 예수님의 이름으로 기도합니다. 아멘.

025

네게 총명한 마음을 주노니

"내가 네 말대로 하여 네게 지혜롭고 총명한 마음을 주노니 네 앞에도 너와 같은 자가 없었거니와 네 뒤에도 너와 같은 자가 일어남이 없으리라"(왕상 3:12)

나의 말을 듣고 있는 네 심중의 생각을 내가 왜 모르겠느냐. 다 안다. 그리고 가상히 여긴다. 나와 친밀해지려 하는 네 진실을 내가 헤아리고 또 헤아린다.

나의 동반자 나의 사랑하는 분신아! 네가 지금 울고 있구나. 네가 나의 영적인 심정으로 들어 와 생각해 보니, 너의 크고 작은 생각이나 행실이 얼마나 어리석었는지 깨달아 뉘우쳐 진다는 것을 느낄 수 있겠지. 지혜의 마음이 곧 이것이란다.

그럼에도 불구하고 나는 네게 지혜롭고 총명한 마음을 주노니, 네 앞에도 네 뒤에도 너와 같은 자가 일어나지 않을 것이다. 분명히 약속하마. 이제부터는 열등의식이나 비교의식에 빠지지 말렴. 내 품에 안겨 영원히 살아갈 상상만 하려무나.

- 너의 동반자

오 늘 의 기 도

제 생각을 먼저 아시고 위로의 말씀으로 터치해 주시는 주 예수 그리스도시여! 제게 지혜의 총명한 마음을 새롭게 채워주셨네요. 이 은혜와 사랑에 무한 감사드립니다. 예수님의 이름으로 기도합니다. 아멘.

026

너도 시험을 받을까 두려워하라

"형제들아 사람이 만일 무슨 범죄한 일이 드러나거든 신령한 너희는 온유한 심령으로 그러한 자를 바로잡고 너 자신을 살펴보아 너도 시험을 받을까 두려워하라" (갈 6:1).

사랑하는 나의 분신아, 너에게 간절히 경고한다. 며칠 전의 네게 일어난 사건이 기억나리라 믿는다. 이젠 안전벨트의 소중함을 깨달았겠지.

네가 더 크게 넘어지지 않도록 내가 그 환경과 상황을 조정했단다. 감당할 만한 시험으로 멈춤이 되었다는 사실을 말이다.

나는 마치 위급한 상황에서 건짐 받을 수 있는 생명 지킴이인 안전벨트이다. 나의 이 말을 너는 온전히 믿는가?

앞으로는 달리는 차 안에서 꼭 안전벨트를 매거라. 너의 아픈 이마는 곧 나아질 것이니 두려워 말라. 이 일을 계기로 이웃 사람의 허물에 대해 정죄가 아닌 온유함으로 용서하길 바란다. 너도 시험을 받을까 조심하렴.

- 너의 안전벨트

오 늘 의 기 도

주님의 말씀은 너무도 지당한 말씀이십니다. 지난 주일에 받은 교훈으로 이젠 안전벨트 되시 는 주님 생각하며 안전벨트를 매겠습니다. 저를 위기의 시험에서 건져 주셨네요. 감사하신 예수님의 이름으로 기도합니다. 아멘.

027

감사함으로 그의 이름을 송축할지어다

"감사함으로 그의 문에 들어가며 찬송함으로 그의 궁정에 들어가서 그에게 감사하며 그의 이름을 송축할지어다"(시 100:4).

나를 경배하고 찬양하기를 즐겨하는 너의 심중을 어찌 모르겠느냐.

기도가 곧 곡조있는 기도라고 하지.

무심한 것 같으나 너는 여리고 눈물이 많구나. 네 모습 그대로를 내게 실토하렴. 나를 어려워하지 말라. 그리고 나를 숨기려고도 말렴. 나는 너의 모든 것을 다 알고 있단다.

찬양을 하는 대원의 반열에서 찬양하고 찬송할 수 있음을 감사하라. 세월은 너를 마냥 기다리고 있지 않단다. 함부로 네 생각과 결단으로 네 심사를 불편하게 하지 말렴.

내게 맡겨라. 너의 굳은 의지까지도……. 그리고 감사로 찬양하라. 오직 나를 위하여 찬송하라.

- 네 찬송의 주인공

오 늘 의 기 도

아멘! 주 예수시여 옳습니다. 아멘이십니다. 주님은 저의 산성이시요, 찬송의 주인공이 되십니다. 입술만 동하는 찬송이 아니라 심령으로 노래하는 성도로 인쳐 주소서. 예수님의 이름으로 기도합니다. 아멘.

028

항상 아버지 하나님께 감사하라

"범사에 우리 주 예수 그리스도의 이름으로 항상 아버지 하나님께 감사하며" (엡 5:20).

내가 가르쳐 인도하는 '주기도문'을 너는 참으로 소중하게 여기지. 때로는 의미 없이 반복할 때도 있지만, 너의 그 버릇은 좋은 버릇이니 염려하지 마라.

내 이름을 통하여 항상 아버지 하나님께 감사하라 했다. 그 의미를 알겠느냐.

감사하는 마음은 더욱 감사의 조건을 낳는다. 불평하는 마음은 계속 불만의 불평이 자리잡게 된단다.

행여 감사할 조건이나 형편이 안 되어도 너는 범사에 감사하길 바란다. 네 영혼과 육신의 건강을 위해서다. 항상 범사에 감사하라. 오직 나의 이름으로…….

- 너의 그리스도

오 늘 의 기 도

오 예수님, 저를 용서하소서! 범사에 감사하지 못했습니다. 항상 감사하지 못했어요. 언제나 예수 그리스도의 이름으로 아버지 하나님께 감사하게 하소서. 예수님의 이름으로 기도합니다. 아멘.

029

나를 먼저 구한 네게 채워주리라

"그런즉 너희는 먼저 그의 나라와 그의 의를 구하라 그리하면 이 모든 것을 너희에게 더하시리라"(마 6:33).

너에게 감동 받은 오늘이다. 음식 채울 시간도 없이 바쁘게 움직이는 너의 손끝을 보았다.

사람은 너를 몰라줘도 나는 너를 너의 눈동자만큼이나 헤아린다. 너의 머리카락 한 올 한 올이 떨어져 나가는 것까지도 셀 수 있단다.

그래 장하다! 먼저 나를 생각하는 네 마음이 내 마음에 든다.

나의 말을 가장 앞세워 행하는 너의 의를 내가 기뻐하노라. 글을 쓸 때마다 나의 말을 가장 먼저 쓰고 너의 생각을 논하는구나. 네게 더한 복을 주겠노라. 나를 먼저 구한 네게 채워주리라. 넘치도록 가득히….

- 너의 부요자

오 늘 의 기 도

신실하신 주 예수 그리스도시여! 감동하셨다니 제가 몸 둘 바를 모르겠습니다. 주께서 제게 주신 복의 은혜에 비하면 제 맘과 행실이 너무나 빈약합니다. 오직 감사뿐입니다. 예수님의 이름으로 기도합니다. 아멘.

030

말씀으로 알리는 복음의 비밀

"또 나를 위하여 구할 것은 내게 말씀을 주사 나로 입을 열어 복음의 비밀을 담대히 알리게 하옵소서 할 것이니"(엡 6:19).

사도 바울의 심중을 네가 얼마나 깨닫느냐. 일평생을 오직 나와 아버지 하나님을 위해서만 살아가는 자가 아니겠느냐.

모든 것을 분토와 같이 버렸다.

죽도록 충성하여 끝내는 그가 옥에서 순교까지 하지 않았느냐.

나의 뜻을 아는 자다. 나의 소망을 품고 사는 자다. 복음의 비밀을 하나님 아버지의 말씀으로 선포하는 자다.

너는 앞으로 어떻게 살아가겠느냐.

네 자신이 전도의 본이 되어라. 너의 글이, 너의 말이, 너의 행동이, 네 생각까지도 나를 닮아가는 제자가 되기를 간절히 소원한다.

- 네 복음의 증인

오늘의 기도

주님, 그렇습니다. 지식이나 이론의 어떤 방법으로도 사람을 구원할 수 없습니다, 변화시킬 수 없습니다. 제게도 사도 바울의 열정을 주소서. 주 말씀의 복음을 삶으로 나타내게 하소서. 예수님의 이름으로 기도합니다. 아멘.

031

합력의 선을 이루는 자로 살라

"우리가 알거니와 하나님을 사랑하는 자 곧 그의 뜻대로 부르심을 입은 자들에게는 모든 것이 합력하여 선을 이루느니라"(롬 8:28).

계속 폰을 두드리며 안부 인사를 전하는 너의 모습이 가상하구나. 상대의 편에서 침묵하고 있다 해서 너까지 말없이 침묵한다면 내 맘이 어찌 편하겠니.

너는 내 마음을 어느 정도 생각하는구나.

그래. 잘한 일이야. 먼저 대접하고 먼저 노크하며 대화를 시작한다는 것. 아무나 편하게 하는 일이 아니지.

너는 먼저 합력의 선을 이루는 자로 살라. 네가 내 말에 귀 기울여 살면, 네 앞길이 더욱 형통해 진다는 사실을 믿으려무나.

사랑하는 나의 분신아! 늘 이런 칭찬을 받는 네가 되길 원한다. 꼭 그렇게 되길 나도 기도한다.

\- 너의 합력자

오 늘 의 기 도

저를 사랑한다 말씀하시는 주님의 눈빛에 몸 둘 바를 모르겠습니다. 주님 때문에 저는 외롭지 않습니다. 주 성령님께 감사 영광 돌립니다. 예수님의 이름으로 기도합니다. 아멘.

032

내가 너를 밤낮 지켜 주리라

"낮의 해가 너를 상하게 하지 아니하며 밤의 달도 너를 해치지 아니하리로다" (시 121:6).

내 아버지 하나님이 내 영의 성령으로 너를 밤낮 지키시리라. 너를 낮의 해가 상하게 하지 않으리라. 밤의 달도 너를 해치지 않으리라.

사람의 앞일은 아무도 모른다. 그러니 낮은 낮대로, 밤은 밤대로 무사하게 평안히 한날 한날을 보낸다는 사실에, 너는 범사에 감사만 하면 된다는 것을 잊지 말아라.

내가 매 순간 너와 함께 하는데 무엇이 무섭겠니. 마음이 허전하고 연약해질 때는 시편 121편의 말씀을 묵상하렴. 그러면 네 영혼이 쉼을 얻게 되리라. 너의 출입을 영원히 지켜 인도하리라.

얘야, 이제 내 말의 의미를 알겠지? 이럴 땐 네가 마치 어린아이 같구나. 동심의 마음은 청결해서 좋단다.

- 너를 지키는 목자

오 늘 의 기 도

아멘이십니다. 주께서 받으신 책 《영·혼·육의 전인적인 치유일기》의 표지에서도 푸른 풀밭으로의 쉼이 그려졌습니다. 나무 의자에 앉으신 주님을 제가 묵상합니다. 샘물이 되시는 예수님의 이름으로 기도합니다. 아멘.

033

내 원대로 마시옵고 아버지의 원대로

"이르시되 아버지여 만일 아버지의 뜻이거든 이 잔을 내게서 옮기시옵소서 그러나 내 원대로 마시옵고 아버지의 원대로 되기를 원하나이다 하시니"(눅 22:42).

"내 원대로 마시옵고 아버지의 원대로 되기를 원하나이다."

사랑하는 나의 분신아! 너에게 묻는다. 너는 이렇게 나와 같은 기도를 할 수 있느냐?

모든 신앙의 사람들이 내가 십자가에 달려 숨진 날을 성금요일이라 여기며 금식기도도 드리지.

진정한 의미의 고난주간은 어떤 행사나 눈에 보이는 것들보다, 하나님 아버지의 마음을 먼저 생각하는 데 있다고 믿거든. 너와 모든 사람들의 영혼 구원을 위해 하나밖에 없는 외아들인 나를 끝내 버림받게 하신 그 사랑을 먼저 깨달아야 한다.

정욕적인 이기심의 기도를 버리고 하나님 아버지의 원대로 구하는 기도를 하라. 내가 그 기도에 응답하리라.

- 널 위해 버림받은 자

오 늘 의 기 도

신실하신 구세주 예수 그리스도께 감사와 영광을 돌립니다. 육신의 옷을 입고 인간의 모습으로 십자가 형틀에서 죽으신 예수님이 곧 하나님이심을 믿습니다. 날 구원하신 주 예수님의 이름으로 기도합니다. 아멘.

034

탐심을 버리는 그리스도인이 되어라

"그리스도 예수의 사람들은 육체와 함께 그 정욕과 탐심을 십자가에 못 박았느니라"(갈 5:24).

너는 네 자신을 알겠느냐. 부활 신앙으로 살아가는 그리스도인, 곧 나의 뜻을 따라 그 정욕과 탐심을 십자가에 못 박은 사람으로 네가 본이 되기를 원한다.

영벌에 처할 네 영혼과 육체를 위해 내가 나무 십자가에서 처참히 피 흘려 죽어갔다. 그리고 네 영생 복락의 새 삶을 위해 3일 만에 부활했지 않느냐.

네 안에 틈 타는 육신의 불평을 무너뜨려라. 네가 힘들어질 때마다 십자가의 내 모습을 생각하려무나. 사탄이 네게 엄습하지 못하도록 네 심령에 내 영인 성령님을 모시렴.

나 예수의 사람으로 온유와 겸손의 주인공으로 살라.

\- 네 부활의 왕

오 늘 의 기 도

제 안에 잠시 탐심의 마음이 틈타서 불평을 했습니다. 이 새벽에 주의 말씀 새기며 용서를 구합니다. 주 보혈의 은총으로 용서해 주심을 감사하며, 예수님의 이름으로 기도합니다. 아멘.

035

다 이루기까지 너를 떠나지 않겠다

"내가 너와 함께 있어 네가 어디로 가든지 너를 지키며 너를 이끌어 이 땅으로 돌아오게 할지라 내가 네게 허락한 것을 다 이루기까지 너를 떠나지 아니하리라 하신지라"(창 28:15).

나의 사랑하는 딸아! 너는 일체 염려하지 말아라. 나는 너의 여호와 하나님이다. 내가 야곱과 함께한 것같이 네게도 영원히 함께하리라. 내가 네게 허락한 것을 다 이루기까지 너를 떠나지 않겠다. 네가 어디로 가든지 너를 지키며 함께 하리라. 너를 이끌어 나의 땅으로 돌아오게 할지라. 그러므로 내가 네게 분부한 일을 중단치 말라.

나의 한 분이신 아버지 하나님의 말씀에 너는 이 시간 귀 기울여 듣고 있었느냐. 그 말씀이 네게 얼마나 큰 위로와 안심, 힘이 되는지 너는 이미 깨달아 감사, 감격하고 있구나.

사랑하는 나의 분신, 나의 친구, 나의 신부야!

이제 나와 함께 계시는 하나님을 믿고 너의 미래를 맡기렴. 너의 계획대로 내가 지켜 형통케 하리라.

- 너의 영원한 반려자

오 늘 의 기 도

주님! 저는 주님밖에 없습니다. 아버지 하나님이 주님을 제게 보내사 아버지의 일을 하게 하심을 믿습니다. 제게 문서 선교의 비전으로 영혼 살리는 글을 쓰게 하심을 감사합니다. 예수님의 이름으로 기도합니다. 아멘.

036

내가 네게 치료의 광선을 비추리니

"내 이름을 경외하는 너희에게는 공의로운 해가 떠올라서 치료하는 광선을 비추리니 너희가 나가서 외양간에서 나온 송아지 같이 뛰리라"(말 4:2).

너의 심사를 내가 어찌 모르겠느냐. 사람들은 주로 너의 외모나 보여지는 부분을 평가하지만, 너의 머리카락 숫자까지도 헤아리는 나는 네 모든 것을 다 진단하고 통찰한단다.

너의 심령 골수까지도 바로 잡아 감찰하노라. 이제부터 너는 더욱 내 말에 귀를 기울이렴. 그냥 지나가는 말로 듣는다면 네게 손해가 따른다. 네가 내 말에 잘 순종하리라 믿는다.

실상 건강식품이나 운동, 자연식의 식이요법도 중요하지만, 차선의 방법이라는 것을 잊지 말라. 네가 요즘 힘들어 하는 부분을 잘 알고 있지.

내가 네게 치료의 광선을 비추리니, 너는 오늘 밤부터 내 이름으로 손대어 기도하라. 내가 응답하리라.

- 너의 온전한 치료자

오 늘 의 기 도

어제나 오늘이나 영원토록 동일하게 역사하시는 하나님 아버지를 제가 믿습니다. 하나님의 외아들이신 예수 그리스도를 제가 온전히 믿고 감사드립니다. 치료자로 응답하시는 예수님의 이름으로 기도합니다. 아멘.

037

귀 기울여 들으라 네 영혼이 살리라

"너희는 귀를 기울이고 내게로 나아와 들으라 그리하면 너희의 영혼이 살리라 내가 너희를 위하여 영원한 언약을 맺으리니 곧 다윗에게 허락한 확실한 은혜이니라" (사 55:3).

들을 수 있을 때 들으려무나. 귀 기울여 들으라. 네 영혼이 살리라. 성령의 감동으로 기록된 성경 말씀이 곧 아버지 하나님의 말씀이요 나의 말이니라.

영생은 곧 그리스도인 나를 아는 것이라 했다. 너는 이 땅에 살면서 하나님의 나라를 살고 있느냐? 아멘으로 대답하고 있구나.

영생의 경험, 다시 말해서 하나님의 나라를 살고 있기에 너는 나의 참된 증인으로 살아가야 한다.

너는 명심하려무나. 지극히 작은 소자에게 한 것이 바로 내게 한 것임을 잊지 말라. 너는 종말론적 신앙의 소유자로 살아가느냐. 언제나 네 자신을 내 말에 맞춰 사는 나의 제자가 되길 소원하고 기대한다.

- 네 영혼의 소생자

오 늘 의 기 도

이 순간도 주의 은혜로 옷 입고 살아가는 제 자신을 점검합니다. 더욱 더 귀 기울여 주 예수님의 말씀을 듣고 순종하리이다. 다윗의 은혜로 역사하소서. 예수님의 이름으로 기도합니다. 아멘.

038

네가 날 사랑하면 내 양을 먹이라

"세 번째 이르시되 요한의 아들 시몬아 네가 나를 사랑하느냐 하시니 주께서 세 번째 네가 나를 사랑하느냐 하시므로 … 내가 주님을 사랑하는 줄을 주님께서 아시나이다 예수께서 이르시되 내 양을 먹이라"(요 21:17).

사랑이 없으면 헌신이 아닌 것을 아느냐. 내가 네게 부탁한 말이 곧 시몬 베드로에게 전한 말인 것을 너는 추호도 잊지 말려무나. 네가 나를 사랑하느냐?

네가 날 사랑하면 내 양을 먹이라. 내 양을 치라. 이리가 양의 가죽을 입고 속이는 것은 독초를 먹는 것과 같다. 너는 내 말에 전념하며 그 어떤 유혹에도 양심을 더럽히지 말라. 선한 양심의 주인공으로 살라. 늘 너의 행실이 온전한지를 내게 점검 받으렴.

이 세상에는 진리처럼 느껴지는 미혹의 거짓된 것들이 많다. 네가 세상을 이기는 길이 곧 나의 권면을 아멘으로 받고 순종하는 길이다. 선으로 악을 이기라

너는 나와 함께 하는 일들을 무거운 짐이라고 여기느냐. 네가 나를 진정 사랑한다면 짐이 아니다. 가장 행복된 사랑이란다.

- 네 사랑의 주인공

오 늘 의 기 도

오 주여! 저를 향하신 주님의 말씀이 진리이십니다. 제가 잠시 부활하신 예수님의 기쁨을 온전히 누리지 못했습니다. 저를 용서하소서 다시 돌아왔으니 제 사랑을 받으소서. 양을 맡기신 예수님의 이름으로 기도합니다. 아멘.

039

네 인생의 산지를 개척하라

"그 산지도 네 것이 되리니 비록 삼림이라도 네가 개척하라 그 끝까지 네 것이 되리라 가나안 족속이 비록 철 병거를 가졌고 강할지라도 네가 능히 그를 쫓아내리라 하였더라"(수 17:18).

사랑하는 자야, 네 살아온 인생의 70년을 생각해 보라. 굴곡의 삶이 아니었더냐. 그 한가운데에 누가 있었느냐. 맞다. 내가 늘 눈동자처럼 너를 지켜 위기에서 건짐 받게 하였노라.

때로는 네 생각에 내가 무심하다고 느낄 때도 있었겠지. 하지만 그 순간도 너를 위함이었다는 것을 잊지 말려무나.

내가 여호수아를 이해하는 것은 여호와 하나님께서 모세에게 순종하는 그의 진실함과 성실함, 담대함이 아니겠느냐. 여호수아와 갈렙만이 가나안 땅을 정복한 것을 기억하라. 그의 경험과 믿음을 너는 본받으라. 요셉의 자손에게 명령한 여호수아의 지시가 곧 하나님의 말씀이라. 이는 곧 내가 네게 전하는 지시의 말이니라. 네 인생의 산지를 개척하라. 내가 분명 너와 함께하리라.

- 네 인생의 나침반

오 늘 의 기 도

신실하신 여호와 하나님이시여! 제 인생의 나침반이 되시는 분은 오직 성부, 성자, 성령님이십니다. 주께서 제게 주신 인생의 산지를 개척게 하소서. 예수님의 이름으로 기도합니다. 아멘.

040

생수의 강이 흘러나오리라

"나를 믿는 자는 성경에 이름과 같이 그 배에서 생수의 강이 흘러나오리라 하시니" (요 7:38).

어제 저녁에 일어난 언쟁이 내게 미안하고 죄송해서, 네가 고개 숙인채 몸 둘 바를 몰라하는구나. 그리고 네 자신이 혈기를 부린 것에 대해 내게 뉘우쳐 용서의 기도를 올렸지. 네 맘이 편해지기 위해서라도 말이야.

얘야, 네 안의 정죄 의식을 버리렴. 한 순간에 저지른 사건마다 책망하는 내가 아니란다. 그 실수를 발판 삼아 앞으로의 반복되는 실수가 없도록 명심하면 된단다. 나는 용서와 사랑의 그리스도다.

시대적 결핍 속에서 모든 사람들이 살아가고 있다. 또한 내면의 문제를 안고 갈급함을 토로하고 있다. 수가성의 여인이 생수를 갈급해 하듯이, 이 세상의 것으로는 참 만족을 이룰 수 없다. 너는 더욱 마음을 추스르고 성령의 샘물을 마시라. 영원히 목마르지 않는 나의 생수를 마시라.

- 너의 영원한 생수

오 늘 의 기 도

오, 주님! 맞습니다. 이 시간 저의 기도에 응답해 주시고 용서해 주셨음을 감사드립니다. 제게 맡기신 자녀는 주님의 자녀이니 제 욕심을 버리게 하소서, 예수님의 이름으로 기도합니다. 아멘.

041

네 하나님의 성전을 가까이하라

"오직 너희의 하나님 여호와께 가까이 하기를 오늘까지 행한 것 같이 하라" (수 23:8).

주일의 말씀을 잘 요약하여 기록해 두는 너의 습관을 내가 왜 모르겠니. 하지만 너는 들은 말씀을 되새김질하는 일에 게으르지 않았느냐.

나의 말에 네가 적지 않게 죄송스러워 하는구나. 이제부터라도 네가 새롭게 결단하고 실천하고 있으니 여간 다행이 아니다. 고맙다.

그 깨달음의 발단도 나를 통해서 이루어진 것임을 알라. 앞으로는 성전에서 받은 말씀을 소중히 여겨 묵상하고 지켜 행하라.

여호수아의 하나님이 네 하나님이다. 네가 지금까지 나의 몸된 성전을 떠나지 않았다. 그러나 이전보다 더욱 나를 가까이하라. 네 자녀들이 네 모습을 본받게 하렴. 네 하나님의 성전을 가까이하라.

- 네 성전의 주인

오 늘 의 기 도

주님의 말씀이 아멘이요 또 아멘이십니다. 제 삶의 모습이 자녀에게 선한 영향력이 되게 하소서. 이웃에게도 본이 되게 하소서. 예수님의 이름으로 기도합니다. 아멘.

042

여호와의 말씀이 있는 가정의 복

"여호와의 궤가 가드 사람 오벧에돔의 집에 석 달을 있었는데 여호와께서 오벧에돔과 그의 온 집에 복을 주시니라"(삼하 6:11).

네가 어버이날이 있었던 한 주간 동안에 네 두 딸들과 여기저기 많이도 돌아다녔구나. 복인 줄 알아라. 다리도 아프고, 피곤하기도 하겠지. 하지만 누가 불러 주는 사람도 없이 홀로 골방에 앉아, 외로움의 눈물과 한숨으로 나날을 보내는 이들이 많다는 사실을 너는 알고 있느냐. 그러니 자녀들에게 너무 불평하지 말려무나.

여호와의 말씀이 있는 가정의 복은 이 세상에서 누리는 최상의 복이란다. 오벧에돔의 집에 석 달 동안 있었던 여호와의 궤를 네가 알고 있지 않느냐. 그리고 여호와 아버지께서 그의 온 집에 복을 주신 말씀을 상고하지 않았더냐.

너는 너의 자녀들 앞에서 본을 보여라. 가정예배 드리는 본을 네 자신부터 지켜 나가기를 바란다. 때가 되면 성전에서의 예배가 소중하듯이 가정에서의 예배도 귀한 것을 알게 되리라.

- 네 가정의 지도자

오 늘 의 기 도

가정에 복을 주시고 저와 자녀들이 주님의 말씀대로 예배하게 하심을 감사드립니다. 가정예배도 인도하소서. 예수님의 이름으로 기도합니다. 아멘.

043

내가 행하리니 내 이름으로 구하라

"너희가 내 이름으로 무엇을 구하든지 내가 행하리니 이는 아버지로 하여금 아들로 말미암아 영광을 받으시게 하려 함이라"(요 14:13).

내가 네게 가르쳐준 '주기도문'을 너는 얼마나 소중히 여기느냐. 새벽의 큐티 시간마다 성경의 말씀을 읽고 기도하는 너의 습관을 다 안다. 마무리 기도로 올리는 주기도문이 입에 발린 습관의 기도문이 되지 않기를 부탁한다. 주문 외우듯 재빨리 마쳐 버리지 말렴.

때때로 너의 기도가 잘 안 될 때는 내가 본보기로 알려준 주기도문을 반복해서 간절히 기도하려무나. 중언부언 아무 뜻도 없이 하는 기도보다 얼마나 응답의 결실을 맺는 능력의 기도인지를 깨닫게 될 것이다. 내가 행하리니 내 이름으로 구하라.

네가 내 이름으로 무엇을 구하든지 내가 행하노라. 이렇게 하는 것은 하나님 아버지로 하여금 아들인 나로 인하여 영광을 받으시게 하려 함이라. 이제부터 너는 믿고 구하는 주기도문의 일인자가 되렴. 내가 응답하리라.

- 네 주기도문의 응답자

오 늘 의　기 도

주여! 제가 주기도문의 일인자로 바로 세워지기를 갈망합니다. 예수 그리스도의 이름으로 기도하는 기도는 능력과 기적이 있음을 제가 믿습니다. 감사드리며 예수님의 이름으로 기도합니다. 아멘.

044

책도 공부도 사람의 본분 안에서

"내 아들아 또 이것들로부터 경계를 받으라 많은 책들을 짓는 것은 끝이 없고 많이 공부하는 것은 몸을 피곤하게 하느니라"(전 12:12).

너무 지나친 것이 때론 병이 된다고 하지. 좌로나 우로나 치우치지 않는 삶의 주인공으로 살라.

서점에는 수많은 사람들의 저서가 쌓여 있지. 더 크게 성공하고 명예를 지키기 위해 밤새워 공부하는 사람들이 있지.

그러나 이런 것에 너무 심취하여 빠져 있으면 몸이 피곤하게 되고, 질병까지도 엄습하게 된다는 사실을 너는 잊지 말려무나.

너는 온전한 중용의 경계를 받으며 살라. 목적이 이끄는 삶의 주인공이 되어라. 영혼을 살리는 짧은 글쓰기의 소유자로 살라. 나를 알아가는 지혜로운 공부를 실천하라. 책도 공부도 사람의 본분 안에서 지키며 실천하라.

- 네 본분의 섬김이

오 늘 의 기 도

주의 말씀은 저의 꿀송이가 됩니다. 좌로나 우로나 치우치지 않는 지혜자로 살게 하소서. 오늘도 주의 지혜로 글을 쓰고 읽게 하심을 감사합니다. 예수님의 이름으로 기도합니다. 아멘.

045

나는 네 걸음의 인도자이다

"사람이 마음으로 자기의 길을 계획할지라도 그의 걸음을 인도하시는 이는 여호와시니라"(잠 16:9).

나는 네 걸음의 인도자이다. 하루의 일과 속에서도 얼마나 많은 사건들을 만나게 되는지…. 뉴스를 대할 때마다 네 얼굴이 굳어지는 것을 본다. 네 마음에 충격이 일어나는 것도 알고 있다.

좋은 일 보다 안 좋은 사건 사고가 계속 일어나는 것이 이 세상이라고 너는 느끼게 되지.

그렇기 때문에 너는 더욱 나를 의지하며 살렴. 네 여린 마음을 안다. 미래에 대한 염려를 안다. 네 자신의 질병과 자녀의 건강에 민감한 네 심리도 헤아리지. 이젠 모두 다 내게 맡기렴.

너는 잠언 16장 9절의 말씀을 좋아하는구나. 계획을 많이 세워도 종결자가 나라는 것을 아는구나. 나를 따라 걸으라.

- 네 걸음의 안내자

오 늘 의 기 도

오늘도 예수 그리스도 되시는 저의 구주를 찬양합니다. 제 계획의 완성자, 종결자 되시는 주님만 의지하며 감사드립니다. 제 걸음을 인도하시는 예수님의 이름으로 기도합니다! 아멘.

046

나의 때를 지켜 행하라

"찾을 때가 있고 잃을 때가 있으며 지킬 때가 있고 버릴 때가 있으며"(전 3:6).

요즘 네가 결단하고 버리는 행동을 지켜보게 되는구나. 잘하는 행동이란다.

어떤 물건을 버릴 때는 애착이라는 마음도 함께 따르지. 미련이 남아서 다시 찾게 되기도 하지.

버리게 되면 잠시 공허하고 아쉽지만, 다시 그 빈자리에 새로운 것이 채워진다는 사실을 상상하려무나. 내가 네게 더없이 필요한 것을 선한 방법으로 공급해 준단다.

이 세상의 모든 것들은 모두 아버지 하나님의 섭리 속에서 운행되고 있지. 그 섭리에 따라 순종하면 범사에 감사할 일만 따라온단다.

너는 나의 때를 지켜 행하라. 때에 맞는 말이나 행동, 때를 따라 찾고 잃고 지켜 버릴 때가 참 복이다.

- 너의 때를 아는 자

오 늘 의 기 도

신실하신 주님의 말씀이 진리입니다. 제가 버리게 될 때 새로운 선물이 그 자리에 채워질 줄을 믿습니다. 잃었던 것을 찾게 될 줄도 믿습니다. 예수님의 이름으로 기도합니다. 아멘.

047

세상 끝날까지 너와 항상 함께

"내가 너희에게 분부한 모든 것을 가르쳐 지키게 하라 볼지어다 내가 세상 끝날까지 너희와 항상 함께 있으리라 하시니라"(마 28:20).

내 사랑하는 자야, 네가 자못 나의 말에 감동하는구나. "세상 끝날까지 너와 항상 함께 있으리라."는 나의 말에 네가 눈물 짓는 모습이 보였단다.

그렇게도 크고 작은 일들 속에서 외면받은 사건들이 많았구나. 사람들과의 관계 속에서 이별의 아픔을 공유한 적도 많았겠지.

내가 네 심정을 왜 모르겠느냐.

나의 벗 나의 친구야! 힘을 내라. 그리고 내가 네게 준 달란트의 은사를 더욱 값지게 활용하려무나. 중단치 말고 계속하렴.

네 사명에 충성하여 맡겨진 자들에게 가르쳐 지키게 하라. 한 순간도 나의 초점에서 빗나가지 않도록 나를 응시하라. 세상 끝까지 네 곁에 있으리라.

- 네 곁에 있는 나

오 늘 의 기 도

힘들고 지쳐 외로울 때마다 오아시스의 샘물이 되어 다가오는 말씀에 감사와 찬양을 드립니다. 세상 끝날까지 주와 함께 하리이다. 예수님의 이름으로 기도합니다. 아멘.

048

너희는 다 하나님의 영광을 위해 하라

"그런즉 너희가 먹든지 마시든지 무엇을 하든지 다 하나님의 영광을 위하여 하라" (고전 10:31).

얘야, 너는 시험을 만났을 때 네 시선을 어디에 두는지 알고 있느냐. 여기에서 가장 중요한 것이 있단다. 어떤 상황에서도 네 시선을 나에게 고정해 두는 일이란다. 내가 네 생각의 중심에 있으면 어떤 환경이라도 내 시각으로 볼 수 있지.

그러므로 네가 먹든지 마시는지 무엇을 하든지 다 하나님의 영광을 위해 하려무나. 자책하는 일이 사라질 것이다. 양심의 가책으로 괴로워하는 일이 없게 될 것이다.

어느 누구도 너를 이해하지 못할 때면 내게로 더 가까이 오렴. 내 사랑이 너를 채우게 될 때 너는 사람의 저수지가 되어, 다른 사람들의 삶으로 흘러 넘쳐날 것이다.

이러한 삶이 곧 네가 주의 영광을 위한 삶이란다.

- 네 영광의 주인공

오 늘 의 기 도

아멘의 하나님 아버지께 영광을 돌립니다. 오늘도 먹고 마시며 주를 찬양하게 하소서. 무엇을 하든지 오직 주의 영광을 위해 하리이다. 예수님의 이름으로 기도합니다. 아멘.

049

소금으로 맛을 냄과 같이 말하라

"너희 말을 항상 은혜 가운데서 소금으로 맛을 냄과 같이 하라 그리하면 각 사람에게 마땅히 대답할 것을 알리라"(골 4:6).

너의 심정을 알겠다. 상대방의 눈치를 보며 망설이는 너의 심사를 내가 먼저 알고 있단다. 그러나 내가 너를 강요하지 않는 것은, 내가 네게 허락한 자유의지를 제어하지 않게 하기 위해서이다.

그런데 어제 아침에 기도하고 결단한 너의 행동을 내가 목격했지. 네 연약한 마음의 발산이 아니었다. 내가 네 의지 속에 들어가 담대함을 불어넣었단다. 이제 네 심란함이 안정되어 나도 기쁘다.

얘야, 네 말을 항상 은혜 가운데서 소금으로 맛을 냄과 같이 하라. 내가 네게 때에 맞는 대답의 요지를 깨달아 알게 하리라. 슬기롭고 지혜로운 말의 인격자로 바로 서라.

적절한 소금의 맛처럼, 내 온유의 말을 심고 뿌려라.

- 네 언행의 인도자

오 늘 의 기 도

제 마음 깊이 임재해 계신 주 예수 그리스도시여! 저보다 저의 심사를 더 먼저 헤아려 안내해 주시오니, 저는 오직 감사로 순종하리이다. 저의 인도자 예수님의 이름으로 기도합니다. 아멘.

050

네게 보이리니 내게 부르짖으라

"너는 내게 부르짖으라 내가 네게 응답하겠고 네가 알지 못하는 크고 은밀한 일을 네게 보이리라"(렘 33:3).

고난으로 인해 힘들어질 때 너는 먼저 깨어 기도하라. 기도하되 부르짖어 기도해야 한다. 너는 사사 옷니엘처럼 여호와의 영이 임한 성령 충만으로 힘을 얻어 승리하는 자로 살라. 그러면 네게 평온의 나날이 계속되리라. 평강의 은혜가 너와 네 자녀에게 임하리라.

하나님의 말씀과 기도의 두 기둥으로 부르짖어 기도할 때, 내가 응답하리라. 네가 알지 못하는 크고 은밀한 일을 네게 보이리라.

이 세상은 늘 요란하고 험악한 일들의 연속임을 알라. 내가 너의 대장이 되어 마귀와의 싸움에서 이기게 하리라. 너를, 너의 자녀를, 네가 섬기는 교회가 평안하고 강건하기를 힘써 도우리라. 찬송가 413장 〈내 평생에 가는 길〉의 가사로 네 영혼을 지켜 인도하리라.

- 네 평생의 파트너

오 늘 의 기 도

제 영혼의 안식처가 되시는 주 여호와 하나님이시여! 소리 내서 부르짖어 기도하되 온 심령으로 간절히 기도하게 하소서. 주의 말씀에 새 힘 얻게 하소서. 응답하시는 예수님의 이름으로 기도합니다. 아멘.

051

샘 곁의 무성한 가지로 살라

"요셉은 무성한 가지 곧 샘 곁의 무성한 가지라 그 가지가 담을 넘었도다" (창 49:22).

내 사랑하는 자여! 내 안의 정원을 산책하렴. 저 밖의 굽은 산길엔 가시 엉겅퀴도 많고 들짐승들이 먹잇감을 찾고 있단다.

네 여린 마음, 소심한 심성을 난 잘 알고 있다. 달력에 새겨진 사람들의 얼굴을 살펴보는 일이나 TV의 범죄 심리 드라마조차 잘 시청하지 못하는 네 모습을 진작부터 알고 있었지.

그래. 남들을 닮으려고 노력하지 않아도 된단다. 내가 네게 심겨준 뿌리의 근성에 맞는 삶을 살면 최상의 삶이지. 요셉처럼 내가 네 손의 하는 일마다 형통의 복으로 채우리라. 샘 곁의 무성한 가지로 살라. 내가 네게 주는 복으로 담을 넘는 이웃의 복으로도 채워주리라.

- 네 샘의 참 주인

오 늘 의 기 도

주님의 말씀에 아멘으로 화답합니다. 제 여린 심성도 귀히 여겨 감당케 하심을 감사드립니다. 제 손과 발에 주의 형통을 봅니다. 예수님의 이름으로 기도합니다. 아멘.

052

네 자신부터 살펴 일하라

"네가 네 자신과 가르침을 살펴 이 일을 계속하라 이것을 행함으로 네 자신과 네게 듣는 자를 구원하리라"(딤전 4:16).

벌써 초여름의 계절이 돌아왔구나. 골목길의 담벼락에 흐드러지게 피어난 붉은 넝쿨 장미꽃이 얼마나 예쁜지…. 난 네 마음도 꽃처럼 아름답기를 바란다.

오늘도 나는 너의 생각이나 말, 행동 하나 하나에 주목하고 있단다. 네 자유의지를 존중하며 가만히 살펴보곤 하지.

그런데 너의 행동이 갑자기 혈기의 말로 발설되어 나올 때가 있구나. 자녀들에게나 가까운 지인들에게 던진 한마디의 말이 상처를 입히는 경우가 있음을 기억하렴. 뒤늦게 후회하지만 상처입은 상대방의 마음을 네 힘으론 어쩔 수가 없지.

네 자신부터 살펴 일하라. 그리고 모든 사람을 대할 때 내게 대하듯 겸손하라. 후회가 아닌 기쁨이 채워지도록….

- 네 일의 선두자

오 늘 의 기 도

제 허물을 온전히 깨달아 알게 하심을 주께 감사드립니다. 저의 혈기를 죽여 주시고 주의 온유와 겸손으로 옷 입게 하소서. 예수님의 이름으로 기도합니다. 아멘.

053

네 모든 일에 전심 전력하라

"이 모든 일에 전심 전력하여 너의 성숙함을 모든 사람에게 나타나게 하라" (딤전 4:15).

너의 일거수일투족을 내가 매 순간 지켜 헤아린다. 그러나 강제적 명령이 아닌 네 스스로의 생각을 허락하는 선에서 조용히 감찰하고 있단다.

어제 하루를 보내는 네 심정과 일의 두서를 지켜 보았다. 너의 하는 일이 네 양심과 마음에 흡족했는지 묻고 싶구나.

그래도 안주하지 않고 차근차근 밀렸던 일에 손을 대는 네 모습이 한편 대견하기도 했다.

거실 창가에 심겨진 풋고추 열매에 네 마음이 기뻐하는 경이로움을 발견했다. 말 못하는 저 푸른 식물도 주인에게 보람을 안겨주지. 너의 주인인 내게 너는 무엇을 주기를 원하는지…. 네 모든 일에 전심전력하라. 영육간에 네 성숙함을 모든 사람에게 나타나게 하라.

- 네 일의 주선자

오늘의 기도

언제나 불꽃같은 눈으로 저를 지켜 인도하시는 주님의 은혜를 감사드리고 또 감사드립니다. 선하신 눈빛으로 제게 찾아와 때마다 일마다 주선해 주시는 예수님의 이름으로 기도합니다. 아멘.

054

향기로운 화제의 번제로 드려라

"그 내장과 정강이를 물로 씻을 것이요 제사장은 그 전부를 제단 위에서 불살라 번제를 드릴지니 이는 화제라 여호와께 향기로운 냄새니라"(레 1:9).

헌신 예배로 드려진 어젯밤의 말씀이 너의 마음에 잘 박힌 못이 되었구나. 참된 헌신이란 '여호와 하나님 앞에서'라는 의미를 지닌 코람데오(Coram Deo)의 라틴어로, 매 순간 하나님 앞에 서 있는 사람처럼 살아가라는 깊은 교훈이 심겨져 있단다.

너는 너의 시간과 생각, 말과 행실에 있어서 여호와께서 기쁘시게 받는 삶을 매일 이루어 가는지 묻고 싶구나. 너는 내게 자아의 고집을 얼마나 내려놓았다고 생각하는지 알고 싶구나. 네 자신의 모든 것을 겸손히 내려놓으렴. 그리고 온전히 삼위일체의 주님께 맡기려무나. 너의 일생을 여호와께 향기로운 냄새로 드려지기를 원한다.

사랑하는 나의 분신아! 너의 일상을 향기로운 화제의 번제로 드리라. 내가 네게 영적 제사장의 사명을 주었노라. 그 전부를 불살라 번제로 드리라. 너는 내 것이라.

- 너를 내 것 삼은 자

오 늘 의 기 도

헌신 예배의 말씀과 예화가 저의 굳은 마음을 녹여 주셨습니다. 아직도 교만과 아집의 찌꺼기들이 있사오니, 주여 온전히 저의 완악함을 불살라 주소서. 예수님의 이름으로 기도합니다. 아멘.

055

여호와께서 너를 위해 싸우신다

"여호와께서 너희를 위하여 싸우시리니 너희는 가만히 있을지니라"(출 14:14).

너는 연약한 자의 승리 비결을 진작 알고 있었는지…. 사사기 4장 4절의 드보라 여 선지자를 사사로 사명 받게 하신 여호와 하나님의 크신 뜻을 너는 얼마나 알겠느냐.

맡겨진 사명에 충성을 다하는 자, 연약한 신분이라도 강하고 담대한 믿음으로 일어서는 자, 어떠한 위기에도 자신을 위해 싸워 승리케 하시는 살아계신 하나님을 온전히 믿는 자에게, 손들어 이기게 하시는 주님이심을 너는 정녕 믿고, 의지하는가!

아멘으로 화답하는 너의 눈빛을 내가 보았다. 네가 나이가 많아지고 육신적으로 약해진다고 낙심해 하는 모습도 가끔 보았다. 그러나 이젠 내가 네 안에 임재하는 영으로 너를 영원히 떠나지 아니하리라.

너는 영적 드보라가 되어 일어서라. 이 순간도 여호와께서 너를 위해 싸우신다. 너는 가만히 있을지니라.

- 너 대신 싸우는 자

오늘의 기도

어제나 오늘이나 영원토록 동일하신 여호와 하나님 아버지를 제가 믿고 의지합니다. 죽도록 충성케 하소서. 삼위일체 되시는 주만이 저의 승리자가 되십니다. 예수님의 이름으로 기도합니다. 아멘.

056

행함이 없는 믿음을 조심하라

"영혼 없는 몸이 죽은 것 같이 행함이 없는 믿음은 죽은 것이니라"(약 2:26).

네 마음속에 뿌려진 말씀의 씨앗을 이 새벽에 찾아냈구나. 네 눈에 보여지는 이 세상에서의 가시적인 삶이 때론 두렵게 느껴질 때가 많을 것이다.

갑자기 유명을 달리하는 매스컴의 뉴스를 시청할 때면, 그 존경했던 사람의 모습과 이름이 안타까움으로 다가올 경우가 있지. '살아 계셨을 그 때에 좀 더 잘해 드릴 걸.'하며 후회도 하게 되지.

얘야, 인생이 그런 것인 줄 이제 알았느냐. 그러므로 네 자신부터 실속 있게 챙겨 나가렴.

영혼 없는 몸이 죽은 것 같이 행함이 없는 믿음은 죽은 것이다. 너는 행함이 없는 믿음을 조심하라. 오늘 하루는 내가 네게 부여한 최상의 선물임을 알라. 나의 뜻 안에서 행함이 있는 믿음의 소유자로 살라.

- 네 믿음의 조력자

오 늘 의 기 도

아멘이십니다. 주의 뜻대로 사는 오늘 하루가 되게 하소서. 행함이 따르는 믿음의 신실한 청지기로 살게 하소서. 행함이 없는 믿음을 조심하게 하소서. 예수님의 이름으로 기도합니다. 아멘.

057

성령을 위해 심는 자로 살라

"자기의 육체를 위하여 심는 자는 육체로부터 썩어질 것을 거두고 성령을 위하여 심는 자는 성령으로부터 영생을 거두리라"(갈 6:8).

'부족한 자의 부르심'에 대한 말씀이 사사기 6장 12절에 기록되어 있지 아니하냐. 가장 작고 족하며 연약하다 고백한 기드온의 불신앙적 열등감을 치유시켜 준 그가 누구인지 아느냐. 바로 살아 역사하시는 여호와 아버지 하나님이시다. 내 안에서 나와 함께 계시는 분, 네 안에서 영원히 임마누엘의 은혜로 기적을 이루시는 하나님을 잊지 말려무나.

얘야, 너의 소심함과 예민함, 불안 심리를 다 알지. 혹시 네가 잘못될까 싫어 맘 졸이는 지금의 네 모습을 내가 지켜보고 있었다.

이제 내가 네게 기드온에게 행한 것처럼 '큰 용사'라고 불러 주겠다. 내가 너와 영원히 함께하리라.

이 전염병의 바이러스가 난무하는 시대에 너는 해를 입지 않으리라. 네 아픔은 속히 사라질 것이다. 너는 성령을 위해 심는 자로 살라. 너는 내 영으로 영생을 거두리라.

- 너의 가장 큰 용사

오 늘 의 기 도

오늘도 제 안에서 살아 역사하시는 성부, 성자, 성령의 삼위일체 하나님을 온전히 믿습니다. 저를 큰 용사라 불러 주심을 감사합니다. 저를 기드온처럼 써 주소서. 예수님의 이름으로 기도합니다. 아멘.

058

하나님의 나라는 네 안에 있다

"또 여기 있다 저기 있다고도 못하리니 하나님의 나라는 너희 안에 있느니라" (눅 17:21).

내가 사랑하는 자여! 너의 맘 깊이 간직하고 있는 간절함을 누구보다 내가 가장 잘 알고 있단다. 천국을 그리워하고 사모하는 네 정직한 심성이 기특하구나.

그 어떤 보석이나 명예보다도, 널 위해 십자가를 진 나를 보기 위해, 나와 함께 살기 위해 천국을 열망하는 네 선한 양심을 내가 익히 알고 있지.

그런데 현실의 삶 한가운데에서 온전한 하늘나라를 경험해야만, 진정한 천국 생활이라고 나는 말해 주고 싶다.

천국을 사모하는 신앙의 사람은 이 땅에서도 천국의 삶을 이뤄가는 것이지. 하나님의 나라, 나의 나라는 바로 네 안에 있다.

- 네 나라의 주인공

오 늘 의 기 도

신실하신 저의 참 구주시요 살아 역사하시는 하나님 아버지께 영광을 돌립니다. 천국을 예비해 주시고 오늘도 저의 심령 안에서 천국을 이뤄가게 하심을 감사합니다. 예수님의 이름으로 기도합니다. 아멘.

059

다만 너는 그의 나라를 구하라

"다만 너희는 그의 나라를 구하라 그리하면 이런 것들을 너희에게 더하시리라" (눅 12:31).

너에게 다시 말한다. 네 목숨을 위하여, 몸을 위하여 염려하지 말라. 목숨이 음식보다 중하고 몸이 의복보다 중하다. 너는 새보다 얼마나 더 귀하냐. 꽃보다 얼마나 더 소중하냐. 이 모든 것은 세상 백성들이 구하는 것이다. 너는 다만 그의 나라를 구하라. 너는 조금도 무서워 말라. 미래의 불확실성에 대해 근심하지 말라.

얘야, 지나고 나면 어떤 시험이든 감당하게 되는 것을 경험하지 않았겠니. 그것은 네가 잘해서일까? 너도 아는구나. 매 순간 내가 너와 함께 동행하기 때문이란다. 미혹의 영이 너를 사로잡지 못하도록 내가 너의 방패가 되기 때문임을 명심하라.

너의 힘으로는 너의 머리카락 한 올도 자라게 할 수 없다. 너의 키도 자라게 할 수 없지. 사랑하는 나의 분신아! 내 안에 거하라. 나와 함께 저 물 댄 동산을 거닐자꾸나.

- 네 생명의 구원자

오 늘 의 기 도

예수 그리스도의 말씀은 제게 시원한 생수가 되십니다. 나그네 인생길에서 오직 주의 나라를 구하는 의의 반열에서만 전진하게 하소서. 제 생명의 구원자이신 예수님의 이름으로 기도합니다.

둘

2021.7 ~ 2021.12

내가 새벽녘에 눈을 떴나이다

"주의 말씀을 조용히 읊조리려고
내가 새벽녘에 눈을 떴나이다"(시 119:148).

060

너희가 먹을 것을 주라

"대답하여 이르시되 너희가 먹을 것을 주라 하시니 여짜오되 우리가 가서 이백 데나리온의 떡을 사다 먹이리이까"(막 6:37).

떡 다섯 개와 물고기 두 마리의 사건을 너는 알고 있겠지. 오병이어의 기적이라고들 하지.

은혜를 맡은 선한 청지기가 되어 서로 봉사하라. 피차 도와가며 협력하는 삶이 아름답단다. 환대의 잔치, 사랑의 헌신이 맺은 결실의 풍성함을 너는 알겠느냐. 내가 여호와 하나님께 고하며 하늘을 우러러 축사했다. 제자들에게 먹을 것을 주어 모인 사람들에게 나누어 주게 했다. 오천 명의 남자들이 배불리 먹고도 남은 떡 조각과 물고기가 열두 바구니나 차도록 거두었지 않느냐. 주라. 그리하면 후이 되어 채우리라.

내가 사랑하는 제자가 너라는 사실을 너는 믿겠느냐. 사랑의 빵을 나누는 참 제자로 살라. 네가 알고 있는 그 제자처럼, 너도 나의 영적 제자가 되기를 바라고 원한다. 네 달란트의 작은 것을 내게 가져오렴. 내가 축사하리라.

- 너의 참 환대자

오 늘 의 기 도

여호와 하나님 앞에서 정직하고 진실된 삶의 소유자로 사는 제가 되기를 소원합니다. 영혼과 육신이 굶주리지 않는 오병이어의 주인공으로 써 주소서. 기적의 주인공이신 예수님의 이름으로 기도합니다. 아멘.

061

여호와는 너를 버리지 않으신다

"내 부모는 나를 버렸으나 여호와는 나를 영접하시리이다"(시 27:10).

비천한 신분이었던 자, 여호와 하나님께서 큰 용사라 부르시며 크게 쓰임 받은 입다를 네가 얼마나 알고 있는지…. 겁쟁이였던 기드온에게도 하나님은 큰 용사라 불러 주셨다. 너도 큰 용사라는 부름을 받고 싶지 않느냐. 너도 입다처럼 큰 사사로 일할 수 있단다.

네 출생의 크고 작은 사건들을 익히 들어서 알고 있다 했느냐. "차라리 없는 것이 나을 뻔 했다."라는 소리를 전해 들었을 때, 너의 마음에 버림받은 상처의 흔적이 적지 않았겠지. 얘야, 여호와는 너를 버리지 않으신다.

아들 선호 사상이 깊었던 그 시대에 딸로 태어난 서글픔이 네 심정을 아프게 했구나. 그래. 이젠 지나간 과거를 잊으렴. 너를 사랑하여 영접하신 아버지 하나님이 독생자인 나까지 버리시고 십자가 형틀에 죽게 하시지 않았겠니. 그리고 너를 천국의 자녀로 함께 사시기 위해 나를 살리셨다. 이 주님의 은혜를 잊지 말아라.

- 버림 받은 너의 구원자

오 늘 의 기 도

지난 주일에 받은 강단의 말씀('아 하나님의 은혜로')이 아직도 남아 제 마음을 이슬비처럼 촉촉하게 적셔 줍니다. 버림받은 자 같은 저를 구원해 주신 하나님의 은혜를 감사드립니다. 예수님의 이름으로 기도합니다. 아멘.

062

담대하게 거침없이 전하라

"하나님의 나라를 전파하며 주 예수 그리스도에 관한 모든 것을 담대하게 거침없이 가르치더라"(행 28:31).

나는 네게 다시 말한다. 너는 이제 택함을 받은 족속이요 왕같은 제사장이라 했다. 거룩한 나라요 그의 소유가 된 백성으로 삼았다. 이는 긍휼을 얻은 하나님의 백성이 되었음을 잊지 말려무나.

어젯밤의 말씀이 아직도 신선한 충격으로 다가왔는지…. 네 마음에 파동이 일어나는 것을 감지했단다. 평신도의 위대함을 이미 초대교회 성도들을 통해 알고 있지 않았겠느냐. 다만 알고 있었던 것을 담대하게 거침없이 전해야 할 사명이 네게 남았다. 일어나서 시작하라.

성령의 충만을 받으라. 네 소유를 각 사람의 필요를 따라 나누라. 성전에 모이기를 힘쓰라. 말씀과 기도, 찬송으로 하나님을 찬양하라. 너는 나에 관한 모든 것을 용감하게 가르치라. 부정부패에 저항하는 복음의 참 그리스도인으로 변화하라. 네 일생을 사람이 아닌 내게 맞춰 살려무나.

- 너를 제사장 삼은 자

오 늘 의 기 도

영벌에 처할 수 밖에 없던 저를 영생의 하나님 백성으로 인쳐 주신 성령 하나님께 감사와 영광을 돌립니다. 남은 인생 오직 주께 맞춰 살게 하소서. 예수님의 이름으로 기도합니다. 아멘.

063

나와 함께 가기를 결단했느냐

"나오미에게 이르되 아니니이다 우리는 어머니와 함께 어머니의 백성에게로 돌아 가겠나이다 하는지라"(룻 1:10).

너는 선하고 겸손한 사람이 되어라. 이러한 사람을 선대의 축복을 받은 자라고 하지. 네 자신이 나에게 선한 영향력의 은혜를 받았으니, 너 또한 네 이웃에게 그 받은 복을 나누기에 힘쓰라.

나오미를 따라 함께 가기를 결단한 룻의 모습이 아름답지 않더냐. 끝내 룻은 보아스의 아내가 되는 복을 받았지.

"어머니의 백성이 나의 백성이 되고 어머니의 하나님이 나의 하나님이 되시리니."라고 고백한 룻의 선함과 겸손, 어진 믿음의 심성을 보라. 얘야, 너의 남은 인생의 여정도 나와 함께 가기를 결단했느냐. 그렇게 순종하겠다고 대답하는구나.

하루의 24시간 중에 너는 얼마나 나를 생각하며 묵상하는지…. 임마누엘의 은혜가 네게 매 순간 넘쳐나기를 축복하노라.

- 너와 함께 걷는 자

오 늘 의 기 도

신실하신 아버지 하나님, 상처를 감싸 위로하시는 성령님, 보혈의 은혜로 대신 죽으셨다 부활하신 예수 그리스도시여! 주 없이는 한 순간도 살 수가 없네요. 저와 함께 걸어가시는 예수님의 이름으로 기도합니다. 아멘.

064

네게 필요한 양식으로 채우리라

"곧 헛된 것과 거짓말을 내게서 멀리 하옵시며 나를 가난하게도 마옵시고 부하게도 마옵시고 오직 필요한 양식으로 나를 먹이시옵소서"(잠 30:8).

애야, 너의 인생 70년을 살아왔구나. 지금 네 생각은 어떠한지…. 네 젊었을 때와 비교해 보면 판이하게 다르지 않더냐. 요즘 네가 '이젠 말세지. 말의 때가 왔어.'하며 입버릇처럼 중얼거리곤 하지.

세상의 모든 일들, 특히 사악해져 가는 사람들의 모습을 보면서 '이건 아니지.'하며 놀라는구나.

온 지구촌의 나라들이 바이러스 전염병으로 몸살을 앓고 있다. 너에게 내가 당부한다. 너의 마지막 날을 기억하라. 나실인 삼손이 두 눈이 뽑힌 상태에서 맷돌을 갈며 여호와께 기도했지. "나를 한 번만 생각하소서."라고 절규의 최후 간구로 부르짖었을 때, 주께서 단번에 응답하셨다.

이제 내가 네게 필요한 양식으로 채우리라. 헛된 것과 거짓말을 멀리하는 자로 인도하리라. 가난하거나 부하여 짓는 죄가 없도록 꼭 네게 필요한 것을 안겨 채워주리라. 영원히,

- 네 양식의 공급자

오 늘 의 기 도

오늘도 저의 힘이 아닌 주님의 힘으로 살아갑니다. 한 여름의 폭염도 제게서 주님의 영원한 사랑을 빼앗을 수가 없습니다. 마지막 날까지 함께하시는 예수님의 이름으로 기도합니다. 아멘.

065

한 날의 괴로움은 그날로 족하다

"그러므로 내일 일을 위하여 염려하지 말라 내일 일은 내일이 염려할 것이요 한 날의 괴로움은 그 날로 족하니라"(마 6:34).

내가 네게 내일 일을 위하여 미리 염려하지 말라 했다. 내일 일은 내일이 염려할 것이라고도 했지. 내가 왜 염려하지 말라 했을까?

너는 생각해 보라. 아직 오지 않은 내일을 걱정하면, 네가 감당할 하루의 문제 위에 또 다른 문제를 얹고 사는 것이 된단다. 네 한계에 달한 몸에 그 하루의 문제를 더 겹쳐서 쌓는 격이 되는 거란다. 네 어깨가 무거워 비틀거리는 모습을 나는 보고 싶지 않거든.

그러므로 얘야, 한 날의 괴로움은 그날로 족하다. 네 머릿속을 떠도는 걱정을 내게 맡기려무나. 네가 나를 신뢰하면 너를 내 임재의 세계로 이끌어 주지. 그럴 때 네 지나친 염려와 근심,불안, 공포의 수갑이 즉시 풀려 벗겨진단다. 너의 체질을 나보다 잘 아는 자가 없다. 한 치 앞을 모르는 것이 네겐 복이다. 네가 나를 의지함이 복이다.

- 네 미래의 설계자

오 늘 의 기 도

제 체질과 생각, 미래를 향한 걱정들을 다 헤아리시는 주님이시여! 내일 일을 위하여 염려하지 말라는 말씀이 곧 저를 위한 사랑이심을 믿습니다. 주만 의지합니다. 예수님의 이름으로 기도합니다. 아멘.

066

내가 주는 영생의 샘물을 마시라

"내가 주는 물을 마시는 자는 영원히 목마르지 아니하리니 내가 주는 물은 그 속에서 영생하도록 솟아나는 샘물이 되리라"(요 4:14).

내가 사마리아에 있는 수가 마을의 한 여인을 만났지. 야곱의 우물 곁에 앉았을 때 그녀는 물을 긷고 있었다. 나는 그 사마리아 여자에게 "물을 좀 달라."고 했다.

애야, 난 그녀와 이야기를 나누다가 내가 누구인지를 밝혔단다. 메시야 곧 그리스도가 나인 것을 목격한 여인의 삶은 완전히 변화되었단다. 물동이를 버려두고 동네로 들어가, "내가 행한 모든 일을 내게 말한 사람을 와서 보라. 이는 그리스도가 아니냐."라고 외쳤다.

너는 어떻게 생각하고 있느냐. 네 입장과 비교해 보았을 때, 사마리아 여인은 다르다고 느끼지는 않는지…. 갑자기 너의 눈빛이 붉어지는데, 지난날의 네 죄과가 떠올라서 그러느냐. 알았다. 더이상 네 과거를 묻지 않으마. 복음 전도자가 되어 생수인 나를 전파하는 그녀처럼 너도 기대하련다. 내가 주는 영상의 샘물을 마시라.

- 네 영생의 샘터

오 늘 의 기 도

오 주여! 이 귀한 말씀을 묵상할 때마다 영생의 샘물 되시는 예수 그리스도를 제 안에 모십니다. 그리고 제가 얼마나 복된 존재인지를 감격해 합니다. 예수님의 이름으로 기도합니다. 아멘.

067

선을 위한 고난받음이 주의 뜻이다

"선을 행함으로 고난 받는 것이 하나님의 뜻일진대 악을 행함으로 고난 받는 것보다 나으니라"(벧전 3:17).

내가 변함없이 아끼고 사랑하는 너에게 부탁하마. 선을 위한 고난이란 곧 의를 위한 고난을 의미하지. 형제를 사랑하되 불쌍히 여기며 겸손하기를 바란다. 혀를 금하며 악한 말을 그치고 거짓의 말을 삼가야 한다. 선을 위한 고난받음이 주의 뜻이다.

네 마음에 나의 겸손과 온유를 심으라. 선한 양심을 가지라. 선을 행함으로 고난받는 것이 하나님의 뜻이다. 악을 행함으로 고난받는 것보다 나으니라.

다윗의 고백을 묵상하라. "고난 당하기 전에는 내가 그릇 행하였더니 이제는 주의 말씀을 지키나이다."라고 했다. 바이러스가 온 지구촌을 긴장하게 하고 있다. 폭염이 계속되는 열대야 속에서 너는 무슨 생각을 하고 있는지. 그래. 성전에서의 대면 예배가 그리워서 안타까운 네 마음을 안다. 이 고난은 지나가는 바람이니 조금만 참으렴.

- 네 앞서 고난받은 자

오 늘 의 기 도

모든 형편과 사정을 주께서 먼저 아시나이다. 주께서 주시는 고난이 큰 유익이요. 겸손케 하는 지름길임을 제가 믿습니다. 예수 그리스도의 십자가 고난을 묵상하게 하소서. 선한 목자 예수님의 이름으로 기도합니다. 아멘.

068

제가 듣겠사오니 말씀하소서

"여호와께서 임하여 서서 전과 같이 사무엘아 사무엘아 부르시는지라 사무엘이 이르되 말씀하옵소서 주의 종이 듣겠나이다 하니"(삼상 3:10).

한나의 기도에 응답하신 여호와 하나님을 생각해 보라. 그 응답의 결실로 낳은 사무엘이 나실인이 되어 성전 지기의 사명을 감당하고 있다.

얘야, 너의 예명이 무엇이더냐. '한나'라 하지 않았느냐. 그만큼 너도 한나의 애절한 모습이 네 모습과 같다 여겼지. 그러므로 작정 기도와 금식 기도, 눈물로 부르짖는 하소연의 기도와 간구를 자주 드렸지. 그런데 지금의 네 모습은 어떠한지….

네 양심에 맡기마. 생활 환경도 여유로워졌지. 다만 너의 나이가 노년의 연령으로 접어들었다는 것이 다를 뿐이란다. 네 순수한 믿음의 열정이 많이도 사그러들었다고 손수 느껴지지 않는지…. 이제라도 다시 힘내어 일어서렴. 어린 사무엘의 고백처럼, "제가 듣겠사오니 말씀하소서." 하라. 내가 너와 영원히 함께하리라.

- 너를 부르는 자

오 늘 의 기 도

주여! 성전에 머물게 하소서. 하나님의 음성에 귀를 기울이게 하소서. 그리고 그 부르심에 믿음으로 응답하기를 원합니다. 주의 일 하다가 주 품에 안기게 하소서. 예수님의 이름으로 기도합니다. 아멘.

069

내 사랑하는 자야 일어나서 함께 가자

"나의 사랑하는 자가 내게 말하여 이르기를 나의 사랑, 내 어여쁜 자야 일어나서 함께 가자"(아 2:10).

내 사랑하는 자야 일어나서 함께 가자! 계속되는 시련의 굴레에서 나만 믿고 이제 일어서렴. 내가 네 곁에 항상 같이 있지 않니. 매 순간 너의 눈동자만큼이나 깜박이며, 네 모든 24시간의 하루를 온통 지켜보고 있단다.

나는 네 양심의 중심이 되고 네 영혼의 닻과 같음을 알라. 때때로 네가 나에게서 떨어져 방황할 때도 있지만, 그럴 때는 나의 영이 너를 이끌어 내게로 오도록 권고한단다.

'언제까지 이 시험의 고난이 끝나려나.'라고 고민하고 있구나.

이 바람은 너만 겪는 고통이 아님을 의식하려무나. 하늘에서 내리는 비가 온누리를 적시듯, 이 지구촌의 모든 사람들이 다 공유하는 아픔인 것을 잊지 말라.

어서 일어나 앞을 보라. 내가 너와 함께 동행하련다. 내 사랑하는 자야. 더이상 방황은 끝, 영생복락의 길만 남았다.

- 너와 함께 사는 자

오 늘 의 기 도

주 예수 그리스도시여! 제가 주님을 의지하고 사모합니다. "내 사랑하는 자"라고 불러주시니, 제가 몸 둘 바를 모르겠습니다. 오직 감사와 경배만 올려 드립니다. 예수님의 이름으로 기도합니다. 아멘.

070

내 허물을 여호와께 자복하리라

"내가 이르기를 내 허물을 여호와께 자복하리라 하고 주께 내 죄를 아뢰고 내 죄악을 숨기지 아니하였더니 곧 주께서 내 죄악을 사하셨나이다"(시 32:5).

"주의 손이 주야로 나를 누르시오니 내 진액이 빠져서 여름 가뭄에 마름같이 되었나이다."라고 다윗은 자신의 신음을 주께 아뢰었다. 그리고 자기의 허물을 여호와께 고함으로 죄악에서 사함을 받았다고 고백했다. 네 양심도 다윗과 같기를 나는 소원한다.

애야, 어제 주일 예배를 드리면서 너는 진정 무슨 생각이 들었느냐. 알 수 없는 부재에서 오는 허전함, 그리고 기다려야 한다는 인내와 겸손함을 더 겸비하겠다는 다짐으로 네 모습은 상기되어 있더구나, 이 모두가 종말론적인 징조라 여기면서 말이야.

인생의 실패를 겪을 때, 과거로부터 행하던 실패의 원인을 바로 깨달아야 하겠지. 현재의 삶에서 큰 불행을 경험하기 전에 돌이켜야 할 거야. 그러므로 미래로까지 이어지는 불행이 되지 않도록, 너는 매 순간 네 허물을 내게 자복하기를 기대하마.

- 네 허물을 사하는 자

오 늘 의 기 도

주여! 제게 바른 기도의 본보기로 다윗의 기도를 본받으라 하심을 무한 감사드립니다. 매 순간 저의 허물과 죄악을 주께 자복하게 하소서. 언제나 주 안에 자유함을 주시는 예수님의 이름으로 기도합니다. 아멘.

071

오직 덕을 세우는 선한 말을 하라

"무릇 더러운 말은 너희 입 밖에도 내지 말고 오직 덕을 세우는 데 소용되는 대로 선한 말을 하여 듣는 자들에게 은혜를 끼치게 하라"(엡 4:29).

네 자녀가 네게 거친 말을 할 때에는 어떤 마음이 드는지 묻고 싶구나. 그래. 물론 섭섭하겠지. 때마다 땀을 흘리며 밥상 차리기에 여념이 없는데 알아주지도 않고….

내가 왜 네 심정을 모르겠니. 그런데 너 또한 잘 다듬어지지 않은 말로 네 딸들에게 하소연하는 경우를 내가 종종 발견한단다.

덕이 되는 말인지를 먼저 헤아리렴. 윗물이 맑아야 아랫물도 맑단다. 네 자녀나 이웃에게 본이 되는 선한 말을 하려무나.

반복된 실수를 예방하기 위해 먼저 기도하라. 대화 중에도 대꾸하기 전에 기도하렴. 그렇게 할 때 네 언어가 내 영의 통제 안에 놓여, 긍정적인 대화로 이끌게 됨을 깨닫게 되지. 오직 덕을 세우는 선한 말을 하라.

- 네 말의 중재자

오 늘 의 기 도

은혜의 주 예수님께 감사와 영광을 돌립니다. 이 세상 모든 사람이 다 저를 몰라준다 해도, 주님이 저를 알아주시니 이보다 더 큰 위로가 없습니다. 선한 말의 주인이신 예수님의 이름으로 기도합니다. 아멘.

072

가장 먼저 주 너의 하나님을 사랑하라

"네 마음을 다하고 목숨을 다하고 뜻을 다하고 힘을 다하여 주 너의 하나님을 사랑하라 하신 것이요"(막 12:30).

내가 네게 가장 큰 계명 두 가지를 알려주었다. 첫째는 하나님 사랑, 둘째가 이웃 사랑이다.

여호와 하나님을 사랑하되 마음과 목숨, 뜻과 힘을 다하여 사랑하라고 강조했다. 그렇게 할 때 네 이웃을 향한 사랑도 네 자신을 사랑하듯 사랑하게 된다고 했다.

얘야, 내가 네게 자유의지를 심어줬다. 선택의 자유를 네게 줬단다. 그러므로 교회의 모든 일들이 사랑의 동기가 우선시 되어야 하겠지. 내가 고난의 십자가를 손수 짊어짐으로 너에 대한 사랑을 확증하지 않았겠니. 말세에 사람들은 돈 사랑과 자기 사랑, 쾌락을 향한 사랑에 빠져 있단다. 내가 사랑하는 네게 다시 말한다. 가장 먼저 주 너의 하나님을 사랑하라. 너는 나의 분신이다.

- 네 생명의 근원자

오 늘 의 기 도

아멘이십니다. 주님의 말씀은 일점일획도 변함이 없으십니다. 제 남은 여생을 주님께 의탁하오니, 오직 하나님을 가장 사랑하는 자로 인쳐 주소서. 예수님의 이름으로 기도합니다. 아멘.

073

구덩이에 빠져 있어도 하나님의 섭리가 있다

"그를 잡아 구덩이에 던지니 그 구덩이는 빈 것이라 그 속에 물이 없었더라" (창 37:24).

〈주와 함께라면〉이라는 복음성가에 네 마음이 감동되었구나. 너의 충혈된 눈빛이 말해 주고 있었지. 진정 네가 나와 함께라면 가난해도 좋으냐. 병들어도 좋은지. 세상 바람이 휘몰아쳐도 나의 따사로운 손길로 만족할 수 있느냐고 조심스럽게 묻고 싶단다. 시련의 밤으로 어두운 터널의 길을 걸어도, 정녕 네 옆에 있는 내가 너의 손을 잡고 걷는다면 행복하다는 너의 고백에, 감동, 감동뿐임을 나 역시 고백하고 싶구나.

구덩이에 빠져 있어도 하나님의 섭리가 있다. 요셉이 어디를 가나 형통의 복을 받았다. 아버지 하나님께서 요셉의 인생에 개입하셨지. 그러므로 얘야, 너도 모든 삶의 과정에 충성하려무나. 결과를 자신이 통제하려 할 때 불행하게 된다는 이치를 잊지 말렴. 그 결과를 내게 맡겨라.

또한 네 지나간 과거에 대한 죄책감에 대해서도 자유하려무나. 제발…. 네 인생의 결과는 네가 예측하거나 책임지는 것이 아니다. 구덩이에 빠졌던 요셉이 최상의 정상에 올랐다. 너도 기대하며 살라.

- 네 삶의 섭리자

오 늘 의 기 도

주일 예배를 드리며 받은 찬양과 말씀이 제 마음을 감동시켰습니다. 주 하나님, 주 성령님, 주 예수님께 감사와 영광을 돌립니다. 구덩이와 같은 낮은 곳에서도 주만 의지하고 나아가리다. 예수님의 이름으로 기도합니다. 아멘.

074

모든 지혜와 꿈을 주리라

"하나님이 이 네 소년에게 학문을 주시고 모든 서적을 깨닫게 하시고 지혜를 주셨으니 다니엘은 또 모든 환상과 꿈을 깨달아 알더라"(단 1:17).

현실의 삶이 비록 암담하여도 너는 다니엘처럼 뜻을 정하여 기도하라. 그의 세 친구들처럼 한 마음으로 행동하라. 이 네 소년에게 하나님은 학문과 서적을 깨닫게 하셨다. 모든 환상과 꿈을 깨달아 아는 지혜를 주셨단다.

주께서 기뻐하시는 의의 길로 나아가라. 끝까지 포기하지 않는 소망의 길을 걸어가라. 그리고 주의 영광과 모두의 유익을 위해 의의 길을 구하는 삶의 주인공으로 살라.

사람들은 눈에 보이는 것에 집중하고 소망을 갖지. 그러나 믿음의 사람은 육신의 눈으로 보이지 않는 영의 눈을 떠서 주님의 뜻을 살피지. 얘야. 네 남은 인생이 그렇게 되길 소망한다. 내가 네게 모든 지혜와 꿈을 주리라. 네 받은 은사가 값지게 쓰임 받길 응원하마.

- 네 모든 지혜의 왕

오 늘 의 기 도

주님, 예루살렘 성전이 있는 창문을 열고 하루 세 번씩 무릎 꿇어 감사 기도한 다니엘을 기억합니다. 저도 여호와 하나님께 새벽을 깨워 기도하게 하소서. 꿈을 실현케 하시는 예수님의 이름으로 기도합니다. 아멘.

075

너는 정신 차려 근신하며 기도하라

"만물의 마지막이 가까이 왔으니 그러므로 너희는 정신을 차리고 근신하여 기도하라"(벧전 4:7).

만물의 마지막이 가까이 와 있다. 너는 이때에 무엇을 먼저 생각하고 있는지 묻고 싶구나. 먼저 정신을 차리렴, 근신하여 기도해야 한다. 시험에 들지 않고 선으로 악을 이기기 위함이란다.

얘야, 지난 주일에 찬양하며 성전에 모여 예배드렸을 때의 네 마음이 어떠했는지…. 모처럼 내 마음도 자못 감동했단다. 나를 사랑하고 사모하는 믿음의 그 심령을 내가 이미 헤아리고 있었다. 다수의 사람들이 아닌 소수의 성도들이라도 진리의 좁은 문을 향하는 발길이 나를 행복하게 해서 더없이 기뻤단다.

어려운 때엔 기도하고 금식하려무나. 너의 심령을 내 앞에 토하며 모든 죄악을 통회하고 자복해야 한다. 너의 몸을 산 제사로 드리는 영적 예배자가 되어야 한다. 이 세상을 본받지 않는 나의 사람, 나의 분신이 되길 소원한다. 너를 사랑해!

- 네 기도의 중보자

오 늘 의 기 도

"내게로 오라 내가 너를 쉬게 하리라."고 말씀하시는 예수 그리스도 나의 주시여! 미스바로 모이라는 말씀이 진리입니다. 만물의 마지막이 가까이 왔으니 깨어 간구하게 하소서. 예수님의 이름으로 기도합니다. 아멘.

076

내가 온 것은 잃은 자를 찾아 구원함이라

"인자가 온 것은 잃어버린 자를 찾아 구원하려 함이니라"(눅 19:10).

네가 어려서부터 자주 듣던 성경의 이름이 있지. 그래. 바로 삭개오란 세리장이 아니겠니. 비록 키가 아주 작았지만 부자였단다.

그럼에도 불구하고 어린 시절부터 사랑받지 못한 인격의 상처가 그에게 고스란히 얼룩져 있었지. 여리고로 들어가 지나갈 때 난 삭개오가 돌무화과나무에 오르는 모습을 보았다. 체면과 자존심, 비난의 화살을 감수하기까지 나를 만나겠다는 그의 결단에 나는 감동했단다.

"오늘 구원이 이 집에 이르렀으니 이 사람도 아브라함의 자손임이로다." 인자인 내가 온 것이 잃어버린 자를 찾아 구원하기 위함이라 했다. 삭개오의 고백을 아느냐. 자신이 지닌 소유의 절반을 가난한 자들에게 주겠다고 했다. 또 누구의 것을 속여 빼앗은 일이 있으면 네 갑절이나 갚겠다고 약속했다.

하나님 아버지의 치료 방법은 사랑임을 잊지 말려무나. 너는 이 사랑을 나누는 자로 살라. 허다한 죄를 덮는 사랑의 주인공으로 살라.

- 네 상처의 치유자

오 늘 의 기 도

신실하신 주님께 제 모든 것을 내어 놓습니다. 절제된 언어를 통해 상대방의 마음을 위로하는 자로 인쳐 주소서. 아버지 하나님을 본받아 무조건적 사랑으로 섬기고 치료하게 하소서. 예수님의 이름으로 기도합니다. 아멘.

077

너를 인도하는 자에게 순종하고 복종하라

"너희를 인도하는 자들에게 순종하고 복종하라 그들은 너희 영혼을 위하여 경성하기를 자신들이 청산할 자인 것 같이 하느니라 그들로 하여금 즐거움으로 이것을 하게 하고 근심으로 하게 하지 말라…"(히 13:17).

주일 예배 드리는 성전에 빈 좌석이 많구나. 네 심정도 허전해 하는구나. 얘야, 나의 마음도 생각해 보았냐고 네게 묻고 싶단다. 그러나 회복의 때가 오리니 기다리렴.

모든 교회의 성도들을 영혼의 꼴로 인도하는 자가 누구이더냐. 나의 말을 대언하게 하기 위해 세운 청지기적 사명의 목회자들이란다. 내가 아버지 하나님께 부여받은 선한 목자이니 너희는 양들이 아니겠느냐. 목자를 따르라.

네가 섬기는 교회의 영적 지도자인 목사님께 순종하고 복종하라. 내가 저를 영혼의 참된 목사로 세웠다. 그러므로 너는 나를 섬기듯 너의 지도자를 자원하여 섬기라 너를 인도하는 자에게 즐거움으로 따를 때, 그 상급의 보상이 네게도 넘치도록 채워지리라.

얘야, 말세의 시대에 교회와 목회자를 잘 만남이 최상의 복인줄 알라. 너는 현재 이 복을 누리고 있다. 더욱 분발하라.

- 네 삶의 인도자

오 늘 의 기 도

제 영혼의 거울인 주의 말씀만이 새 힘이요 능력이 되십니다. 주님, 제게 은혜의 교회에서 매 주일 귀한 목사님을 통해 말씀 듣게 하심이 큰 복인줄 믿습니다. 예수님의 이름으로 기도합니다. 아멘.

078

두려워 말라 내가 너와 함께함이라

"두려워하지 말라 내가 너와 함께 함이라 놀라지 말라 나는 네 하나님이 됨이라 내가 너를 굳세게 하리라 참으로 너를 도와 주리라 참으로 나의 의로운 오른손으로 너를 붙들리라"(사 41:10).

너의 마음이 어떠한지를 너보다 내가 더 잘 알고 있단다. 두렵고 무섭더냐. 그래. 그럴 수도 있지.

너의 보이지 않는 오장육부의 장기들을 나는 모두 다 알고 있지. 오장은 간장·심장·비장·폐장·신장을 말한다. 그리고 육부는 대장·소장·쓸개·위·삼초·방광 등을 말한다. 내가 너의 오장육부를 강건케 치료하리라.

요즘 너의 신체 중에 안 좋은 상태의 건강 징후에 대하여, 예민해 있는 너의 심중을 헤아리고 있지. 오늘 새벽의 큐티 시간에 내가 네게 전한 성경 말씀을 의지하렴. 놀라거나 두려워하지 말라. 나의 오른손으로 너를 붙들어 굳세게 하리라. 나는 너의 주 하나님이다. 성령의 임재 속에서 기도하라. 그리스도의 영인 내가 네 안에서 너를 치유하리라. 너는 매일 시간을 내어 내가 이끄는 대로 손을 들고 간구하라. 내가 말하노니 두려워 말라. 나만 믿으렴.

- 너의 평생 동행자

오 늘 의 기 도

주여, 제가 그렇게 하겠습니다. 주께서 저와 함께하시니 저는 힘이 들지 않습니다. 오늘부터 새벽 큐티 시간 외의 오후 시간에도 주 앞에서 기도하게 하소서. 예수님의 이름으로 기도합니다. 아멘.

079

너는 귀히 쓰는 그릇의 사명을 다하라

"그러므로 누구든지 이런 것에서 자기를 깨끗하게 하면 귀히 쓰는 그릇이 되어 거룩하고 주인의 쓰심에 합당하며 모든 선한 일에 준비함이 되리라"(딤후 2:21).

내가 네게 준 은사, 달란트가 있음을 너도 어느 정도는 알고 있으리라 믿는다. 그리고 너의 반복되는 단점들도 다 알고 있단다. 단점들은 점점 줄여가야 하겠지.

이제 너의 은사를 그릇으로 비유해볼까 한다. 매일 삼시 세끼의 음식을 다루는 너로서, 그릇이란 불가분의 관계가 아니겠느냐. 음식과 그릇은 떨어질 수가 없다.

아무리 금 그릇이라 해도 더러운 것들이 담겨 있다면 어찌 주인이 그 그릇을 쓸 수가 있겠니. 깨끗이 잘 씻겨진 그릇이라면, 비록 작은 나무 종지라도 요긴하게 쓰임 받을 수 있는 것이란다. 귀히 쓰는 그릇의 사명을 다하라.

너는 사람의 영혼을 살리는 말을 하려무나. 책을 발간하기 위한 글을 쓸 때에도 기도하며 나의 뜻을 살펴 작성하라. 그렇게 할 때 선한 일에 쓰임 받는 나의 사람이 되느니라.

- 네 영혼의 참 그릇

오 늘 의 기 도

주 예수 그리스도의 이름으로 기도하오니, 저의 장단점을 아시오매 온전히 씻겨 정결케 하소서. 저의 달란트가 주 앞에 귀히 쓰이는 그릇으로 빛을 발하리라 믿습니다. 예수님의 이름으로 기도합니다. 아멘.

080

신랑을 맞을 준비된 신부로 살아가라

"그들이 사러 간 사이에 신랑이 오므로 준비하였던 자들은 함께 혼인 잔치에 들어가고 문은 닫힌지라"(마 25:10).

얘야, 올 가을에 입주하게 될 그 아파트를 너는 어떻게 생각하고 있는지 묻고 싶구나. 지금은 하자 보수 작업에 열심이더구나. 지금 살고 있는 집의 구조나 전경도 만족하는데, 덤으로 주시는 은혜라 여기며 내게 감사하는 네 심정을 십분 이해한단다. 그동안 네 수도권 생활의 경로를 내가 다 알고 있지.

그래. 사랑의 욕망과 욕심은 끝이 없더구나. 채우고 채워도 만족이 없다는 의미란다. 집의 평수나 위치, 전망을 위해 되도록 더욱 편리한 곳으로 옮겨 사는 것이 현대인들의 추세라 할 수 있지. 너희라고 예외가 아니겠니.

네 자녀들의 요구에 응하며 따라가는 네 모습도 나쁘지 않단다. 새로운 가구와 편리해진 가전도 준비했는데, 그곳에서 함께할 주인공은 누구냐. 너는 익히 알고 있겠지. 보여지는 이 세상의 것들에 치우치면 결국 나 외의 우상을 섬기는 것이 된단다. 부탁하마. 너는 신랑을 맞을 준비된 신부로 살아가라.

- 너의 참 신랑

오 늘 의 기 도

아멘! 주님의 말씀은 일점일획이라도 변함이 없습니다. 저의 참 신랑 되시는 분은 오직 예수 그리스도뿐이십니다. 미련한 다섯 처녀가 아닌 준비된 기름과 등을 가진 슬기로운 다섯 처녀의 반열에 있게 하소서. 예수님의 이름으로 기도합니다. 아멘.

081

성결한 세마포 옷을 입으라

"그에게 빛나고 깨끗한 세마포 옷을 입도록 허락하셨으니 이 세마포 옷은 성도들의 옳은 행실이로다 하더라"(계 19:8).

얘야, 네가 하고 있는 일들 중에 어느 것은 내 앞에서 무의미한 일일 수가 있음을 알려무나. 내가 네게 바라는 것이 무화과나무의 잎새가 아니라 그 열매라 했다.

너는 이 땅에 살면서 빛나고 깨끗한 세마포 옷을 입도록 준비하라. 성결한 이 세마포 옷은 성도들의 좋은 행실이다. 곧 하나님의 뜻대로 순종하는 자들이다.

나의 혼인 잔치에 들어올 믿음의 성도는 다음의 세 가지를 준비해야 한단다. 나의 초청에 기쁨으로 순종해야 한다. 그리고, 예복을 갖춰 입어야 한다. 마지막으로 택함을 받은 성도라야 한다.

오직 믿음으로 내게 의지하는 자가 택함 받은 자인 것이다. 신앙의 생활이 공덕 쌓는 것이라 착각하지 말라. 성화의 과정은 평생에 이루어갈 숙제임을 잊지 말라. 너는 이 세상에 사는 동안에도 천국의 기쁨을 누리며 살라. 내 안에서….

- 네 성결의 완성자

오 늘 의 기 도

아멘! 주 예수 그리스도시여! 주님을 사모합니다. 의로운 성결의 옷을 입게 하소서. 참 성도의 옳은 행실로 날마다 성화를 이루어 가게 하소서. 예수님의 이름으로 기도합니다. 아멘.

082

너는 내 마음에 맞는 사람이 되어라

"폐하시고 다윗을 왕으로 세우시고 증언하여 이르시되 내가 이새의 아들 다윗을 만나니 내 마음에 맞는 사람이라 내 뜻을 다 이루리라 하시더니"(행 13:22).

조석으로 선선한 공기를 느끼는 가을이 왔다는 것을 너는 실감하지 않느냐. 끝없이 덥기만 할 것 같았던 여름도, 다음의 때를 예약하고 사라져갔단다.

이 모두가 창조주이신 아버지 하나님의 통치하심, 섭리라는 진리를 너는 깊이 깨달으라. 모든 것이 네 의지대로 되는 것은 하나도 없다. 그리므로 더더욱 삼위일체의 하나님을 믿고 의지하며 순종해야 한다.

너는 내 마음에 맞는 사람이 되어라. 너는 다윗의 성실함과 공의, 정직함을 배우라. 그는 여호와 하나님 앞에서 자신의 죄과를 통회하며 용서받은 자다. 그는 끝내 하나님께 "내 마음에 맞는 사람"이란 칭찬과 인정을 받았다.

얘야, 너는 이 세대를 본받지 말라. 오직 성실의 사람, 공의의 사람, 정직의 사람으로 내게 인정을 받으라. 다윗이 왕으로 세움 받았듯이, 나도 너를 세워 일하게 하리라.

- 너의 통치자

오 늘 의 기 도

다윗 왕의 일생을 다시 되새김질 하도록 인도하신 하나님께 무한 감사를 드립니다. 엊그제 주일에 받은 이 말씀에 제가 새 힘을 얻고 다시 결단합니다. 저로 일하게 하시는 예수님의 이름으로 기도합니다. 아멘.

083

지혜와 계시의 영을 네게 주노라

"우리 주 예수 그리스도의 하나님, 영광의 아버지께서 지혜와 계시의 영을 너희에게 주사 하나님을 알게 하시고"(엡 1:17).

내가 네게 묻겠다. 너는 나를 얼마나 안다고 말할 수 있겠느냐. 너는 기도할 때마다 "우리 주 예수 그리스도의 하나님"이라고 고백하곤 하지. 그리고 지혜와 계시의 영을 성령 하나님이라 칭하여 부르더구나. 나를 알기 위해 더 많은 교제의 기도가 요구됨을 알라.

하나님을 안다는 의미는 경험적인 지식을 의미하는 것으로, 하나님과의 친밀한 교제로서의 관계를 뜻하기도 하지. 새벽이나 한낮, 잠자리에서도 속삭이는 사귐이란다.

얘야, 나는 네가 마음의 눈이 열려지기를 소원한다. 모든 것이 값없이 거저 주시는 은혜라고 고백받기를 원한다. 네가 세상에 태어나 지금까지 살아온 것 자체가 은혜가 아니더냐. 성령 하나님을 의지한다는 것은 지극히 크신 하나님의 능력을 알고 믿는다는 것이다. 너는 내 안에 거하라. 내가 네게 지혜와 계시의 영을 주노라.

- 네 영의 근본자

오 늘 의 기 도

오 주여, 힘써 여호와 하나님을 알게 하소서, 어설픈 앎이 아닌 경험으로 알게 하소서. 그리하여 제 마음의 눈이 열려 모든 것이 은혜임을 깨닫게 하소서, 예수님의 이름으로 기도합니다. 아멘.

084

너는 나를 네 생명같이 사랑하느냐

"다윗이 사울에게 말하기를 마치매 요나단의 마음이 다윗의 마음과 하나가 되어 요나단이 그를 자기 생명 같이 사랑하니라"(삼상 18:1).

얘야, "너는 나를 네 생명같이 사랑하느냐."고 묻고 싶구나. 요나단이 다윗의 마음과 하나가 되었다고 했다. 그러므로 요나단이 다윗을 자기 생명같이 사랑했다고 기록되었다. 이들은 피차 영적으로 하나가 되는 마음을 지닌 것이다.

진정한 행복은 서로가 사랑의 마음으로 하나가 될 때가 아닌지. 참 신앙은 말이 아니라 삶 자체이다.

참 사랑은 상대방이 변화될 때까지 인내로 참아 사랑하며 기다리는 것이리라.

사랑의 상처와 갈등의 연속은, 그 근본적인 원인에 있어서 십자가의 헌신적 사랑이 식어진 것에 있지 않을까. 내가 네 죄악을 위해 몸소 십자가를 지고 골고다 언덕을 올랐다. 내가 너를 위해 생명 바쳐 사랑했고 현재도, 앞으로도 영원히 사랑하리라. 너는 내 것이다.

- 네 생명의 은인

오 늘 의　기 도

신실하신 하나님 아버지의 그 크신 사랑을 무엇으로 갚으리이까. 성령님의 임재하심으로 제가 평강을 누리고 있습니다. 주 예수님의 사랑으로 하나됨을 감사드립니다. 예수님의 이름으로 기도합니다. 아멘.

085

너는 셈할 가치도 없는 인생을 의지하지 말라

"너희는 인생을 의지하지 말라 그의 호흡은 코에 있나니 셈할 가치가 어디 있느냐"(사 2:22).

태풍의 소식이 들려오고 있구나. 그때마다 네 마음은 어떤 생각으로 머무르게 되는지 알고 싶구나. 그동안 네가 여러 해를 살아오면서 경험되는 태풍의 위력 앞에 긴장하는 모습을 내가 보아 왔단다. 그렇다면 태풍은 좋지 않은 것일까?

바다에 적조현상이 일어날 때 황토를 뿌리는 것으로 해결되는 것이 아니란다. 썩어가고 있는 바다를 정화시키는 것은 바로 태풍이다. 태풍이 오면 바다가 뒤집힌다.

사람이 죽음 앞에 서면 정리가 된다. 암 선고만 받아도 정리된다. 이 말의 의미는 자신이 꼭 붙들어야 할 것과 버려야 할 것이 갈라진다는 뜻이다. 인생은 실상 길지 않다.

사람은 단 5분만 호흡이 막혀도 생명이 위험하다. 너는 이 허망한 인생을 의지하지 말라. 셈할 가치도 없는 인생이라 했다. 오직 나만을 의지하라. 나는 너의 구원자 구세주다. 너는 하나님만 의지하라.

- 네 인생의 구원자

오 늘 의 기 도

아멘! 신실하신 예수 그리스도 안에서 제가 온전한 숨을 쉽니다. 주께서 저에게 생기를 불어 주심으로 생령이 되었다는 진리를 제가 믿습니다. 인생을 의지하지 말게 하소서. 예수님의 이름으로 기도합니다. 아멘.

086

하나님의 영은 모든 깊은 것까지도 통달하신다

"오직 하나님이 성령으로 이것을 우리에게 보이셨으니 성령은 모든 것 곧 하나님의 깊은 것까지도 통달하시느니라"(고전 2:10).

애야, 너의 진정한 영적 교사는 누구라고 여기는지 질문하고 싶단다. 그래, 너의 순수한 믿음에 내 마음이 흡족하다. 너는 매순간 성령님께 배우고 익히라.

너의 연약함을 도우시는 하나님의 영, 그리스도의 영이라 부르는 성령님이 너의 멘토이시다. 말할 수 없는 탄식으로 너를 위해 친히 간구하신다는 사실을 믿으라.

하나님의 뜻 가운데서 나는 너의 마음을 살핀다. 모든 것이 합력하여 선을 이루게 한다. 하나님의 영은 너의 모든 깊은 것까지도 통달하신다.

네가 살아가는 이 시대는 주 성령님의 도움 없이 믿음을 지키기가 너무 힘들다. 윤리나 교양이 신앙의 최종 목적지가 되어선 안된다. 철저하게 성령님을 의지하는 성령의 사람이 되어라.

- 너의 참 교사

오 늘 의 　기 도

성령님이 저의 참 교사가 되어 주심을 진심으로 감사드립니다. 제 앞길이 막힐 때마다 그리스도의 영이신 성령님을 찾겠습니다. 저의 선생님이신 예수님의 이름으로 기도합니다. 아멘.

087

너는 땅에 있는 지체를 죽이라

"그러므로 땅에 있는 지체를 죽이라 곧 음란과 부정과 사욕과 악한 정욕과 탐심이니 탐심은 우상 숭배니라"(골 3:5).

며칠 전 부터 너의 위장에 문제가 생겼다는 것을 나는 알았다. 어제 병원에 다녀오니 좀 마음에 안정이 오더냐. 그래도 찜찜해 하는 네 모습을 보았단다. 걱정하지 말라.

네 마음이 얼마나 소심하고 겁도 많던지…. 얘야, 너는 땅에 있는 지체를 죽이라. 무엇보다도 탐심을 버리라. 이 탐심은 우상 숭배가 된다.

하루 세끼의 음식을 대할 때에나 간식을 섭취할 때에 경계할 것이 있다. 내가 너의 체질을 다 알고 있다. 네 보이지 않는 장기의 크기와 구조를 세밀히 살피고 있지. 그러므로 너는 이제 욕심을 내서 먹는 데에만 치중하지 말라. 속이 편한 위장이 되도록 70% 이상만 음식을 취하거라. 되도록 불필요한 간식은 삼가는 것이 좋다. 몸에 좋다는 건강식품도 잘 조절해서 복용하렴. 오늘부터 실천하길 바란다. 그리고 말씀과 기도에 전념하렴.

- 너의 진정한 의사

오 늘 의 기 도

예. 제가 그리하겠나이다. 저의 온 영혼과 육신의 모든 것을 다 헤아리시는 주님이시여! 실상 제가 겉사람에만 신경을 썼습니다. 이제는 속사람의 강건함을 위해 노력하고 기도하겠습니다. 감사드리며 예수님의 이름으로 기도합니다. 아멘.

088

네 호흡이 있는 한 여호와를 찬양하라

"호흡이 있는 자마다 여호와를 찬양할지어다 할렐루야"(시 150:6).

명절 때마다 갖게 되는 찬양 콘서트가 내 마음에 든다. 추석, 그리고 새해의 고유 명절인 설날을 해마다 보내게 되는데, 얘야, 너의 경우는 어떤지 의견을 묻고 싶구나.

교회에서 개최하는 찬양 콘서트가 너도 마음에 든다 하는구나. 어젯밤의 시편 말씀과 찬양의 시간이 무척 은혜로웠지. 내가 선별하여 선택한 찬양 사역자들이란다.

고난과 질병의 굴레 속에서 믿음으로 헌신된 저들의 곡조 있는 기도의 소리에, 너 역시도 감동하는 모습을 보았다. 좋은 목사님, 좋은 교회, 좋은 성도들이 나의 희망이다. 말씀과 찬송이 넘쳐나는 곳에 내가 함께 있다. 네 호흡이 있는 한 여호와를 찬양하라.

너의 주어진 하루를 감사하라. 이유 여하를 막론하고 네가 현재 살아 숨쉬는 것에 감사하라. 여호와를 찬양할지어다. 할렐루야.

- 네 호흡의 근원자

오 늘 의 기 도

끝없는 호흡 곤란의 흉통 속에서도 치유하사 쓰임 받게 하시는 주님의 사랑을 목격했습니다. 목회자의 사모로, 찬양 사역자로 들어 역사하시는 신실하신 여호와 하나님께 영광 돌립니다. 명절 끝날에 은혜 주신 예수님의 이름으로 기도합니다. 아멘.

089

너는 속히 듣고 말하기와 성내기는 더디 하라

"내 사랑하는 형제들아 너희가 알지니 사람마다 듣기는 속히 하고 말하기는 더디 하며 성내기도 더디 하라"(약 1:19).

애야, 내가 네게 하는 말을 신중히 여겨 잘 들으렴. 많은 사람들이 상대방의 말을 듣기보다, 자기 말을 먼저 하고 싶어서 성급해 하는 경우가 자주 있단다.

너는 듣기를 속히 하고 말하기는 더디 하려무나. 성내기도 더디 하기를 바란다. 사람의 성내는 것이 하나님의 의를 이루지 못한다. 꼭 명심하렴.

다만 너는 덕이 있는 선한 말을 하라. 네게 악한 말을 하는 사람이 있다면, 너는 맞서 싸우기보다 상대방의 불평을 은밀히 보시는 하나님께 아뢰라.

의사소통에 있어서도 사실의 상황, 사고의 생각, 감정의 문제, 소망의 바람, 행동의 실천을 단계적으로 분류하여 대처하라. 네가 말하되 네 입장에서의 생각이나 느낌, 소망을 상대방에게 전달하려무나. 그렇게 할 때 듣는 사람의 자존심을 상하게 하지 않는단다. 너는 모든 문제를 대화로 풀어가라. 내 안에서.

- 네 말의 인도자

오 늘 의 기 도

신실하신 주 예수님의 말씀을 귀담아 듣고 실천하겠습니다. 말하기보다 듣는 일에 집중하게 하소서. 그리고 성내는 일도 멈추고 덕을 보이게 하소서, 감사하며 예수님의 이름으로 기도합니다. 아멘.

090

네게 무엇을 하여 주기를 원하느냐

"네게 무엇을 하여 주기를 원하느냐 이르되 주여 보기를 원하나이다"(눅 18:41).

내가 여리고에 가까이 갔을 때 구걸하던 맹인을 만나지 않았겠니. "다윗의 자손 예수여 나를 불쌍히 여기소서!"라고 더욱 크게 소리쳐 외친 그의 믿음을 나는 확인했단다.

너는 이 맹인의 절대적인 믿음을 본받으렴. 주변의 꾸짖는 방해자들 속에서도 오직 나만 따라 순종할 수 있겠느냐.

"네게 무엇을 하여 주기를 원하느냐."고 내가 물었을 때, 그는 서슴없이 "주여 보기를 원하나이다."라고 고백했다. 나는 끝내 그에게 "보라. 네 믿음이 너를 구원하였느니라."의 복을 선포했다. 그 즉시 맹인의 눈이 보게 되지 않았더냐.

얘야, 내가 네게 다시 한번 부탁하마. 너는 때때로 사람의 눈치를 본다. 정작 나의 눈치를 봐야 할 텐데 말이다. 너는 이 맹인의 부르짖음을 본받으라. 너의 영적인 눈이 떠지길 원한다. 하나님께 영광을 돌리는 신실한 나의 참 제자로 살라.

- 네 눈의 치유자

오 늘 의 기 도

아멘! 제가 그러하겠나이다. 맹인의 믿음을 본받겠습니다. 저의 믿음이 연약하여 주님보다 눈에 보이는 사람을 더 의식했습니다. 용서하소서. 제 영의 눈을 뜨게 하소서. 예수님의 이름으로 기도합니다. 아멘.

091

내가 네게 복을 주리니 너는 복이 될지라

"내가 너로 큰 민족을 이루고 네게 복을 주어 네 이름을 창대하게 하리니 너는 복이 될지라"(창 12:2).

가을 부흥 성회의 첫날 밤 예배를 드렸더구나. 강사 목사님의 간증과 말씀 전달에 너는 얼마나 은혜를 받고 왔는지 듣고 싶단다.

말씀이 다소 길어지는 것에 심기를 불편해 하는 네 모습을 보았다. 그래도 열심히 기록하는 너의 노트와 볼펜을 살펴보며, 한 말씀이라도 마음에 새기려는 너의 열정도 읽었다.

내가 귀히 쓰고 아끼는 자이다. 너는 사람의 외모보다 그의 영적인 상태를 먼저 분별하는 지혜를 배우라. 아브라함이 믿음으로 주를 섬겨 순종했다. 내가 저를 믿음의 조상으로 택했고, 큰 민족을 이루어 그 이름을 창대케 했다. 끝내 여호와께서 아브라함에게 "너는 복이 될지라."의 복을 선포했다. 내가 네게 복을 주리니 너는 복이 될지라. 네 최고의 복은 네 자아를 죽이고 나로 살 때이다.

- 네 복의 근원자

오 늘 의 기 도

한여름도 무사히 잘 보내게 하시고, 가을 부흥 성회를 맞게 하심을 감사드립니다. 주 예수님! 주님 자신을 영접하여 따름이 바로 복인 것을 다시 깨닫습니다. 예수님의 이름으로 기도합니다. 아멘.

092

네가 믿음 안에 있는가 자신을 시험하고 확증하라

"너희는 믿음 안에 있는가 너희 자신을 시험하고 너희 자신을 확증하라 예수 그리스도께서 너희 안에 계신 줄을 너희가 스스로 알지 못하느냐 그렇지 않으면 너희는 버림 받은 자니라"(고후 13:5).

얘야, 너는 나를 믿는 믿음 안에 있는가? 늘 네 자신을 시험하고 확증하라. 내가 네 안에 있다는 사실을 네 양심이 진정 느낀다면, 너는 결코 버림받은 자가 아니요 택함 받은 자인 것이다.

말씀과 기도의 두 기둥을 꼭 잡고 예배로 여호와를 찬송하며 찬양하라. 신령과 진정으로 예배하는 그곳에 내가 임재한다.

육의 사람을 가꾸면 문제가 생긴다. 네 인생의 추인은 삼위일체가 되시는 하나님이시다. 영의 사람이 되어라. 참 그리스도인은 오직 그리스도로 사는 사람이다. 내 안에 거하려무나.

네 자아가 죽으면 그 안에 내가 산다. 네 자아가 살면 네 안에 내가 들어가 살 수가 없단다. 너는 매 순간 성령의 열매를 맺으렴. 내가 너와 함께하리라.

- 내 믿음의 실체

오 늘 의 기 도

실상 제가 믿음이 있다 하면서도 믿음 없는 사람의 행동이 많이 있었다는 것을 주께 고백합니다. 이젠 제 자신이 믿음에 있는지 시험하게 하소서. 예수님의 이름으로 기도합니다. 아멘.

093

너는 함께 즐거워하고 함께 울라

"즐거워하는 자들과 함께 즐거워하고 우는 자들과 함께 울라"(롬 12:15).

다시 한번 내가 네게 강조한다. 너는 함께 즐거워하고 함께 울라. 즐거워하는 자들과 함께 즐거워하렴. 그리고 우는 자들과 함께 울라.

나의 몸 된 성전에서 함께 예배하는 너의 성도들의 모습을 나는 무엇보다 기뻐한다. 주 여호와 앞에서 산 제사로 예배드릴 때 너는 신령과 진정으로 예배하고 찬양하라.

얘야, 너는 안주하지 말고 일어나 나와 함께 하자! 이 암담한 시대에 영적인 환난을 당해도 함께하자꾸나. 나의 성령이 기쁨을 주기 때문이다. 경제적인 빈곤이 찾아와도 나와 함께 하자.

재물 얻을 능력이 내게 있단다.

네 마음의 상처가 깊어도 나와 함께 하자. 네가 나를 통해 받게 되는 위로의 눈물이 네 깊은 마음의 상처를 씻겨 준다. 나를 통한 너의 웃음이 네 상한 뼈를 견고하게 한다. 네 일생을 내게 맡기렴. 내가 영원히 네게 있어 복을 주리라.

- 너와 함께하는 주

오늘의 기도

제 영혼과 육신의 참 만족이 되시는 주 예수 그리스도시여! 주님만이 저의 구원이요 생명이 되십니다. 주 안에서 함께 웃고 울게 하소서. 언제나 영생의 복을 주시는 예수님의 이름으로 기도합니다. 아멘.

094

너는 일어나 벧엘로 올라가 머물라

"우리가 일어나 벧엘로 올라가자 내 환난 날에 내게 응답하시며 내가 가는 길에서 나와 함께 하신 하나님께 내가 거기서 제단을 쌓으려 하노라 하매"(창 35:3).

네 남은 인생의 길을 내게 매 순간 맡기며 살고 있느냐 묻고 싶구나. 모두가 교회 다닌다 해서 다 예수 그리스도인 나를 믿는 사람이 아니란다. 악취가 아닌 그리스도의 향기가 나야 하느니라.

너의 길을 여호와 아버지 하나님께 맡기렴. 야곱의 고백을 잊지 말라. "우리가 일어나 벧엘로 올라가자."라고 그는 선포했다. 그리고는 그대로 순종했다. 야곱은 끝내 '이스라엘' 이란 이름을 부여받았다.

벧엘은 하나님의 집이요 오늘날의 가장 행복한 장소인 교회, 나의 몸 된 처소가 아니겠니. 너를 위해 대신 십자가의 보혈을 흘려 부활 생명을 이룬 은혜의 제단이 아니겠니. 너는 제자리를 찾으라. 내가 있는 곳에 머물라. 너는 일어나 벧엘로 올라가 머물라. 그 자리는 너의 가장 복된 자리다. 내 영이 임재하는 청정지역이다.

- 너의 자리 벧엘

오 늘 의 기 도

신실하신 아버지 하나님이시여! 주님은 저의 살아계신 하나님이십니다. 제 구세주이신 예수 그리스도시요. 제 안에 임재하시는 성령님이십니다. 감사드리며 예수님의 이름으로 기도합니다. 아멘.

095

토기장이인 내 손으로 널 만들었다

"진흙으로 만든 그릇이 토기장이의 손에서 터지매 그가 그것으로 자기 의견에 좋은 대로 다른 그릇을 만들더라"(렘 18:4).

애야, 내가 감람산에서 아버지 하나님께 무릎 꿇어 기도했던 내용을 알고 있느냐. 내가 십자가에 못 박히기 직전이었단다. "아버지여 만일 아버지의 뜻이거든 이 잔을 내게서 옮기시옵소서. 그러나 내 원대로 마옵시고 아버지의 원대로 되기를 원하나이다."라고 간절히 기도했지.

그래. 나는 하나님 아버지의 뜻대로 사는 독생자 예수 그리스도이다. 하나님 안에 내가 있고 내 안에 하나님이 계셔서 성령으로 역사하신다. 그러므로 삼위일체의 하나님이라 믿고 영광 돌려 감사드리려무나.

너는 토기장이 되시는 여호와 아버지의 손으로 만들어진 유일한 존재다. 아버지 하나님은 이 순간도 너를 향해 말씀하신다. "토기장이인 내 손으로 널 만들었다."라고….

진흙으로 만든 네 코에 생기를 불어넣어 생령이 되게 하신 주 하나님을 잊지 말라. 아버지의 뜻대로 쓰임 받는 그릇으로 살려무나.

- 너의 참 토기장이

오 늘 의 기 도

주님의 뜻을 이루소서. 고요한 중에 기다리니 진흙과 같은 절 빚으사 주님의 형상 만드소서. 주 권능의 손을 제게 펴사 강건케 하여 주옵소서. 아버지의 뜻대로 사시는 예수님의 이름으로 기도합니다. 아멘.

096

목숨 바쳐 헌신하는 나의 동역자가 되어라

"그들은 내 목숨을 위하여 자기들의 목까지도 내놓았나니 나뿐 아니라 이방인의 모든 교회도 그들에게 감사하느니라"(롬 16:4).

사도바울이 아낌없이 칭찬했던 충성된 부부를 아느냐. 브리스길라와 아굴라 부부란다. 그는 이들을 향하여 '그리스도 예수 안에서 나의 동역자들'이라 했다. 또한 '내 목숨을 위하여 자기들의 목까지도 내놓았다.'라고 증언했다.

너에게 내가 진지하게 묻고 싶다. 너는 나의 존재를 얼마나 귀히 여겨 헌신하며 사랑하는지 말이다. 말로만이 아니라 너의 속 깊은 심장으로 느껴지는 구원의 감격적인 감사의 솟구침이라 할까.

너는 목숨 바쳐 헌신하는 나의 동역자가 되어라. 하나님의 창조 신앙, 임마누엘 신앙, 십자가 신앙으로 무장하렴. 너의 이름이 하늘나라 생명책에 새겨지는 최상의 영광스러운 기념의 일꾼으로 남아있길 소원한다. 너의 눈빛이 아멘으로 화답하는구나. 내가 너를 사랑한다.

- 너의 참 동역자

오 늘 의 기 도

아멘! 저도 주님을 위해 제 목숨이라도 아끼지 않는 충성의 헌신자로 쓰임받기를 간구합니다. 제가 주 하나님 안에 계시는 예수님을 사모하고 찬양합니다. 예수님의 이름으로 기도합니다. 아멘.

097

보라 내가 네게 새 일을 행하리라

"보라 내가 새 일을 행하리니 이제 나타낼 것이라 너희가 그것을 알지 못하겠느냐 반드시 내가 광야에 길을 사막에 강을 내리니"(사 43:19).

얘야, 그동안 네가 살아오면서 네 뜻대로 안되고 넘어질 때가 얼마나 많았겠느냐. 너는 그때마다 네 자신에게 원망하며, 부질없는 하소연을 쏟아내면서 더없는 죄책감 속으로 몰아가더구나.

내가 너에게 부탁하노라. 너는 네 자신이 네 것이 아니라는 사실을 알아야 한다. 아버지 하나님의 형상으로 지음 받은 존재임을 명심하렴.

그러므로 너는 지난 일들을 기억하여 슬퍼하거나 노여워 하지 말라. 누구보다 네 자신에게 관대히 용서하라. 내가 너의 죄와 허물을 위해 대신 보혈의 십자가를 짊어지지 않았겠느냐. 이제는 부활의 새 신앙으로 나아가렴. 과거에 집착하면 아무 유익이 없고 무능자가 된다. 내가 광야에 길을 내고 사막에 강을 내리라. 보라 내가 네게 새 일을 행하리라. 매 순간….

- 네 일의 인도자

오 늘 의 기 도

제 안에 임재해 계셔서 매 순간마다 새 일을 행하게 하시는 그리스도의 영이신 성령님을 경배하며 찬양합니다. 과거는 잊고 오늘의 새 일에 은혜 주시는 예수님의 이름으로 기도합니다. 아멘.

098

네가 원수를 갚지 말고 하나님께 맡기라

"내 사랑하는 자들아 너희가 친히 원수를 갚지 말고 하나님의 진노하심에 맡기라 기록되었으되 원수 갚는 것이 내게 있으니 내가 갚으리라고 주께서 말씀하시니라" (롬 12:19).

나의 사랑하는 자야, 너는 지금 나의 권면을 듣고 있는지…. 지금까지 네가 거친 세상을 살아오면서 왜 기억조차 하기 싫은 사건이나 사람들이 없었겠니. 너 심정을 누구보다 내가 다 헤아린다. 네가 원수를 갚지 말고 하나님께 맡기라.

넓은 바다의 파도와 같이 이 세상의 사람들은 이기심이 가득한 복수의 검을 휘두르고 있단다. 자신에게 불리한 경우엔 원수가 되어 상대방의 흠집 내기에 골몰하는 사람들이 허다하단다.

이러한 복수심이 만연하는 시대에 내가 네게 세 가지의 생활지침을 알려주마. 명심하여 지켜 나가기를 바란다. 첫째, 무슨 일이 있어도 너는 선으로 악을 갚아야 한다. 둘째, 무엇보다 영적인 민감성을 가져야 한다. 셋째, 위에 있는 권세자들을 향한 영적인 권위를 인정해야 한다. 다윗이 사울 왕의 목숨을 해치지 않은 것은, 비록 원수 같은 사울이라도 그가 하나님이 세운 왕이라 여기는 영적 민감성이 있었기 때문이다. 너도 이와 같이 하라.

- 너의 구원자 예수

오 늘 의 기 도

원수 갚는 일을 하나님의 진노하심에 맡기라는 귀한 말씀에 아멘하며 순종하기를 소원합니다. 오직 선으로 악을 갚는 저의 일생이 되게 하소서. 언제나 저를 사랑하시는 예수님의 이름으로 기도합니다. 아멘.

099

모든 지킬만한 것 중에 더욱 네 마음을 지키라

"모든 지킬 만한 것 중에 더욱 네 마음을 지키라 생명의 근원이 이에서 남이니라" (잠 4:23).

나의 뜻대로 살겠다는 너의 결심을 누구보다 내가 잘 안다. 그럼에도 불구하고 반복된 실수를 하게 되는 것에 너는 내게 많이도 죄송스러워 하는구나.

여호와 하나님의 말씀을 삼가 듣고 순종하는 삶이 곧 마음을 지키는 일이 됨을 깨달으라. 생명을 지키는 뿌리가 진리의 말씀대로 사는 길이란다.

얘야, 가장 너의 내면에 하나님의 말씀을 새겨 지켜 가라. 어떠한 외부의 중요한 것들도 차선의 것이다. 내 말대로 네가 준행하는 삶이 하나님 아버지의 말씀대로 사는 삶인 것을 믿으렴.신뢰는 맡기는 것이다. 그리고 신뢰는 기도하는 것이다. 하나님이 일하시게 하라. 네가 가끔씩 두려워하는데, 믿음의 부재가 두려움이다.

모든 지킬 만한 것 중에 더욱 네 마음을 지키라. 청소와 정리가 정신을 맑게 하듯, 영적인 회개로 마음의 평화를 찾으라.

- 너의 참 파수꾼

오 늘 의 기 도

이 부족한 제가 매 순간 살아가도록 주의 말씀을 새겨 주심이 어찌 크신 은혜가 아닌지요. 그저 감사와 영광을 돌립니다. 더욱 생명의 근원인 주의 말씀대로 살게 하소서. 예수님의 이름으로 기도합니다. 아멘.

100

그리스도의 향기를 가진 전도자가 되어라

"우리는 구원 받는 자들에게나 망하는 자들에게나 하나님 앞에서 그리스도의 향기니"(고후 2:15).

네가 해외여행으로 떠났던 네 젊은 시절의 때를 나는 기억하고 있지. 동남아시아의 음식에서 맡게 되는 향내에, 식음을 전폐할 정도로 힘들어 했던 너의 모습이 그려진다. 싱싱한 과일이 입맛에 맞아 다행히도 버틸 수 있었겠구나. 아! 파인애플이었나 싶다.

향기란 매우 중요하단다. 죽음에 이르는 냄새가 있고 생명에 이르는 냄새가 있다. 나의 향기를 그리스도의 향기라고 하지. 너는 그리스도의 향기를 가진 전도자가 되어라. 전도자는 생명의 향기를 지녀야 한다. 생명에 이르는 냄새의 주인공으로 살라.

또한 전도자는 기도의 향기, 인격의 향기를 가져야 한다. 그리고 복음을 전파하는 향기를 발해야 함을 알라. 해피데이 축제일이 다가오는구나. 네가 작정하고 기도하는 사람을 내가 알고 있다. 그러나 너는 환경과 나이를 불문하고 더욱더 기도와 전도에 힘쓰려무나. 때를 얻든지 못 얻든지 말이다.

- 너의 주 향기

오 늘 의 기 도

저의 과거와 현재, 내일의 미래까지도 머리카락처럼 온전히 헤아리시는 주님의 은혜를 무엇으로 갚아 드려야 할지요. 당신의 향기로 살게 하소서. 예수님의 이름으로 기도합니다. 아멘.

101

하나님께 속한 영인가를 너는 분별하라

"사랑하는 자들아 영을 다 믿지 말고 오직 영들이 하나님께 속하였나 분별하라 많은 거짓 선지자가 세상에 나왔음이라"(요일 4:1).

나를 시인하지 아니하는 영마다 하나님께 속한 것이 아님을 너는 알라. 이것이 바로 나를 대적하는 적그리스도의 영이다. 너는 영을 다 믿지 말고 하나님께 속한 영인가를 분별하려무나. 예수 그리스도인 내가 육체로 온 것을 시인하는 영마다 하나님께 속한 것이다. 너는 미혹의 영을 버리고 진리의 영을 따르라.

얘야, 너는 현실을 두려워하지 말라. 오직 하나님의 도우심을 구하라. 이 마지막 때에 살아 역사하시는 여호와 하나님만 의지하려무나. 언제나 내가 너와 함께함을 믿으라.

종교 개혁자들의 다섯 가지 신앙 정신을 본받으라. 오직 성경, 오직 은혜, 오직 믿음, 오직 그리스도, 오직 하나님께 영광이니라.

너는 변화하는 세상의 바람을 무서워하지 말라. 하나님께 가까이 함이 복이라. 내 안에 거하라. 너의 피난처가 되리라. 우는 사자와 같이 달려드는 거짓된 미혹의 영을 분별하라. 진리 안에 자유하라.

- 너의 왕, 피난처

오 늘 의 기 도

신실하신 주 여호와 하나님이시여! 주님만이 저의 생명이 되십니다. 주께서 이 땅에 육체로 오신 예수 그리스도이심을 제가 믿습니다. 진리의 영이신 예수님의 이름으로 기도합니다. 아멘.

102

의를 위해 박해를 받는 행복자로 살라

"의를 위하여 박해를 받은 자는 복이 있나니 천국이 그들의 것임이라"(마 5:10).

얘야, 내가 전한 산상수훈의 복된 말씀을 너는 얼마나 잘 깨닫고 이해하는지 묻고 싶구나. 오늘은 의를 위하여 박해를 받은 자에 대해 이야기하고자 한다.

나 때문에 사람들이 너를 욕하고 거짓된 악한 말을 할 때가 있었고, 앞으로도 어떤 고통의 연단이 너를 엄습할지 모르리라. 그럴 때마다 나는 복이 있다고 말했다. 천국이 너희 것이라 했다. 하늘에서 네가 받을 상이 크니 기뻐하고 즐거워하라 했다.

어젯밤 수요예배 때 받은 말씀에 너는 적지 않게 도전을 받았더구나. 생명 바쳐 복음 선교에 헌신하는 선교사님들을 위해 기도하고 섬기라. '위그노'에 대해 바로 깨닫고 결단하는 네 자신이 되려무나. 성경 말씀과 예배에 전심을 다하는 자, 미혹의 영에 저항하고, 하늘의 상을 바라보며 의를 위해 박해받기를 마다 않는 자, 네 자신이 행복자로 살기를 원한다.

- 너의 천국 지킴이

오 늘 의 기 도

주님! '어느 위그노의 기도문'이 저를 감동케 합니다. 제 자신이 이제는 위그노의 후손이 되어 온전히 살게 하소서. 거세고 오래된 핍박 속에서도 위그노들이 신앙을 지킬 수 있게 한 그들의 정신, 성경 말씀과 예배에 진심을 다하여 살게 하소서. 예수님의 이름으로 기도합니다. 아멘.

103

너희는 그리스도인 내 안에서 하나가 되어라

"너희는 유대인이나 헬라인이나 종이나 자유인이나 남자나 여자나 다 그리스도 예수 안에서 하나이니라"(갈 3:28).

주변을 살펴보면 서로가 잘났다고 자신을 두둔하는 경우가 많더구나. 그리고 타인의 흠집 내기 등 약점을 밝혀 온 세상에 널리 퍼트리기가 일쑤인 비양심자들도 허다하단다. 결국은 자기 자신이 최고요 주인공이라는 이기심으로 가득 차 있곤 하지.

그러한 상황을 보는 네 마음을 살펴보고 싶구나. 네가 어떻게 중재자가 되어 서로 간의 화해를 모색해낼 수 있을지 말이다. 너는 내 말에 귀를 기울이라.

너는 다윗 앞에 선 아비가일의 지혜를 배우라. 전쟁과 같은 위기의 순간 속에서도 평화의 안정을 누릴 수 있단다. 바로 그리스도 예수, 곧 내 안에서만 하나가 될 수 있다.

마음 문을 열게 하라. 하나님께 맡기며 화해를 시도하라. 그러므로 피차간의 막혀버린 관계를 회복하라. 이것이 나의 뜻이니라. 내가 너희를 용서함 같이 너희도 서로 용서하라.

- 너희의 화해자

오 늘 의 기 도

언제나 용서와 사랑으로 마음 문을 열게 하시는 그리스도시여! 주만이 저의 화해자, 치료자가 되십니다. 종이나 자유인이나 남자나 여자나 다 주님 안에서 하나됨을 믿습니다. 예수님의 이름으로 기도합니다. 아멘.

104

그 땅을 기업으로 차지하게 하리라

"네 앞에 서 있는 눈의 아들 여호수아는 그리로 들어갈 것이니 너는 그를 담대하게 하라 그가 이스라엘에게 그 땅을 기업으로 차지하게 하리라"(신 1:38).

너의 가족이 거처할 장막이 예비되어 있어 설레고 있구나. 그럴만도 하지. 지금 살고 있는 곳보다 더 넓은 면적의 집이더구나. 하나 더 마련된 알파룸에선 무슨 일을 하고 싶은지…. 네 생각을 먼저 내가 알고 있지.

그래. 잘 생각했어. 제법 높은 층의 아파트 창문에서 바라보는 산이나 들판은 시원하고도 상쾌한 느낌을 받지 않을까. 네가 새벽에 일어나 성경말씀 묵상과 기도에 심취하며, 내게 사랑을 고백하는 모습이 얼마나 감격스러운지…. 그 방의 책상에 앉아 나와 교제하려는 너의 결단을 찬성한다. 박수로 환영한다. 기대하련다.

여호와 하나님께서 여호수아와 갈렙의 순종을 보시고 가나안 땅을 정복하게 하셨다. 특히 눈의 아들 여호수아를 담대하게 하여 모세의 후계자로 삼으신 것을 기억하라. "그 땅을 기업으로 차지하게 하리라."의 말씀이, 네 가정에도 응답되리라.

- 너의 영원한 기업자

오 늘 의 기 도

은혜롭고 자비로우신 저의 살아계신 아버지 하나님이시여! 육신의 옷을 입고 제 죄악을 구원하시려 십자가로 오신 주 예수 그리스도께 감사와 영광을 돌립니다. 귀한 장막을 선물해 주신 예수님의 이름으로 기도합니다. 아멘.

105

하나님께 밤이 새도록 기도한 나를 생각하라

"이 때에 예수께서 기도하시러 산으로 가사 밤이 새도록 하나님께 기도하시고" (눅 6:12).

얘야, 네가 기도에 관심도 많고, 기도시를 써서 기쁨으로 각자에게 전달했었던 때를 선명히 내가 기억하고 있단다. 너는 어쩌면 그렇게도 설렘으로 글을 썼던지….

근래에 와서 다시 중보적 기도시나 이름에 대한 믿음의 삼행시를 작성했던 너의 행실도 잊지 않고 있지. 너의 핸드폰에 담아 놓은 여러 사람의 기도시 앨범을 다시 찾아 읽게 될 때, 무슨 생각이 드는지 묻고 싶구나.

똑같은 내용의 기도가 없더구나. 네가 내게 간절히 말씀을 구하며 기도의 간구를 하니, 그리스도의 영인 성령이 네 생각을 지배하는 것이란다. 너는 시중드는 자의 청지기적 사명으로 겸손히 나의 뜻을 사모했기 때문이다.

내가 걱정만 하는 네게 권면한다. 너는 노년의 나이를 탓하지 말라. 환경 탓도 말라. 네 생명은 내게 있나니, 불안한 내일을 내게 맡기렴. 깨어 기도하라. 하나님께 밤새 기도한 나를 생각하라.

- 너의 중보기도자

오 늘 의 기 도

저의 생각을 먼저 아시는 주님, 저의 걱정과 근심을 먼저 헤아리사 위로해 주심을 무한 감사드립니다. 제 모든 것을 주 예수님께 맡기고 더욱 깨어 기도하게 하소서. 예수님의 이름으로 기도합니다. 아멘.

106

사람이 무엇으로 심든지 그대로 거두리라

"스스로 속이지 말라 하나님은 업신여김을 받지 아니하시나니 사람이 무엇으로 심든지 그대로 거두리라"(갈 6:7).

얘야, 너는 네 자신에 대해서 얼마나 허물이 없다고 느껴지느냐. 이웃에 대해서도 악이 없다고 감히 증거할 수 있겠느냐. 아니. 하나님 앞에서도 선하다고 고백할 수 있는지 말이다. 이 순간 내 앞에서 너는 어떤 간증을 할 수 있는가를 물어보고 싶구나.

이 어두운 세상 속의 참 증거자로 살아가는 네가 되기를 소망하마. 사람이 무엇으로 심든지 그대로 거두리라. 너는 스스로 양심을 속이지 말라. 하나님은 조금도 업신여김을 받지 아니하신다.

콩 심은 곳에 콩이 나고 팥 심은 땅에 팥이 난다고 하지 않느냐. 맞는 말이다. 땅은 거짓말을 할 줄 모른다. 내가 아껴 사랑하는 나의 제자야! 네가 현재 힘들어도 좌로나 우로나 치우치지 않기를 부탁한다. 오직 나의 십자가의 인내와 사랑, 부활 승천의 소망으로 승리하는 자 되길기도한다.

- 너의 참 스승

오 늘 의 　기 도

참 진실의 복음 증거자로 살기를 소망합니다. 세상 끝날까지 선한 목자 되시는 주 예수님의 삶만 따르게 하소서. 의를 심어 의의 열매를 맺게 하시는 예수님의 이름으로 기도합니다. 아멘.

107

여호와를 앙망하는 자는 새 힘을 얻는다

"오직 여호와를 앙망하는 자는 새 힘을 얻으리니 독수리가 날개치며 올라감 같을 것이요 달음박질하여도 곤비하지 아니하겠고 걸어가도 피곤하지 아니하리로다" (사 40:31).

나를 우러러 존경하는 마음으로 바라보는 너의 영혼이 참 해맑구나. 감히 죄 된 모습으로 다가갈 수 없다는 마음을 읽게 되지.

그러나 지나치게 죄책감을 갖게 된다면, 자칫 새 힘을 얻고 용기 내어 나아가기가 힘들어지는 경우가 있거든. 그러니 내게 나아와 기도함으로 죄사함을 받고 새롭게 출발하면 되는 거야.

오직 여호와를 앙망하는 자는 새 힘을 얻는다. 독수리가 힘차게 하늘을 향해 날개 치며 올라감 같을 것이다. 너도 이와 같이 앞을 바라보고 나아가렴. 그렇게 할 때 너는 곤비치 않고 피곤치 않을 것이란다. 이제 늦가을의 추수기가 되었구나. 저 자연을 바라보면서 너는 무슨 생각이 나느냐. 풍성한 곡식의 열매가 떠오르겠지. 내 안에 거하라. 내가 네게 새 힘을 주리라,

- 너의 힘 되신 주

오 늘 의 기 도

오직 주만 바라봅니다. 주만 앙망합니다. 주만 앙모합니다. 여호와를 앙망하는 자는 새 힘을 얻는다는 말씀을 제가 믿고 나아갑니다. 새 힘의 원천이신 예수님의 이름으로 기도합니다. 아멘.

108

천국의 소망이 '무조건 행복'의 마지막 근거가 된다

"주여 이제 내가 무엇을 바라리요 나의 소망은 주께 있나이다"(시 39:7).

여호와 하나님 나의 아버지께서 너의 롤모델로 나를 보내주셨다. 이 사실을 믿고 의지하는 너를 내가 다 알고 있단다. 나만을 참 주인으로 모시고 사는 네가 아니냐.

모든 인간에겐 완전한 답이 없지. 사도 바울은 자신이 죄인 중의 괴수라 했다. 우리 사람에게는 농부 되시는 하나님 아버지를 의지하고 믿어 섬길 때 온전한 행복을 찾게 되는 것이다. 그러므로 나는 하나님의 농장에 심겨진 참 포도나무라. 너는 가지니 네가 내게 붙어 있기만 하면 풍성한 수확의 열매를 맺게 된단다.

얘야, 시편의 다윗이 고백한 말의 의미를 알겠느냐. 그는 이 땅에 사는 동안 그 무엇도 의미가 없고, 오직 주님께만 참 소망이 있다고 실토했다. 너도 같은 생각이냐. 너는 천국의 소망이 '무조건 행복'의 마지막 근거가 된다는 사실을 잊지 말라. 본향을 향한 나그네 삶을 잘 살려무나.

- 네 소망의 근원자

오 늘 의 기 도

행복의 원천이 되시는 주님이시여! 주님만이 저의 모든 꿈이요 소망, 생명이 되십니다. 영원히 썩지 않는 천국에 모든 소망을 두고 삽니다. 무조건 행복의 근거가 되시는 예수님의 이름으로 기도합니다. 아멘.

109

내 아버지와 내가 일하니 너도 일하라

"예수께서 그들에게 이르시되 내 아버지께서 이제까지 일하시니 나도 일한다 하시매" (요 5:17).

하나님 아버지께서는 사람에게 복을 주시며 생육하고 다스리라 말씀하셨다. 일은 하나님의 것이기에 마땅히 즐거움으로 감당해야 함을 너는 알지어다.

모든 일을 할 때 원망과 시비가 없이 하라. 너는 일하되 사명감으로 성실히 일하라. 그리고 미루지 않는 부지런함으로 행해야 하겠지. 하나님의 일은 중단없이 끝까지 일하는 것이란다.

내 아버지께서 이제까지 일하시니 나도 일한다. 내 아버지와 내가 일하니 너도 일하라. 내가 네게 은사로 맡긴 일은 영원한 상급이 됨을 잊지 말라. 나의 일은 선한 일이다. 내가 너를 충성되이 여겨 직분을 맡겼다.

너는 사도 바울처럼 평생을 감사하는 삶의 주인공으로 살라. 일 없이 노는 사람보다 기쁘게 일하는 사람이 더 건강하다. 일은 인생에서 필수 불가결의 관계다. 가장 소중한 나의 일을 하라.

- 네게 일감을 주신 이

오 늘 의 기 도

살아계신 하나님께서 저를 위해 천지를 창조하셨습니다. 그리고 모든 만물을 창조하시며 일하셨습니다. 이 땅에 육신으로 오사 저의 죄를 위해 십자가를 지셨습니다. 어찌하오리요. 일하시는 예수님의 이름으로 기도합니다. 아멘.

110

네가 죽도록 충성하면 내가 생명의 관을 주리라

"너는 장차 받을 고난을 두려워하지 말라 볼지어다 마귀가 장차 너희 가운데에서 몇 사람을 옥에 던져 시험을 받게 하리니 너희가 십 일 동안 환난을 받으리라 네가 죽도록 충성하라 그리하면 내가 생명의 관을 네게 주리라"(계 2:10).

애야, 너의 그때를 내가 선명히 기억하고 있단다. 네가 전도했던 돌 깨는 석수 그에게 부탁한 돌 비석을 말이다. 그 돌에 새겨진 말씀(계 2:10)이 네 심중에도 뿌리내려 있구나. "네가 죽도록 충성하라 그리하면 내가 생명의 관을 네게 주리라."의 말씀대로, 지금도 내가 네게 다시 말한다. 네가 죽도록 충성하면 내가 생명의 관을 주리라. 인생의 복된 마무리는 오직 하나님의 영광을 위한 삶이란다.

네가 자라났던 산모랭이 그 마을 언덕에 아직도 돌 비석은 자리를 지키고 있겠지. 내가 일찍이 사랑한 너의 어머니 묘지에 너는 그렇게도 말씀을 새기고 싶었구나. 너도 어머니의 믿음대로 죽도록 충성하고픈 열망이 있었다는 것을 내가 다 알고 있단다.

내 하나님의 품에서 너를 기다릴 믿음의 성도들을 만나 영생 복락을 나와 함께 누리고 싶지 않겠니. 그러므로 너는 이 세대를 본받지 말고 천국으로 입성하는 죽음의 마지막 순간까지 충성을 다하라.

- 네 생명의 관 주인

오 늘 의 기 도

신실하신 하나님의 면전에서 제가 무엇을 숨길 수 있을는지요. 제 지난날의 순간마다 다 아시고 지키시는 주님의 사랑에 감사드립니다. 죽도록 충성케 하시는 예수님의 이름으로 기도합니다. 아멘.

111

귀와 혀가 열리고 풀려 말이 분명하리라

"그의 귀가 열리고 혀가 맺힌 것이 곧 풀려 말이 분명하여졌더라"(막 7:35).

얘야, 도마는 나의 옆구리와 못 자욱을 직접 확인했지. 그 후에 그의 믿음은 의심의 구름을 몰아내게 되었단다. "와서 보라"는 이 실상의 보는 체험이 얼마나 큰 확신을 가져오는지를 깨달을 수 있단다.

나는 '에바다'의 '열리라'는 뜻의 치유 역사를 갈릴리 호수 근처에서 행했다. 귀먹고 말 더듬는 자에게 손대어 안수했지. 곧 그의 귀와 혀가 열리고 풀려 말이 분명해졌지 않겠니.

너에게 말한다. 내가 이러한 농인들을 향해 얼마나 안타깝게 저들을 사랑하는지 모른단다. 체험의 중요성을 더욱 터득하게 되는 것이다.

너의 믿음은 어떠한지 알고 싶구나. 네가 자유롭게 말하고 듣는 것으로 만족하지 말라. 너의 육신보다 더욱 귀한 영이 열려 말하고 듣기를 소원하마.

- 네 지체의 주인장

오 늘 의 기 도

옳습니다! 주님의 "와서 보라"의 말씀에 아멘입니다. 또한 "에바다"의 말씀에도 아멘입니다. 더욱 농인들을 사랑하게 하소서. 예수님의 이름으로 기도합니다. 아멘.

112

하늘이 열려 하나님의 사자들이 인자에게 임하리라

"또 이르시되 진실로 진실로 너희에게 이르노니 하늘이 열리고 하나님의 사자들이 인자 위에 오르락 내리락 하는 것을 보리라 하시니라"(요 1:51).

빌립도 나의 말대로 "와서 보라."라고 나다나엘에게 전했다. 그대로 순종하여 따르는 그에게 나는 "보라 이는 참으로 이스라엘 사람이라 그 속에 간사한 것이 없도다."라고 칭찬했다.

너에게 내가 부탁하노라. 너도 나다나엘처럼 내게 고백하기를 바란다. "당신은 하나님의 아들이시요 당신은 이스라엘의 임금이로소이다."

가식이 없이 진실되게 고백하는 그에게 더 큰 일을 보게 될 것을 예언했단다. 이 예언은 너에게도 한 축복의 말임을 명심하고 기뻐하라. "내가 진실로 네게 이르노니 하늘이 열리고 하나님의 사자들이 인자 위에 오르락 내리락 하는 것을 보리라." 이 말씀을 읽고 깨닫는 네게 복이 임하리라. 나와 함께하는 네 인생은 오직 행복뿐이니라.

- 네 행복의 근원자

오 늘 의 기 도

아멘! 주 예수님이시여. 어서 오시옵소서. 눈물과 근심 고통이 없는 주님 계신 동산에서 영원히 사는 그날을 그리며 살렵니다. 예수님의 이름으로 기도합니다. 아멘.

113

하나님의 평강이 내 안에서 너를 지키리라

"그리하면 모든 지각에 뛰어난 하나님의 평강이 그리스도 예수 안에서 너희 마음과 생각을 지키시리라"(빌 4:7).

하나님의 평강이 임하는 일은 성령이 충만할 때가 아니겠느냐. 찬송가 412장이 새벽에 떠올랐다 했느냐. 평화야말로 하늘 위에서 내려오는 하나님 사랑의 물결이지.

네 영혼의 깊은 데서 맑은 가락이 울려나길 소망하마. 평화는 깊이 묻힌 보배이다. 그 보배를 네게서 빼앗아 갈 사람은 아무도 없단다. 하나님의 평강이 네 마음과 생각을 지키시리라.

내가 새벽 이른 시간부터 너의 가정을 심방하였노라. 내가 네게 전달한 말씀과 곡조 있는 기도인 찬송가를 늘 묵상하려무나. 네 집의 주인은 나이니라.

너의 기상부터 취침의 때까지 나와 함께 동행하기를 기원한다. 성령의 임재로 천국을 매 순간 누리는 너의 가족이 되기를 축원한다. 너는 세상 끝날까지 행복자로다.

- 너의 참 평강의 주

오 늘 의 기 도

신실하신 주님의 은혜를 감사드립니다. 어찌 저를 이리도 사랑해 주시는지요. 생각만 해도 채워 주시는 사랑에 목이 메입니다. 주만 의지하며 섬겨 사랑하게 하소서. 예수님의 이름으로 기도합니다. 아멘.

114

너는 지혜있는 자 같이 주의하여 행하라

"그런즉 너희가 어떻게 행할지를 자세히 주의하여 지혜 없는 자 같이 하지 말고 오직 지혜 있는 자 같이 하여"(엡 5:15).

애야, 내가 네게 부탁한다. 하루의 일과 속에서 비록 작은 일일지라도 네가 어떻게 행할지를 주의하여 실천하기를 바란다.

성급하게 말하거나 행하는 일은 지혜 없는 자의 자세란다. 오직 지혜 있는 자같이 하여 세월을 아끼는 자가 되어라. 세월을 아끼라는 말은 매사의 기회를 잘 포착하라는 의미도 된다.

하루의 24시간은 내가 네게 소중한 기회를 준 선물이다. 물 흐르듯 지나가는 시간을 함부로 보내지 말려무나. 네 자녀들에게 네 행실이 무언의 본이 되도록 하라. 많은 말로 충고하는 것보다 올바른 행동이 더 큰 본이 된다는 것을 잊지 말라.

이른 새벽에 일어나 내게 기도하고 말씀을 묵상할 때, 내가 네게 참 지혜를 주리라. 너는 지혜자로 행하여 나의 복을 받으라.

-네 지혜의 샘터인

오 늘 의 기 도

미련한 자의 행실에서 벗어나게 하소서. 주의 슬기로운 지혜자로 더욱더 명철함이 넘치게 하소서. 하루의 시간을 지혜롭게 결실 맺는 주의 선한 청지기가 되게 하소서. 예수님의 이름으로 기도합니다. 아멘.

115

그의 이름은 임마누엘이라 하리라

"보라 처녀가 잉태하여 아들을 낳을 것이요 그의 이름은 임마누엘이라 하리라 하셨으니 이를 번역한즉 하나님이 우리와 함께 계시다 함이라"(마 1:23).

중고등부 학생들의 성탄 축하 예배에서 너는 무엇을 깨달았느냐. '죽기 위한 출생의 생명'에 대해 이해하기가 힘들지는 않았는지…. 설교자는 내가 바로 식용 강아지처럼 죽을 운명으로 태어나셨다고 했다. 사실은 맞는 말이다.

임마누엘의 뜻을 번역하면 '하나님이 우리와 함께 계시다'이다. 그러므로 나의 이름은 임마누엘이기도 하지.

'예수'라는 나의 이름을 "자기 백성을 그들의 죄에서 구원할 자"라고 했다. 너를 비롯한 이 땅의 모든 사람들의 죄악을 구원하기 위해 하나님께서 나를 육신의 모습으로 보내셨다. 나는 끝내 십자가로 죽어 너희들을 죄에서 구원했다. 뿐만 아니라 3일만에 부활했다. 승천한 나는 다시 너희를 데리러 오는 재림의 주로 임하리라. 요즘 세상 사람들이 모르고 즐기는 크리스마스로 같이 즐겨서는 안 되겠지. 내가 기뻐하는 거룩한 성탄일로 지켜가라. 끝까지 임마누엘의 기쁨이 네 안에 가득하기를 축복하노라.

- 네 임마누엘의 왕

오 늘 의 기 도

사망에서 생명의 왕인 구세주 예수님의 나심을 축하, 감사드립니다. 구주 강림절인 이때부터 온전히 이 12월 한 달을 주 예수님 성탄의 기쁨으로 경배, 찬양하게 하소서. 예수님의 이름으로 기도합니다. 아멘.

116
네가 여호와의 집에 영원히 나와 함께 살리라

"내 평생에 선하심과 인자하심이 반드시 나를 따르리니 내가 여호와의 집에 영원히 살리로다"(시 23:6).

내가 너를 이 세상에 태어나게 한 생일, 그것도 벌써 칠순이라는 기념일이니 얼마나 감동이 되었겠느냐. 무엇보다 사랑하는 너의 두 딸에게 받는 '칠순 기념 깜짝 이벤트'까지 풍성하게 누려보는 행복감에 어쩔 줄 몰라 하더구나. 새로운 호텔에서의 그 잠이 달콤했겠구나.

하나님께서 네게 맡겨준 믿음과 지혜의 딸들이 옆에 늘 함께함을 감사하라. 이 험한 세상에 아무나 받는 효도의 결실이 아니란다. 나의 생일이 있는 이 12월에 너의 생일도 같이 있구나. 너는 나의 생일에 무슨 준비를 하고 있는지 묻고 싶구나. 그래. 생각해 둔 너의 계획을 차분히 실천해 보려무나. 그 일이 곧 나를 기쁘게 해주는 선물이란다.

나의 사랑하는 분신아, 네 평생에 주의 선하심과 인자하심이 넘쳐나기를 축복하노라. 네가 여호와의 집에서 영원히 나와 함께 살리라. 나의 물댄 동산에서 함께 거닐자꾸나.

- 너와 함께 사는 연인

오 늘 의 기 도

제가 아버지 하나님의 생령을 받아 주의 참 자녀로 소생케 됨을 무한 감사드립니다. 저의 생일이 복 중의 복임을 믿습니다. 제게 맡겨주신 자녀들로 효도 받게 하심처럼, 주님을 효도케 하소서. 예수님의 이름으로 기도합니다. 아멘.

117

너는 오직 살리는 영의 신앙인으로 본이 되어 살라

"그가 또한 우리를 새 언약의 일군 되기에 만족하게 하셨으니 율법 조문으로 하지 아니하고 오직 영으로 함이니 율법 조문은 죽이는 것이요 영은 살리는 것이니라"(고후 3:6).

얘야, 내가 네게 부탁한다. 실패하는 인생이 되지 않기 위해 이 세 가지를 지키며 살아가길 바란다.

첫째, 착하고 충성된 종으로 살아가려무나.

직분을 맡은 자들의 급선무는 충성이라 했다. 네가 교회에서 감당하는 직분이 내가 네게 준 선물임을 알라. 주일 설교 말씀의 예화로 너의 이름을 밝힌 것도 내가 준비한 메시지였음을 알라.

둘째, 어떤 위기가 와도 영적인 분별력을 잃지 말아야 한다.

지난 주간에 너는 입주 심방 예배를 받았더구나. 늘 존경하던 본 교회 목사님과 교구 담당 목사님을 뵙고 귀한 말씀과 기도, 덕담을 나누는 네 마음의 행복한 심정이 내게도 전달되어 기뻤단다. 비록 교회와 집의 거리가 다소 떨어진 느낌이지만, 영적 신앙의 분별력으로 초월하는 네가 대견스럽다.

셋째, 너는 오직 살리는 영의 신앙인으로 본이 되어 살라. 네 자신과 가족, 네 이웃의 사람들을 위해 죽어가는 영을 살리는 영의 사람이 되길 소원한다. 너는 잘하고 있다.

- 네 영의 소생자

오 늘 의 기 도

아멘이십니다. 저의 모든 사정을 다 아시고 앞서 인도해 주시는 주 예수 그리스도시여! 제 자신이 실패자가 아닌 영적 성공의 행복자임을 믿고 감사드립니다. 충성케 하시는 예수님의 이름으로 기도합니다. 아멘.

118

여관에 있을 곳이 없어 구유에 뉘었느니라

"첫아들을 낳아 강보로 싸서 구유에 뉘었으니 이는 여관에 있을 곳이 없음이러라" (눅 2:7).

성탄의 달인 이 해의 12월도 며칠 안 남았구나. 얘야, 너의 마음은 요즘 어떠한 생각으로 차올라 있는지…. 사람들이 즐기는 일반적인 크리스마스의 기분만으로는 내가 네게 바라는 바가 아니란 것을 너는 먼저 알고 있겠지.

그런데 사사로운 일들로 너는 마음속 평안을 잠시 잃었더구나. 지금은 많이 회복된 것으로 안다. 이제 다시는 네 마음의 기쁨을 상실하지 않도록 내 안에 거하렴.

나의 임재 안에서 쉼을 얻으라. 놀라운 성육신의 신비를 의식하며 늘 내 영원한 팔에 안겨 평강을 이루어 가렴. 나는 성령에 의해 잉태된 유일한 존재이다. 나는 강보로 싸여서 구유에 뉘임 받은 아버지 하나님의 첫 아들인 독생자이다. 여관에 있을 곳이 없어 구유에 뉘었느니라. 네가 이 세상 살면서 힘들고 외로운 심정이 들 때면 나를 생각하라. 소외감이 몰려올 때 구유에 뉘인 나를 떠올리라.

- 너의 참 구세주

오 늘 의 기 도

영벌에 처할 저의 허물과 죄악을 구원하러 오신 아기 예수 그리스도시여! 성육신하신 그 은혜와 사랑을 무엇으로 갚으리까. 잠시 평안을 잃었으나 회복케 하심을 감사하며, 예수님의 이름으로 기도합니다. 아멘.

119

하나님은 생명 구원자로 성육신하셨다

"당신들은 나를 해하려 하였으나 하나님은 그것을 선으로 바꾸사 오늘과 같이 많은 백성의 생명을 구원하게 하시려 하셨나니"(창 50:20).

얘야, 너에게 나를 성육신의 모습으로 오게 하신 창조주 아버지 하나님의 깊으신 뜻을, 조금이라도 이해할 수 있는지 물어보고 싶구나.

너에게, 아니 모든 이 땅의 사람들에게는 성육신의 모습인 하나님인 나와 인자인 내가 모두 필요하단다. 그렇기 때문에 성탄절에 이루어진 나의 성육신만이 너의 필요를 공급 받을 수 있는 것이지. 즉 죄로부터 구원받은 자유인의 천국 시민으로 살게 하기 위함이란다. 하나님이 생명 구원자로 나를 보내 성육신하셨음을 믿으라.

어제 아동부 성탄 축하 예배를 드릴 때, 네 감정은 일순간에 고조되었더구나. 설교자인 전도사님의 성탄 노래 목소리에 흐느낌이 섞여 있음을 감지했지. 그래. 내 앞에서는 웃어도 되고 슬피 울어도 된단다. 너의 작은 신음에도 아파하며 감싸주고 채워 안아주지. 마치 요셉이 형들에게 베푼 구원의 손길처럼….

- 널 위한 성육신의 나

오 늘 의 기 도

제 일생에 가장 기쁜 소식이 주 예수님의 성탄일입니다. 성육신으로 오사 영벌에 처할 제가 천국 백성으로 변화되었습니다. 제 생명을 구원해 주신 예수님의 이름으로 기도합니다. 아멘.

120

너는 항상 주의 일에 힘쓰는 자로 살라

"그러므로 내 사랑하는 형제들아 견실하며 흔들리지 말고 항상 주의 일에 더욱 힘쓰는 자들이 되라 이는 너희 수고가 주 안에서 헛되지 않은 줄 앎이라" (고전 15:58).

환아, 내가 네게 보내 준 너의 어머니를 통해서 너의 이름이 불려지게 되었단다. 지금은 네 곁에 안 계신 어머니지만 머지않아 너도 네 어머니를 천국에서 보게 되겠지. 밝을 '명'자와 빛날 '환'자의 의미를 심어서 너의 이름을 짓게한 자는 곧 나였다는 사실을 이제 깨달았느냐. 내가 지어 준 너의 이름을 소중히 여기렴.

이제부터는 너의 이름 끝자를 따서 다정하게 너의 이름을 불러 주마. 점점 밝게 빛나는 보석같은 네 존재가 되기를 내가 소원하거든.

그러므로 너는 항상 주의 일에 힘쓰는 자로 살라. 오직 견실하며 흔들리지 말아라. 너의 수고가 내 안에서 헛되지 않고, 후한 상급의 열매로 채워질 것이다.

환아, 언제나 너를 이렇게 부르고 싶다. 끝내 너는 나의 어여쁜 신부로 영원히 함께할 테니 말이야.

- 환의 신랑인 내가

오 늘 의 기 도

제가 주님의 신부로 승진되어 산다는 사실이 새삼 놀랍고 감격스럽기만 합니다. '얘야'로 불러 주시던 주께서 저의 이름을 '환'으로 불러 주셨네요. 황홀합니다. 예수님의 이름으로 기도합니다. 아멘.

121

내가 곧 길이요 진리요 생명이라

"예수께서 이르시되 내가 곧 길이요 진리요 생명이니 나로 말미암지 않고는 아버지께로 올 자가 없느니라"(요 14:6).

네가 살아가는 인생 최대의 목적이 무엇이라고 고백할 수 있는지…. 그래. 암 맞고 말고…. 네 삶의 비전이 분명하구나. 너의 생각을 읽었단다. 하나님 아버지께 영광을 돌리는 일, 그리고 그 안에서 즐거워하는 일이 최상의 목적을 이루는 삶이라는 것을 너는 너무도 잘 알고 있구나. 아는 것에 그치지 말고 실천하는 일이 중요하겠지.

그런데 예수 그리스도인 나로 말미암지 않고는 아버지께로 올 자가 없다고 했다. 왜냐하면 내가 곧 길이요 진리요 생명이기 때문이다. 내가 십자가 지고 네 죄를 사함 받게 하였노라. 막다른 골목에서도 실망치 말라. 내 아버지의 섭리가 있으시다. 나를 통해서만 너희가 하나님을 만날 수가 있단다.

그래서 내가 길이 된다고 하지 않았느냐. 그러므로 아무리 사람이 계획을 세워도 그 길의 인도자는 하나님께서 하시는 것임을 믿으라. 한 해가 다 지나가고 있다. 환아, 너는 어떤 자세로 이 해를 보내는지, 또 새해는 어떻게 맞고 싶은지를 말해보렴.

- 네 생의 가이드

오 늘 의 기 도

예. 아멘! 맞습니다. 주 예수님만이 길이 되고 진리가 되며 생명이 되심을 믿습니다. 하나님 아버지께로 가는 통로가 곧 주 예수님이십니다. 한 해를 지켜주신 예수님의 이름으로 기도합니다. 아멘.

셋

2022.1 ~ 2022.6

주의 말씀의 맛이
내게 어찌 그리 단지요

"주의 말씀의 맛이 내게 어찌 그리 단지요
내 입에 꿀보다 더 다니이다"(시 119:103).

122

은사를 받은대로 선한 청지기같이 봉사하라

"각각 은사를 받은 대로 하나님의 여러 가지 은혜를 맡은 선한 청지기 같이 서로 봉사하라"(벧전 4:10).

정신을 차리고 깨어 기도하라. 만물의 마지막이 가까이 왔느니라. 기도하되 근신하여 기도할 때다. 그리고 각각 내가 주는 은사를 받은대로 선한 청지기같이 봉사하라. 너는 하나님의 은혜를 맡은 선한 청지기이다.

한 해를 떠나 보내고 새로운 한 해의 새해를 맞이하는 송구영신 예배에서, 너는 어떤 은혜를 받고 결단했느냐. "내 삶이 먼저였는지, 주님이 먼저였는지…. 이제야 어리석고 어리석은 죄인을 용서하여 주소서"라는 찬양의 고백을 토하는 중창단을 보며, 울컥해 하는 너의 모습을 보았다.

나의 분신아! 걱정 말아라. 이제부터 더욱 정신을 차려 깨어 기도하면 된다. 지나간 과거에 매달려 마음이 약해지면 안 된다. 원수같이 너를 해치는 사람이 있다 해도 내 마음으로 사랑해야 한다. 쉼이 없는 기도로 사랑할 수 있단다. 한 가지 더 부탁한다면 선한 청지기가 되어 봉사하렴. 이 땅의 주인은 나밖에 없느니라.

\- 네 청지기의 주인

오 늘 의 기 도

송구영신 예배를 마치고 자녀들과 함께 집에 왔나이다. 참 쉼을 주신 주 여호와 하나님이시여! 저의 구주 예수 그리스도시여! 주 성령님의 은혜로 새해 첫날을 맞습니다. 새롭게 다시 시작하라고 선물을 주셨네요. 무한 감사하며 예수님의 이름으로 기도합니다. 아멘.

123

너의 상하고 통회하는 마음을 주께 고하라

"하나님께서 구하시는 제사는 상한 심령이라 하나님이여 상하고 통회하는 마음을 주께서 멸시하지 아니하시리이다"(시 51:17).

새해 첫 주일에 받은 말씀으로 영적인 감동이 네게 임하기를 소원한다. 함께 즐거워하고 함께 울어 주는 삶이야말로 내가 걸어온 삶이었다.

애야 환아! 울음 중에서도 가장 값지고 소중한 울음이 있다. 바로 하나님께서 구하시는 제사인 상한 심령이란다. 상하고 통회하는 마음을 내가 기뻐하며 멸시하지 않느니라.

또한 즐거운 웃음의 미소가 가장 값진 것은 무엇이겠느냐. 내가 너를 위해 십자가에서 죽기까지 사랑한 이 헌신이 생각나지 않는지…. 네 영생의 삶을 위해 내가 다시 부활했다. 그리고 널 위해 재림의 약속을 했다. 이런 나를 얼마나 연모하느냐. 나의 사랑에 감동 받아 얼마나 즐거이 웃고 사는지, 얼마나 구원의 감격에 못 이겨 기쁨의 눈물을 흘리며 사는지 묻고 싶단다. 그리고 너의 허물과 죄악을 통회 자복하는 상한 심령의 눈물은 얼마나 흘렸는지 말이다. 내게 고하라. 나의 사랑 나의 보배야.

- 네 마음의 지킴이

오 늘 의 기 도

신실하신 주 예수 그리스도시여! 죄악으로 인해 영벌에 처할 저를 구원해 주신 사랑에 무한 감사드립니다. 주 안에서 웃고 울게 하소서. 상하고 통회하는 마음을 주께 고하겠나이다. 저의 참 구세주이신 예수님의 이름으로 기도합니다. 아멘.

124

힘있게 돋는 브니엘의 아침해같이 살라

"그가 브니엘을 지날 때에 해가 돋았고 그의 허벅다리로 말미암아 절었더라" (창 32:31).

'새해, 새 은혜'란 주제로 영적 감동의 잔치를 개최한 성회는 어떠했는지…. 원로 목사님을 강사로 초청했더구나. 환! 너는 3일간의 신년 축복 성회에서 얼마나 많은 은혜를 받았는지 묻고 싶구나. 너도 브니엘의 아침해를 맞고 싶어하는 열망을 내가 감지하고 있었단다.

야곱이 환도뼈가 부러지도록 씨름했다. 축복을 받기 위해서였지. 끝내 야곱이라는 이름에서 이스라엘이란 새 이름을 받았다는 사실을 너도 알고 있으리라 믿는다. 하나님과 대면하여 하나님을 보았으며, 그는 생명이 보존되었다. 그리고 브니엘을 지날 때에 해가 돋았다고 했다. 에서와의 만남에서도 화해를 이뤘단다.

얼마나 즐겁고 은혜스럽게 강단에서 말씀을 선포하는지, 누가 원로 목사라고 믿겠는가 말이다. 내가 네게 다시 부탁한다. 너는 이제 나이 탓을 하지 말라. 네 육신은 늙어가도 네 영혼은 얼마든지 독수리처럼 힘있게 날 수 있단다. 계속해서 나를 앙망하라.

- 네 영혼의 햇빛

오 늘 의 기 도

주 예수님 감사합니다. 저의 젊었던 때에 '브니엘 기도실' 운영을 했던 기억이 생생합니다. 제 나이가 노년이라고 약해지지 말게 하소서. 성령 충만의 능력으로 기도하게 하소서. 새 힘 주시는 예수님의 이름으로 기도합니다. 아멘.

125

두렵고 떨림으로 너희 구원을 이루라

"그러므로 나의 사랑하는 자들아 너희가 나 있을 때뿐 아니라 더욱 지금 나 없을 때에도 항상 복종하여 두렵고 떨림으로 너희 구원을 이루라"(빌 2:12).

환아, 너에게 질문을 던진다. 매 주일마다 강단에서 말씀을 인도하는 내 선한 청지기의 목사님으로부터 영적 양식을 받아 섭취하지 않느냐. 늘 노트에 기록하는 네 습관은 익히 내가 알고 있다. 그러나 마음에 심겨진 핵심의 말씀은 암기하고 실천에 옮기는 행동이 따라야 하겠지. 신앙생활의 3대 대적을 말해보렴. 육신과 세상, 사탄을 두려워하지 말아야 한다고 대답했구나. 참 잘 대답했다.

그럼 구원의 세 가지 의미도 잘 알겠지. 과거의 죄성인 형벌로부터 구원을 받는다는 칭의의 구원이 있다. 그리고 둘째로는 현재에 있어서 죄의 권세로부터 구원을 받는다는 성화의 구원이 있지. 셋째로는 미래를 향한 영화의 구원이 있단다.

죄의 존재에서 구원을 받는다는 것이지.

그러므로 내 사랑하는 자야, 너는 항상 복종하되 두렵고 떨림으로 너의 구원을 이루어 가라. 인간적인 방법이 아닌 나의 뜻대로….

- 네 복종의 주인공

오 늘 의 기 도

주일마다 주님의 몸 된 제단에 나아가 은혜의 말씀 듣게 하심을 감사드립니다. 오늘도 진리의 말씀을 듣고 심령에 새기게 하심을 감사드립니다. 신실하신 예수님의 이름으로 기도합니다. 아멘.

126

각 사람에게 주신 믿음의 분량대로 지혜롭게 생각하라

"내게 주신 은혜로 말미암아 너희 각 사람에게 말하노니 마땅히 생각할 그 이상의 생각을 품지 말고 오직 하나님께서 각 사람에게 나누어 주신 믿음의 분량대로 지혜롭게 생각하라"(롬 12:3).

내 사랑하는 자야, 사람에게 있어서 무엇이 가장 중요한 것인지 생각해 보았느냐. 어디에 사느냐가 중요한 것이 아니다. 무엇보다 그 사람이 어떻게 사느냐가 중요한 것이다. 오늘은 교 회에서의 예배드리는 자세에 대해 이야기하고 싶구나.

건강한 교회의 첫 번째 원칙이 바로 예배를 잘 드리는 교회라는 사실을 명심하라. 하나님께서는 불꽃 같은 눈빛으로 이 순간도 너를 주시하여 살피신다. 너의 예배드리는 그 자리를 주목하신다. 모든 성도들 각 사람을 온전히 점검하신다.

교회는 보이지 않는 질서가 있어야 한다. 또한 하나님께서 각 사람에게 주신 믿음의 분량대로 행하는 변화가 요구된다. 지혜롭게 생각하는 믿음을 내게 간구하라. 그러면 매사에 말조심, 생각 조심, 행동 조심을 하는 지혜자로 변화된단다. 말을 조심하되 주의 말씀이 없이는 생명이 없다. 기도하되 기도의 영력이 없이는 성령의 충만한 권능이 없다. 그리고 감동의 찬송이 없이는 기쁨도 없다는 사실을 기억하렴. 너를 사랑한다.

\- 네 믿음의 증인

오 늘 의 기 도

신실하신 아버지 하나님, 부족한 저를 천국의 자녀 삼아주시고 교회에서 직분 받아 섬기게 하심을 감사드립니다. 주께서 제게 주신 믿음의 분량대로 충성하고 예배하게 하소서. 예수님의 이름으로 기도합니다. 아멘.

127

어리석은 말이 아닌 감사하는 말을 하라

"누추함과 어리석은 말이나 희롱의 말이 마땅치 아니하니 오히려 감사하는 말을 하라"(엡 5:4).

환아, 너의 눈물을 내가 보았노라. 어제 주일 예배를 드리면서 네 자신의 무엇이 문제가 되었는지를 이제야 깨달았더구나. 그래 말씀을 듣고 뉘우쳤다는 사실이 중요한 것이란다. 영적인 회복을 위해 부르짖는 기도의 열정이 무엇보다 급선무라는 사실을 절감했으니 말이다. 그동안 교회와 집이 더 멀어졌다는 이유로, 또는 인생 칠십의 나이를 초월했다는 조건을 내세워 네가 다소 안일했었지.

묵상 기도만으로는 영적인 성령 충만을 이룰 수 없단다. 동시에 부르짖고 소리쳐 간구하는 뜨거움이 있어야 내면의 상처들을 씻어낼 수가 있지 않겠느냐. 적어도 금요기도회에 매월 한 번이라도 참석하겠다는 너의 결단은 잘한 것이다. 네 자신을 위해서 말이다.

엊그제 네가 지혜롭지 않은 말로 자녀에게 상처를 입혔던 것을 통회했더구나. 너의 영성이 회복되는 그땐 감사의 말로 변화되리라.

- 네 말의 조력자

오 늘 의 기 도

아멘! 저의 어리석은 허물을 용서해 주심이여! 그저 무한히 감사만을 올려드립니다. 저의 눈물을 받아주심도 감사합니다. 이제 핑계 없는 감사로 부르짖어 기도하게 하소서. 예수님의 이름으로 기도합니다. 아멘.

128

나는 생명의 떡이니 나를 믿는 자는 목마름이 없다

"예수께서 이르시되 나는 생명의 떡이니 내게 오는 자는 결코 주리지 아니할 터이요 나를 믿는 자는 영원히 목마르지 아니하리라"(요 6:35).

천만금보다 더 귀한 하나님의 말씀이 진정 진리라고 너도 아멘으로 화답할 수 있는지…. 어린아이의 천진난만한 재롱을 보면 웃음이 나오고, 다가가서 얼굴에 뽀뽀라도 해주고 싶지 않겠니. 이처럼 나는 생명의 떡이라고 말했다. 내게 오는 자는 주리지 않는다 했다. 뿐만 아니라 나를 믿는 자는 목마름이 없되 영원히 목이 갈하지 않는다고 선포했다.

내 사랑하는 자야, 너는 얼마나 나를 의지하고 사랑하느냐. 하나님의 말씀인 생명의 떡을 얼마나 먹고 즐거워하느냐. 주님의 말씀인 성경책에 '쪽쪽쪽' 여러 번 입맞춤을 한다는 어느 목회자의 하루 일과도 듣지 않았느냐 말이다. 아빠 하나님, 좋으신 하나님이 너와 모든 사람을 구원하시려고 일찍이 나를 보내셨음을 믿으렴.

애야, 오직 완벽한 참사랑의 목회자는 주님뿐이란다. 그러므로 더욱더 말씀을 사랑하라. 그러면 허물도 덮는 사랑의 주인공이 되리라.

- 네 생명의 떡

오 늘 의 기 도

아멘! 생명의 떡으로 오신 주 예수님을 경배하고 찬양드립니다. 주림이나 목마름이 없는 생명의 떡과 생수를 매 순간 공급받게 하소서. 사랑의 원천인 예수님의 이름으로 기도합니다. 아멘.

129

여호와의 모든 은택을 잊지 말지어다

"내 영혼아 여호와를 송축하며 그의 모든 은택을 잊지 말지어다"(시 103:2).

신앙의 사람들이 어려운 시험에 빠졌을 때, 그 시험의 고난을 잘 이겨나가는 사람이 슬기롭고 진정한 그리스도인이라 할 수 있겠다.

그런가 하면 갑자기 찾아온 환경의 어려움, 내면의 심리적 고민을 이기지 못하고 낙심자로 변질해 버리는 경우를 종종 보게 된단다. 너는 여호와의 모든 은택을 잊지 말지어다.

환, 너에게 묻고 싶구나. 너는 그동안 살아오면서 몇 번이나 시험의 위기에서 넘어지지 않고 일어났는지 헤아릴 수 있느냐. 그래. 너무도 많이 좌절하고 낙심도 했겠지. 그럼에도 다시 회복할 수 있는 비결을 너는 찾았더구나. 맞아. 하나님께서 네게 채워주신 은혜의 사랑을 생각하면 통회로 자복하고 다시 돌아오게 되지. 내가 지고 간 십자가의 사랑이 끝내 여호와를 송축하며 찬양할 수 밖에 없게 되거든. 네 믿음이 감사로 평생이 되기를 축원한다.

- 너의 은택자

오 늘 의 기 도

범사에 감사하는 자로 살게 하심을 감사드립니다. 세상 끝날까지 저와 함께하심이 얼마나 큰 복인지요. 감사만 하며 살아도 부족한 세월입니다. 은혜의 주인이신 예수님의 이름으로 기도합니다. 아멘.

130

나사렛 예수 그리스도의 이름으로 일어나 걸으라

"베드로가 이르되 은과 금은 내게 없거니와 내게 있는 이것을 네게 주노니 나사렛 예수 그리스도의 이름으로 일어나 걸으라 하고"(행 3:6).

베드로는 은과 금을 사용하지 않고 예수 그리스도의 이름으로만 복음을 전파했다. 돈이나 이미지, 인기로 전도하지 않았다. 사실 어부였던 베드로가 무슨 부요함이 있었을까 말이다. 나의 수제자인 베드로는 정직했단다. 부족했지만 성령 충만했다.

얘야, 복음이 전해짐에 있어서의 방법은 복음의 내용과 같아야 한다고 '레슬리 뉴비긴'이 말한 것을 잊지 말라. 사랑을 전하면서 폭력을 쓰면 안 되듯이…. 부족한 정직함이 때론 복음의 도구로 쓰인다는 것이다.

너도 베드로와 같이 전도하렴. "은과 금은 내게 없거니와 내게 있는 이것을 네게 주노니 나사렛 예수 그리스도의 이름으로 일어나 걸으라."라고 담대히 전파하렴. 내가 네게 이미 허락한 달란트의 은사를 잘 활용할 것을 부탁하노라. 나와 함께라면, 약할 때 강함으로 승리하리라.

\- 너의 참 그 이름

오늘의 기도

약할 때 강함 주시는 주님, 가난하나 부요함의 성령 충만으로 역사하셔서 기적을 이루시는 예수님께 감사를 드립니다. 이제는 주의 이름으로 복음을 전하게 하소서. 예수님의 이름으로 기도합니다. 아멘.

131

네가 선 곳은 거룩하니 네 발에서 신을 벗으라

"여호와의 군대 대장이 여호수아에게 이르되 네 발에서 신을 벗으라 네가 선 곳은 거룩하니라 하니 여호수아가 그대로 행하니라"(수 5:15).

"네 발에서 신을 벗으라"고 여호수아에게 말씀하신 진정한 의미를 너는 얼마나 아는지….

내 사랑하는 자녀야, 네가 하나님 앞에서 겸손히 죽어지는 영적인 기적의 신앙인이 되기 위해 주의해야 할 지침을 내가 다시 각성시켜 주려고 한다.

여호수아가 그대로 순종한 것 같이 너도 기쁨으로 따르기를 바란다.

첫째, 주인으로 살았던 네 자신을 버리고 종의 입장으로 살라는 것이다. 주인으로 착각했던 주인 의식의 신을 버리라는 것이다. 네 생명이 네 것이 아니기 때문이다.

둘째, 의인의 신발을 벗어야 한다는 것이다. 네 자신이 죄인임을 깨달으라는 의미이다. 사도 바울은 자신을 죄인 중의 괴수라고 했다. 그럴 때 하나님이 의롭다 여기시고 의인으로 인정해 주시는 것이다.

셋째, 내가 지고 간 십자가의 길은 죽으러 가는 길임을 알라. 너도 이와 같이 순종하면 분명 기적의 주인공이 되리라.

- 네 구원의 증인

오 늘 의 기 도

신실하신 주님의 세 가지 교훈을 제가 깊이 뉘우치고, 돌이켜 순종하기를 결단합니다. 세상 풍조대로 사는 넓은 길을 등지고 좁은 길의 십자가 길을 걷겠습니다. 예수님의 이름으로 기도합니다. 아멘.

132

주의 오른 손이 너를 환난 중에 구원하시리라

"내가 환난 중에 다닐지라도 주께서 나를 살아나게 하시고 주의 손을 펴사 내 원수들의 분노를 막으시며 주의 오른손이 나를 구원하시리이다"(시 138:7).

위험과 위기의 몇 날을 너의 온 가족이 보냈더구나. 사람의 한 치 앞도 모르는 이 세상의 삶이란다.

환! 오늘은 기운이 어느 정도 회복되어 음식 맛도 느껴지는 것을 발견했지. 내가 네게 맡긴 두 딸들도 정신이 들고 생기를 찾아가고 있어 다행이란다.

이제 함부로 날것의 어류를 회로 먹고 싶진 않겠지. 건강을 해치는 독성의 바이러스가 언제 옮겨오게 될지 모르니까.

주 하나님의 오른손이 너를 환난 중에 구원하시리라. 내가 너를 지켜 환난 중에 다닐지라도 살아나 찬양하게 하리라. 지난 수요예배를 식중독의 위기 속에서 온라인 예배를 드렸더구나. 너무 죄송스러워 말라. 너의 마음속 진심을 내가 다 안다. 너의 골방에서 드리는 예배의 말씀과 '설날 찬양 콘서트'였지만, 얼마나 네 마음이 찡한 은혜로 채워졌는지…. 교인 없는 교회에서 한 시간 이상 부른 찬송가의 예화로, 나는 네 손을 잡았다.

- 네 구원의 손

오늘의 기도

신실하신 아버지 하나님이시여! 잠시 고통을 동반한 설 명절을 보냈지만, 결국은 주의 오른손이 저를 구원하신 은혜의 명절이었습니다. 말씀과 찬송의 힘으로 살아 숨을 쉽니다. 십자가 지신 예수님의 이름으로 기도합니다. 아멘.

133

너희는 오직 사랑으로 서로 종노릇하라

"형제들아 너희가 자유를 위하여 부르심을 입었으나 그러나 그 자유로 육체의 기회를 삼지 말고 오직 사랑으로 서로 종 노릇 하라"(갈 5:13).

많은 사람들이 자유롭게 살아가고 있는데, 환의 삶은 어떻게 살아가고 있는지 알고 싶구나. 갈라디아서에 기록된 말씀대로 준행하기 위해 기도하고 노력한다고 했던가?

그래. 최선의 방법은 인간의 머리 굴리기라는 얕은 지식이 아닌, 오직 아버지 하나님이 기뻐하시는 성경의 말씀대로 순종하는 삶이라고 다시 강조해도 부족하지 않단다.

너는 자유를 위해 부름 받았지만 그 자유로 육체의 기회를 삼아선 안 되겠지. 오직 사랑으로 서로 종노릇하려무나. 친절한 사랑의 마음 지니기. 몸으로의 진실된 섬김, 물질까지도 채워 주는 넉넉한 행실 등의 모습이 뒤따를 때, 진정 주님이 기뻐하시는 참 그리스도인이 아닐까.

내가 너희에게 보여준 십자가 사랑을 기억하라. 너의 영원한 반석인 내가 네 옆에 있으니, 참 행복의 원천이 아니겠느냐. 나를 바라보는 너의 눈빛이 사랑스럽구나. 네가 내 옆에 있어 나도 행복하단다.

- 네 사랑의 연인

오 늘 의 기 도

제 영원한 반석이요 생수가 되시는 주 예수시여! 주님 때문에 저는 행복합니다. 십자가 그 사랑 때문에 감동할 뿐입니다. 제 남은 삶이 사랑으로 종노릇하게 하소서. 예수님의 이름으로 기도합니다. 아멘.

134

가산이 적어도 주를 경외함이 부하고 번뇌함보다 낫다

"가산이 적어도 여호와를 경외하는 것이 크게 부하고 번뇌하는 것보다 나으니라" (잠 15:16).

지난달의 마지막 금요일 밤 치유집회에서, 사도 바울에 관한 사명을 다하는 복음 선포의 말씀으로 은혜받는 네 모습을 보았단다. 내게 약속한 결심을 행동으로 옮겨줘서 내심 고마웠지.

고별 설교로 떠나시는 목사님의 절절한 외침! 복음의 사명에 있어서 인생의 중요한 큰 일임을 깨닫고, 하나님이 자신으로 인해 꼭 하실 일이 무엇인지를 아는 것이 급선무라 했다.

복음을 전하다가 잡혀서 로마로 압송되는 바울의 모습을 보라. 죄수들과 함께 탄 배가 유라굴로 광풍을 만나 배 안은 아수라장이 되었지. 생명의 위기 속에 놓인 사람들이 자신의 짐 보따리를 바다에 던지기 시작했단다. 생명이 짐보다 귀하다는 사실을 깨달았다는 것이지. 풍랑 속에서 하나님께 부르짖어 기도한 바울은 곧 주의 음성을 듣고 소리쳐 외쳤단다. "무서워 말라"고….

276명 중 단 한 사람도 생명에 이상이 없었으며, 배만 파손되었지. 얘야, 잠언의 말씀을 묵상하라 가산이 적어도 여호와를 경외함이 부하고 번뇌함보다 낫다.

- 네 생명의 주

오 늘 의 기 도

아멘이십니다. 금요 치유집회를 통해 은혜받게 하심을 감사드립니다. 저의 죄를 사하시려 십자가에 달리신 주 예수님을 더욱 기리게 되는 이 금요 치유집회를 감사하며, 더욱 사명에 충성케 하소서. 예수님의 이름으로 기도합니다. 아멘.

135

너는 청년의 정욕을 피하고 주를 찾는 자들과 함께하라

"또한 너는 청년의 정욕을 피하고 주를 깨끗한 마음으로 부르는 자들과 함께 의와 믿음과 사랑과 화평을 따르라"(딤후 2:22).

신앙의 위기를 이겨 나가기 위해서 감당할 사명이 네게 있음을 알라. 먼저 자기 자신에게 맡겨진 일에 충성을 다해야 하리라. 충성을 다하기 위해서는 항상 영적으로 깨어 기도하는 생활이 매 순간 계속되어야 하겠지. 세 번째 사명으로 죄악된 것은 피해야 한다는 것이란다.

나의 사랑하는 자녀야, 너는 청년의 정욕을 피하라.

성결한 마음으로 주를 부르는 자들과 함께하라. 그리고 의와 믿음, 사랑과 화평을 따르라.

변함없이 성령 충만하면 불평하거나 원망할 틈이 없다. 근신하여 깨어 있어야 할 이유가 있단다. 잠시라도 안일한 상태에 있을 때 마귀는 우는 사자와 같이 삼킬 자를 찾는다고 했다. 내가 전하는 이 간절한 부탁을 능히 이해하리라 믿는다. 말세지말의 이때에 너는 네 집에서나 밖에서 죄성을 지닌 유혹에서 피하고 멀리하려무나. 오직 주 안에서 기도하는 권능자로 살라.

- 너의 임마누엘

오 늘 의 기 도

아멘! 주님의 말씀 앞에서 제가 무슨 말로 변명을 하리이까. 부족한 제게 전하시는 말씀에 그저 감사할 따름입니다. 늘 성령 충만케 하소서. 예수님의 이름으로 기도합니다. 아멘.

136

하나님을 사랑하고 네 이웃을 네 자신같이 사랑하라

"대답하여 이르되 네 마음을 다하며 목숨을 다하며 힘을 다하며 뜻을 다하여 주 너의 하나님을 사랑하고 또한 네 이웃을 네 자신 같이 사랑하라 하였나이다" (눅 10:27).

어제 수요 밤 헌신 예배 때의 받은 말씀이 아직도 네게 남아있는 이유가 뭘까? 하나님 아버지께 지키지 못한 숙제가 있는 것이 아닌지 물어보고 싶구나. 너의 마음을 내가 왜 모르겠느냐. 내가 사랑하는 너이기에 실제로 네 고백을 듣고 싶은 것이란다.

얘야 나의 환아, 너는 진정 네 안에 성 삼위일체의 하나님을 최상의 주인으로 모시며 살아가고 있겠지? 네 마음과 목숨, 힘과 뜻을 다하여 사랑하리라 믿는다.

그리고 또 한 가지 네가 사랑할 대상이 네 이웃을 네 자신같이 사랑하는 일이란다. 이웃을 사랑하되 자신을 사랑하는 열정으로 사랑하라는 이 사명이 쉬운 일이 아님을 내가 안다. 자비의 친절을 베푼 사마리아 사람처럼 너도 이웃 사랑의 실천자가 되기를 소망한다. 네 안엔 네가 먼저 주인이 되어선 안 된다. 하나님과 이웃을 섬기는 자리를 마련하라. 그 후에 네 자리를 찾으렴.

- 네 사랑의 분신

오 늘 의 기 도

때때로 주님보다 제 자신이 먼저 주인의 행세를 한 적이 많았던 사실을 고백합니다. 이웃보다 제 자신이 먼저였던 것도 실토합니다. 주여 용서하소서. 주의 임재로 성령 충만케 하소서. 예수님의 이름으로 기도합니다. 아멘.

137

거기서 내가 너와 만나 모든 일을 네게 이르리라

"거기서 내가 너와 만나고 속죄소 위 곧 증거궤 위에 있는 두 그룹 사이에서 내가 이스라엘 자손을 위하여 네게 명령할 모든 일을 네게 이르리라"(출 25:22).

나의 사랑하는 자녀야, 거기서 내가 너와 만나 모든 일을 네게 이르리라. 성막에서 가장 소중한 곳, 바로 그 자리의 거기서 내가 너를 만난다는 약속이다.

속죄소는 곧 '죄가 속해지는 장소'를 의미하지. 다시 말해서 '은혜가 베풀어지는 자리'라는 뜻으로 시은좌라고도 한단다.

환아, 복 중의 복은 만남의 복이 아니겠니. 너와 나의 만남! 생각만 해도 나는 기쁘고 행복하단다. 그러므로 진정한 영적 의미로서의 시은좌는 무엇이라고 고백할 수 있겠느냐. 또한 속죄소 위의 증거궤인 법궤라는 여호와 하나님의 말씀 앞에서, 너는 어떤 존재로 살아가고 싶냐. 네 심정을 내가 읽었다. 그래 그 맘이야. 내가 네 죄를 속해 주었기에 네가 나를 참 주인으로 모신다 했느냐. 나로 인해 네 입과 마음이 정결케 되었으니, 속죄소의 진정한 시은좌로 살라.

- 너의 시은좌

오 늘 의 기 도

생각할수록 은혜가 넘치는 귀한 말씀으로 저를 깨닫게 하시니, 주님 밖에는 위로와 힘, 생명이 되시는 분이 이 땅에 없음을 고백합니다. 말씀으로 오신 예수님의 이름으로 기도합니다. 아멘.

138

오직 성령이 너희에게 임하시면 권능을 받고

"오직 성령이 너희에게 임하시면 너희가 권능을 받고 예루살렘과 온 유대와 사마리아와 땅 끝까지 이르러 내 증인이 되리라 하시니라"(행 1:8).

"주님의 이름으로 축복합니다!"라고 양옆의 성도에게 인사할 뿐 아니라, 너의 앞이나 뒤에 앉아있는 성도에게까지 네 번이나 인사했을 때의 네 느낌은 어떠했는지 묻고 싶구나. 초청을 받고 헌신 예배의 강사로 말씀하시는 목사님들이 자주 있었겠지만, 동서남북 인사법은 처음 경험해 본다고 내게 대답하는 네 눈빛이 경이롭구나.

그만큼 주님의 이름, 예수님의 이름을 부르면서 축복하거나 기도하는 것이 얼마나 복되고 권능이 임하는 길인지를 깨닫게 되는지 알 수 있단다. 참 증인으로 사는 길이란다.

요즘 너의 새벽 기도법이 달라졌더구나. 몸과 영혼, 뇌세포와 재정을 향한 명령의 기도문을 소리 내 읽으며 또박또박 기도하는 네 모습이 맘에 들었단다. 특히 "예수님의 이름으로 명하노니"라고 반복하여 너의 온몸을 터치하면서 내 이름을 부를 때, 나의 성령이 네게 임하는 권능이 영력으로 나타나리라.

- 너의 권능자

오 늘 의 기 도

주 예수님의 이름이 얼마나 거룩한지요. 때때마다 귀한 말씀으로 은혜 주심을 감사합니다. 성령님의 임재를 사모하오니 더욱 예수님의 이름을 부르고 찾게 하소서. 치유하시는 예수님의 이름으로 기도합니다. 아멘.

139

기쁨과 즐거움이 있는 생명의 길을 네게 보이리니

"주께서 생명의 길을 내게 보이시리니 주의 앞에는 충만한 기쁨이 있고 주의 오른쪽에는 영원한 즐거움이 있나이다"(시 16:11).

몸과 마음이 힘들고 지치게 되는 너의 요즘 상태가 어디에서 온 것인지…. 그래서 그런가? 인생의 나이 칠십을 넘긴 너의 생각은 소극적이며, 부정적인 이미지가 많아졌다는 것을 알기나 하는지 모르겠다.

아무래도 예전의 젊었을 때와 같지는 않겠지. 너의 육십 대였던 어느 날엔 지나가던 사람에게 들었던 "할머니"라는 부름에 자못 충격까지 받았던 너의 모습을 기억하게 되거든.

그래. 이젠 네게 할머니라는 칭호를 불러도 서운하진 않겠지. 이 세상의 삶은 어차피 아침 안개와 같이 유한적인 거야. 너의 현재가 맞이하게 되는 노년으로의 다양한 변화들을 긍정적으로 맞이하길 바란다. 환아, 나의 말을 들으렴. 네 몸의 통증과 약한 부분은 내가 터치하여 고쳐 주련다. 조금만 버티고 인내하려무나. 나로 인한 충만한 기쁨, 영원한 즐거움이 있는 생명의 길을 네게 보이리니, 너는 오직 천국의 소망으로 살아가렴.

- 네 생명의 길

오 늘 의 기 도

신앙의 위기 속에서도 힘과 위로의 말씀으로 일어서게 하시는 주님께 무한 감사드립니다. 콧물 감기 후유증으로 번진 이 피부 트러블의 통증도 치유될 줄 믿습니다. 생명의 길이 되시는 예수님의 이름으로 기도합니다. 아멘.

140

네 음성을 들으리니 너는 내게 부르짖으라

"내가 내 음성으로 하나님께 부르짖으리니 내 음성으로 하나님께 부르짖으면 내게 귀를 기울이시리로다"(시 77:1).

나의 자녀야, 생각을 바꾸는 믿음에 대해서 이야기할 수 있겠느냐? 어떠한 생각인지 잘 몰라 하는구나.

그럼 이제부터 잘 들으렴. 내가 이해하기 쉽게 네게 알려 주련다. 너의 순종하는 믿음에 내가 응답하리라. 생각을 바꾼다는 의미는 곧 전환한다는 뜻이다. 인생의 삶에 있어서 암초의 벽을 만날 때도 종종 있지 않겠니. 그럴 때마다 네가 믿음으로 승리할 수 있도록, 내가 너의 소극적인 생각을 적극적인 생각으로 바꾸어 전환시켜 주겠다는 것이란다. 지금은 이해하는 눈빛이구나. 세 가지의 전환시킬 문제를 알려줄 것이니 잘 들으렴.

첫째, 하나님께로 너의 생각을 전환하라. 둘째, 하나님에 대한 생각을 전환하라. 셋째, 너의 삶을 사명으로 전환하라. 내가 네 음성을 들으리니 너는 내게 부르짖으라. 결국에는 내 안에 있는 너를 안아 영생의 길로 인도하리라.

- 너의 응답자

오 늘 의 기 도

믿음은 바라는 것들의 실상이 됨을 제가 믿습니다. 제 부르짖는 기도에 귀를 기울이시는 여호와 하나님께 무한 감사드립니다. 영적인 생각으로 전환시켜 인도하소서. 예수님의 이름으로 기도합니다. 아멘.

141

귀로 듣기만 하던 네가 이제는 눈으로 주를 보리라

"내가 주께 대하여 귀로 듣기만 하였사오나 이제는 눈으로 주를 뵈옵나이다" (욥 42:5).

티끌과 재 가운데서 여호와 하나님께 회개하는 욥의 모습을 너는 상상해 보았느냐.

모든 시험과 고난의 바람을 맞아가면서도 끝내 낙심하거나 하나님을 원망하지 않은 욥의 신앙 고백을 너도 본받으렴. 귀로 듣기만 하던 네가 이제는 눈으로 주를 보리라.

"내가 주께 대하여 귀로 듣기만 하였사오나 이제는 눈으로 주를 뵈옵나이다."라는 욥의 고백 앞에서, 하나님은 욥의 곤경을 돌이키셨다. 욥에게 복을 주시되 이전의 모든 소유보다 갑절이나 복을 주셨다.

욥이 말년에 받은 복은 처음보다 더 큰 복이지 않았느냐. 얘야 환아, 하나님은 모든 것의 참 주인이시다. 계획과 수정까지 다 이루시는 분이란다. 주님이 네게 원하시는 것은 너의 신앙고백이란다. "이 세상의 모든 것이 다 사라져도 저는 주님 한 분이면 만족합니다!" 네 눈빛의 진실을 보았다. 너도 욥의 복을 받으라.

- 네 영의 눈

오 늘 의 기 도

신실하신 삼위일체의 하나님이시여! 성부, 성자, 성령의 은총이 저를 감싸주심에 무한 감사드립니다. 저도 욥의 신앙 고백을 주께 드리게 하소서. 제 영의 눈이 되시는 예수님의 이름으로 기도합니다. 아멘.

142

거짓을 버리고 이웃과 더불어 참된 것을 말하라

"그런즉 거짓을 버리고 각각 그 이웃과 더불어 참된 것을 말하라 이는 우리가 서로 지체가 됨이라"(엡 4:25).

얘야 환아! 지금의 시대는 거짓이 난무하는 시대라 해도 과언이 아닐 것이다. 너도 많이 느끼지?

사탄의 계략에 빠져서 신앙도 인격도 다 버린 채 물질이나 명예, 정욕에 사로잡혀 살아가는 불쌍한 사람들도 종종 보게 되는 걸. 정신 못 차리면 시험에 빠진단다.

너도 밤낮 깨어 근신하고 기도하렴. 생명의 말씀을 읽고 들어 너의 마음판에 새기려무나. 우는 사자와 같이 틈을 노리는 마귀와 싸워 승리하는 십자가의 군사로 무장해야 한다는 것을 명심하렴.

너는 어떠한 일이 있어도 거짓을 버리고 이웃과 더불어 참된 것을 말하라. 너희는 서로 서로가 지체가 됨이라. 불의를 행하지 않는 자, 거짓에 대항하고 참 신앙의 인격자로 사는 그리스도인이 되기를 작정하고 실천하렴. 이것이 내가 네게 준 십자가의 복음이다.

- 너의 참된 이

오 늘 의 기 도

아멘 주님이시여! 저의 참된 이는 오직 그리스도 예수님이십니다. 점점 타락의 끝으로 달려가는 이 세상에서 구별된 참 신자로 살게 하소서. 예수님의 이름으로 기도합니다. 아멘.

143

정한 마음과 정직한 영으로 새롭게 하라

"하나님이여 내 속에 정한 마음을 창조하시고 내 안에 정직한 영을 새롭게 하소서" (시 51:10).

나의 사랑하는 벗 연인아, 내가 너를 얼마나 아끼고 사랑하는지, 너는 감히 짐작도 못할 것이다. 많이 많이 사랑하지.

너를 이해시키고 깨닫게 하기 위하여 온 우주 만물의 자연 세계를 펼쳐 놓았다. 사철의 계절로 변화를 주었지.

모든 식물이 움트는 봄! 상상만 해도 행복하지 않겠니. 살아계신 나의 아버지 하나님께서 네 안에 정한 마음을 창조하셨단다. 네 속에 정직한 영을 인쳐 주셨다. 아버지 안에 내가 있으니 너도 내 안에 거하렴. 그러면 나도 네 안에 거하여 함께하리라. 나의 성결한 신부로 맞게 될 사랑아, 사랑한다는 말에 몹시 기뻐 설레는구나.

오늘이 어떤 날인지 알겠지? 그래. 나라의 지도자가 세워지는 날인 것을 나도 알고 있다. 네가 살고 있는 나라가 새롭게 바로 통치되기를 기도하라. 네 영이 정직한 영으로 봄의 기운이 임하길 원한다. 내가 선택한 지도자에겐 감사히 순복하라.

-너의 정직한 영

오 늘 의 기 도

제 안에 정직한 영을 새롭게 하신 주님께 감사드립니다. 한겨울에도 주께서 지켜주셨는데, 사순절이 시작되는 이 새봄을 주시니 더욱 감사드립니다. 새 지도자를 세워 주심에 감사하며, 예수님의 이름으로 기도합니다. 아멘.

144

너는 시험에 들지 않게 깨어 기도하라

"시험에 들지 않게 깨어 기도하라 마음에는 원이로되 육신이 약하도다 하시고" (마 26:41).

지금의 시대를 잘 이겨내는 나의 참 제자로 살아가는 네가 되기를 바란다. 보고 듣는 것마다 모두 온전하더냐.

너는 시험에 들지 않게 깨어 기도하라. 네 마음은 원이로되 육신이 약하도다. 내가 겟세마네 동산에서 기도하며 절규하고 있었을 때, 함께 따라온 제자들은 졸며 잤다고 했다. 너는 예외라고 단정할 수 있는지.

현재의 지구촌 모든 나라의 상황은 어둡고 죄악으로 가득하다. 온 세상이 전염병으로 몸살을 앓고 있지 않느냐. 지진, 홍수, 가뭄, 태풍, 산불, 전쟁의 잇단 소식들이 사람들을 슬프게 하고 있는 시대이다. 이러한 때에 네가 가장 급선무로 할 일은 무엇일까. 깨어 기도해야 된다고 고백하는 네 말이 맞다. 믿음에 굳게 서서 살아계신 하나님의 말씀으로 시험을 이겨내렴. 성령의 능력으로 강건하길 바란다. 내가 네 곁에 영원히 함께하리라. 내가 너를 영원히 사랑한다.

- 너의 참 파수꾼

오 늘 의 기 도

육신이 연약한 저를 불쌍히 여겨 인도하소서. 영육 간에 깨어 말씀 안에서 기도하기를 소원합니다. 이 세대를 본받지 않는 주의 참 제자로 승리하게 하소서. 예수님의 이름으로 기도합니다. 아멘.

145

이방인들이 듣고 기뻐 영생을 얻도록 전파하라

"이방인들이 듣고 기뻐하여 하나님의 말씀을 찬송하며 영생을 주시기로 작정된 자는 다 믿더라"(행 13:48).

사랑하는 나의 제자야! 어제 수요 예배를 드리며, 너는 자못 적지 않은 충격을 받았더구나. 선교사 파송식과 함께 드리는 여전도회 헌신 예배가, 마치 네게도 도전하라는 은혜의 사명감으로 받아들여진 것으로 이해되더구나.

그렇다고 고개를 끄덕이는 네 눈빛의 진실을 내가 느꼈다. 십여 년의 세월을 본 교회에서 충성하다가 어린 두 자녀와 함께 선교사의 신분으로 떠나는 목회자 부부의 모습이 네게는 어떻게 보이더냐. 그래. 맞아. 사도 바울의 복음을 향한 열정을 그들에게서 느꼈으리라. '죽으면 죽으리라'의 결단으로 복음의 항해를 시작하는 두 분의 선교사님을 위해 기도하라. 그리고 너 또한 이 계기를 동기로 삼아 내가 네게 분부한 문서 선교 사역에 힘쓰려무나.

네가 처한 상황에서 차분하게 내가 전하는 부탁을 기쁘게 순종하렴. 때론 바울처럼 담대하게 거침없이 하나님 나라를 전파하라.

-네 항해의 등대

오늘의 기도

아멘이십니다. 주님의 말씀과 권면은 제게 꿀송이와도 같습니다. 제 인생 항해의 등대가 되시는 주 예수 그리스도시여! 파송되어 떠나시는 선교사님들을 위해 기도하리이다. 예수님의 이름으로 기도합니다. 아멘

146

너는 육체의 욕심을 버리고 성령을 따라 행하라

"내가 이르노니 너희는 성령을 따라 행하라 그리하면 육체의 욕심을 이루지 아니하리라"(갈 5:16).

"내가 누려왔던 모든 것들이, 내가 지나왔던 모든 시간이,
내가 걸어왔던 모든 순간이, 당연한 것 아니라 은혜였소.
아침 해가 뜨고 저녁의 노을, 봄의 꽃 향기와 가을의 열매,
변하는 계절의 모든 순간이, 당연한 것 아니라 은혜였소.
모든 것이 은혜 은혜 은혜 한없는 은혜,
내 삶에 당연한 건 하나도 없었던 것을, 모든 것이 은혜 은혜였소.
내가 이 땅에 태어나 사는 것, 어린아이 시절과 지금까지,
숨을 쉬며 살며 꿈을 꾸는 삶, 당연한 것 아니라 은혜였소.
내가 하나님의 자녀로 살며, 오늘 찬양하고 예배하는 삶,
복음을 전할 수 있는 축복이, 당연한 것 아니라 은혜였소."

얘야, 나의 사랑하는 자야! 〈은혜〉라는 이 찬양의 가사와 곡조가 얼마나 네게 은혜가 되더냐. 찬양 사역자의 삶이 묻어있는 진실한 간증의 고백으로, 많은 사람들이 감동의 찬양을 내게 올리고 있단다. 너도 이와 같이 영감이 살아있는 글을 쓰렴. 너는 육체의 욕심을 버리고 성령을 따라 행하라. 내가 너를 들어 쓰리라.

- 네 성령의 충만자

오 늘 의 기 도

주의 귀한 찬양 사역자로 활동하시며, 교회의 목회자로 주께 영광돌리시는 목사님의 삶을 저도 존경하며 감사드립니다. 제게도 은혜 주셔서 주님 위한 문서 선교로 일하게 하심을 감사드립니다. 예수님의 이름으로 기도합니다. 아멘.

147

너는 세상 끝날까지 나와 함께 있는 자로 살라

"누가만 나와 함께 있느니라 네가 올 때에 마가를 데리고 오라 그가 나의 일에 유익하니라"(딤후 4:11)

바울과 동행하던 사람들을 너는 얼마나 기억하고 있는지 묻고 싶구나. 데마가 있고 누가가 있었지. 그런데 데마는 세상을 사랑하여 떠나갔고, 누가만 나와 함께 있다며 자신의 위치를 밝힌 바울의 심정이 느껴지지 않겠니. 바울이 사랑하는 자가 곧 나를 사랑함이니, 누가가 바울 곁에서 남아 함께 복음 사역에 전념한다는 것은, 인간적인 바울보다 바울 안에 모시는 분, 예수 그리스도인 나를 따른다는 뜻도 된단다.

데마는 사실 바울 곁에 있었지만 인간적인 바울의 모습만 보았기에, 감옥에 있는 바울을 감당하기 힘들어서 바울과 예수님을 다 떠나는 비극을 맞이한 것이란다. 나를 떠나 사람만 의지하면 실망한 기다리게 됨을 알라. 그러니 너는 세상 끝날까지 나와 함께 있는 자로 살라. 너를 믿는다. 누가처럼 너도 내 안에서 세상을 이기며 사는 승리자가 되기를 기대한다.

- 네 안에 있는 나

오 늘 의 　기 도

주님의 말씀에 아멘으로 화답합니다. 천지가 변해도 주님을 향한 믿음이 조금도 변하지 않게 하옵소서. 누가와 같이 주 예수님 곁에만 있게 하소서. 예수님의 이름으로 기도합니다. 아멘.

148

너희는 "주여 주여 우리가 죽겠나이다" 하라

"제자들이 나아와 깨워 이르되 주여 주여 우리가 죽겠나이다 한대 예수께서 잠을 깨사 바람과 물결을 꾸짖으시니 이에 그쳐 잔잔하여지더라"(눅 8:24).

하나님의 말씀이 요나에게 임했을 때 요나는 어떻게 행동을 했는지 네가 알고 있으리라 믿는다. 여호와의 얼굴을 피하려고 다시스로 도망하려 했지. "너는 일어나 저 큰 성읍 니느웨로 가서 외치라."라고 여호와께서 말씀하셨지만, 요나의 선입견에는 앗수르의 수도인 니느웨가 싫었던 것이다. 요나는 큰 폭풍이 일어나 배가 깨지게 되었을 때도 배 밑층에 내려가 깊이 잠들어 있었다고 했다. 자신을 들어 바다에 던지라고 요나가 무리에게 요청한 결과, 요나는 큰 물고기 뱃속에서 회개의 기도로 부르짖게 되지. 여호와의 은총으로 살아난 요나의 모습을 너는 기억하라.

내가 어느 날 제자들과 함께 갈릴리 호수 저편으로 행선할 때였지. 그때 마침 광풍이 호수로 내리쳐 배에 물이 가득했었단다. 나는 마침 잠들어 있었지. 제자들이 나를 깨우며 우리가 죽게 되었다고 했을 때, 나는 일어나 바람과 물결을 꾸짖어 호수가 잔잔해졌단다. 사랑하는 나의 제자야, 시험이 무섭냐? 너희는 "주여 주여 우리가 죽겠나이다" 하라.

- 너의 치유자

오 늘 의 기 도

요나의 모습에서 저의 모습을 보았습니다. 불순종자, 도피자, 원망자의 탈을 쓴 저의 죄과를 회개하오니 용서하소서. 요나의 회개로 다시 일어선 것처럼 제게도 역사하소서. 예수님의 이름으로 기도합니다. 아멘.

149

목자 되시는 하나님만으로 너는 만족하며 살라

"여호와는 나의 목자시니 내게 부족함이 없으리로다"(시 23:1).

내 앞에서 작정한 기도의 제목을 지키려 하는 너의 그 진정한 마음을 내가 읽었단다. 그 결과로 금요 기도회 시간에 함께 통성으로 기도한 보람이 영적인 충만함으로 넘쳐났다고 나는 믿거든. 곡조 있는 기도이기도 한 찬송과 복음성가의 가사와 곡조마다 어찌 그리 나의 심금을 녹이는지 모르겠다.

나의 사랑하는 자야, 오늘 밤 너는 복음성가의 한 부분에서 눈물을 흘리더구나. "나 무엇과도 주님을 바꾸지 않으리. 다른 어떤 은혜 구하지 않으리"라는 찬양을 부르면서 너의 안경 아래로 떨어지는 흐느낌의 눈물에 내 맘도 찡해져 오는 감동을 받았단다. 슬퍼서가 아니라 네가 나를 그 어떤 것과도 바꾸지 않겠다는 결단에, 내가 어찌 무덤덤하겠느냐.

그래. 고맙다! 이 세상의 어떠한 유혹이 와도 끝끝내 이기는 십자가의 군사가 되렴. 목자 되시는 하나님만으로 너는 만족하며 살라.

- 너의 참 목자

오 늘 의 기 도

저의 간절한 기도와 찬양에 응답해 주시는 주님의 신실하심을 감사드립니다. 이 생명이 영벌의 죄악에서 구원 받아 영생의 자녀됨이 무한 영광입니다. 예수님의 이름으로 기도합니다. 아멘.

150

너는 우로나 좌로나 치우치지 말라 그리하면 형통하리라

"오직 강하고 극히 담대하여 나의 종 모세가 네게 명령한 그 율법을 다 지켜 행하고 우로나 좌로나 치우치지 말라 그리하면 어디로 가든지 형통하리니"(수 1:7).

애야, 너는 옳고 그름의 기준이 어디에 있다고 말할 수 있겠느냐. 이 기준이 분명하지 않게 되면 사람들의 갈등 문제는 더욱 심화되고 만다는 사실을 알아야 한단다. 네가 이미 맞는 대답을 하려 하고 있구나. 그래. 오직 하나님의 말씀으로 옳고 그름의 기준을 삼아야 하느니라.

너는 이 어지러운 세상에서 나의 참뜻이 무엇인지를 잘 구별하는 영적 분별의 사람이 되기를 바란다.

새로운 정치 지도자로 전환된 이 시점에서, 너는 이념 논쟁의 극단적인 이념주의에 빠져 서로를 비방하는 죄를 범치 않기를 원한다. 무엇보다도 그리스도인이 된 너희는 사탄의 계략을 잘 분별하는 지혜자로 살아야 되리라. 모세가 지켰던 율법의 말씀을 온전히 지킨 여호수아의 신실한 순종의 믿음을 본받으렴. 그리하면 네가 어디에서 무엇을 하든지 형통하리라. 너의 지혜로운 선택에 내가 함께하리라.

\- 네 형통의 근원자

오 늘 의 기 도

오늘 제가 살아있음에 주님께 무한 감사를 올립니다. 이 험한 세상에 살고 있지만 좌로나 우로나 치우치지 않게 하소서. 주님의 말씀이 삶의 등대가 되어 길이 되게 하시는 예수님의 이름으로 기도합니다. 아멘.

151

성령 충만의 기도로 힘입어 주의 말씀을 전하라

"빌기를 다하매 모인 곳이 진동하더니 무리가 다 성령이 충만하여 담대히 하나님의 말씀을 전하니라"(행 4:31).

'때를 얻든지 못 얻든지'의 복음성가를 내가 들으며, 내 마음이 든든했단다. 곡조 있는 기도가 찬양이라 말하지. 어젯밤의 '전도세미나' 말씀도 은혜로운 경험의 전도 간증으로 깊이 있게 들었단다.

그렇다면 너의 할 일이 무엇이겠느냐. 나의 몸 된 교회가 해마다 연중행사로 개최하는 부활절과 추수감사절의 '전도초청축제'는 내가 내심 기뻐하는 일이지. 그만큼 한 생명의 영혼을 소중히 여기는 잔치이니 말이다. 꼭 본 교회에 등록하지 않아도, 이슬비에 조금씩 옷이 젖듯이 복음의 씨앗이 초청 받은 자의 심령에 움 돋을 날이 다가올 테니까 말이다. 네가 연락한 세 사람이 있더구나. 한 분은 연락이 두절되었지만, 그 두 사람은 꼭 그 초청의 날에 참석하기를 나도 기대한다. 이제 며칠 안 남았으니 더욱 깨어 성령 충만의 기도로 내게 간구하렴. 복음의 가장 큰 복이 영혼 구원의 복임을 알라.

- 네 간구의 응답자

오 늘 의 기 도

저의 행실을 낱낱이 헤아려 감찰하시는 주 성령님의 은혜가 놀랍고, 그저 감사밖에 없나이다. 돌아오는 부활 주일에는 제가 찜한 영혼 두 분이 결실 맺고 기뻐하게 하소서. 예수님의 이름으로 기도합니다. 아멘.

152

만일 누가 무슨 말을 하거든 주가 쓰시겠다 하라

"만일 누가 무슨 말을 하거든 주가 쓰시겠다 하라 그리하면 즉시 보내리라 하시니"(마 21:3).

너의 삶에 있어서 네가 내게 쓰임 받는 일보다 더 소중한 일이 무엇이 있겠느냐. 너는 아버지 하나님께서 쓰시겠다 하시면, 드려질 자세가 되어져야 한다. 언제 어디서든지 말이다. 내가 아버지 하나님께 온전히 쓰임 받은 것처럼, 너도 내게 기쁨으로 쓰임 받는 자 되기를 소원하마.

네 몸을 하나님이 기뻐하시는 거룩한 산 제물로 드리라. 이러한 헌신의 삶이 곧 영적 예배가 됨이라. 이 세대를 본받지 않는 신실한 영적 분별의 그리스도인으로 거듭나기를 기대하마.

나귀 새끼를 생각하라. 그 등에 탄 내게 "호산나 다윗의 자손이여!" 하던 무리들을 생각하라. 예루살렘에 입성한 나를 생각하라. 내가 성전을 깨끗하게 하며 "내 집은 기도하는 집이라." 했다. 주의 성전이 강도의 소굴이 되어선 안 된다. 얘야, 네 몸도 성전임을 잊지 말렴. 매 순간 기도와 말씀으로 성결케 되기를 바란다. 세상 끝날까지 내게 쓰임 받는 나의 참 제자로 살라.

- 너의 참 예배자

오 늘 의 기 도

아멘! 호산나 찬송을 받으소서. 어린 나귀 새끼가 주님께 쓰임 받은 것처럼, 저도 주님께 온전히 쓰임 받는 자 되게 하소서. 제 몸이 주의 전 되어 정결하게 하소서. 예수님의 이름으로 기도합니다. 아멘.

153

너는 선을 행함으로 받는 고난을 참아내라

"죄가 있어 매를 맞고 참으면 무슨 칭찬이 있으리요 그러나 선을 행함으로 고난을 받고 참으면 이는 하나님 앞에 아름다우니라"(벧전 2:20).

나의 사랑하는 제자이자 친구인 네가 아니더냐. 자석 받침대가 있는 아주 작은 나무 십자가 조각품을 꼭 쥐고 있구나. 그게 그렇게도 소중하더냐.

보통 사람들이 멋을 내는 액세서리 정도의 의미가 아닌 것을 내가 안다. 그래. 네가 우상을 섬기는 외형적인 정성이 아니라는 것! 내가 네 죄를 위해 갈보리 언덕에서 그 나무 십자가에 달려 보혈을 흘렸지. 나의 머리에 쓴 가시 면류관, 나의 양팔의 두 손에 박힌 대못, 그리고 나의 양쪽 발에 박혀진 녹슨 대못의 절규. 그뿐이겠느냐.

나의 등과 허리, 옆구리에 찔린 창 자욱들…. 환아! 네가 자못 나의 고난에 동참하는 아픔을 감지하고 있음을 알았다. 나무 십자가를 쥔 네 손바닥에서 전율을 체험하다니…. 선을 행함으로 받는 고난은 주 앞에 아름다우니라.

- 네 고난의 완성자

오 늘 의 기 도

신실하신 저의 주 그리스도시여! 이 작은 나무 십자가를 곁에 두고, 저의 죄를 대신하여 지고 가신 십자가의 갈보리 언덕을 회상하겠습니다. 골고다에서 보혈을 흘리신 예수님의 이름으로 기도합니다. 아멘.

154

내가 채찍에 맞음으로 너는 나음을 얻었다

"친히 나무에 달려 그 몸으로 우리 죄를 담당하셨으니 이는 우리로 죄에 대하여 죽고 의에 대하여 살게 하려 하심이라 그가 채찍에 맞음으로 너희는 나음을 얻었나니"(벧전 2:24).

어젯밤의 성금요일 예배를 내가 지켜보았다. 그리고 고난주간을 맞는 너의 자세와 금식 기도 등을 다 살펴보았단다.

너희를 위한 내 몸을 기념하는 성만찬의 예식! 나의 십자가 고난을 '칸타타'로 찬양하는 찬양대! "너희는 이를 행하여 나를 기념하라"는 나의 소원대로 겸손히 순종하는 모습을 바라보았지. 바라기는 이 진실된 삶이 중단되지 않는 삶이 되기를 진정 원하노라. 그러므로 너희의 영혼을 혼탁하게 하는 죄악과 육신의 질병들, 그 마음의 깊은 상처까지도 온전히 치유 받고 구원 받기를 간절히 원하는 나인 것을 알려무나.

부활 주일을 앞두고 행하는 '세 이레 특별기도회'의 말씀에, 너는 얼마나 은혜가 되었는지 알고 싶구나. 특히 어제 하루의 낮 시간인 금식 기도 시간에 '예수, 그의 생애'란 영상을 진지하게 시청하는 자세에서 너의 진심을 보았단다. 내가 채찍에 맞음으로 너는 나음을 얻었다. 하나님 아버지의 뜻 안에서 나는 친히 나무에 달려 너희 죄를 담당했다. 너희 죄가 죽고 의에 대하여 살게 함이라.

- 네 죄의 구원자

오 늘 의 기 도

무덤에서 부활을 준비하시는 저의 참 생명의 구원자 예수 그리스도시여! 내일의 부활 주일은 저의 날입니다. 우리 모두의 날입니다. 죄인에서 의인으로 칭함 받게 해주시는 예수님의 이름으로 기도합니다. 아멘.

155

너는 네 이웃을 억압하거나 착취하지 말라

"너는 네 이웃을 억압하지 말며 착취하지 말며 품꾼의 삯을 아침까지 밤새도록 네게 두지 말며"(레 19:13).

내 아버지 하나님의 거룩하심 때문에, 그 거룩을 네가 덧입게 되는 것이리라. 거룩의 진정한 완성은 공동체 속에서 이루어진단다. 화목이란 이웃과의 나눔을 의미하지.

그동안 네가 살아오면서 네 이웃을 억압한 일이 있었을 것이다. 그 이웃의 것을 착취하여 빼앗지는 않았는지 말이다. 행동과 함께 마음으로라도 갖는 욕심은 없었느냐.

내가 너의 어린 시절을 기억해 냈구나. 그래. 맞아! 초등학교 시절의 어느 날 너는 제법 부자인 척하려고 또래 친구들에게 잘난 척을 했었지. 때론 괴롭히기도 하고 말이야. 하지만 내 안에서 네가 선하고 바르게 자라나면서, 나의 인격을 닮아가는 모습을 보았단다. 지금은 오히려 하나님 안에서의 구별된 거룩함을 이루어 가려는 너를 발견하게 된단다. 보통 이 세상은 이웃을 해치고 약한 자들을 무시하지. 너는 더욱 내 안에서 거룩한 자로 살라.

- 네 이웃의 보호자

오 늘 의 기 도

저를 위해 대신 십자가를 지시고, 또한 저를 위해 부활하신 주 예수님의 은혜를 무엇으로 갚으리까. 제 영혼과 육신의 장애를 구원해 주셨나이다. 이웃의 보호자 되시는 예수님의 이름으로 기도합니다. 아멘.

156

너는 내 영광의 관을 얻기 위해 양 무리의 본이 되어라

"맡은 자들에게 주장하는 자세를 하지 말고 양 무리의 본이 되라"(벧전 5:3).

환아, 너의 예배 자세와, 말씀을 듣고 노트에 기록하는 태도를 내가 세심히 살펴보았단다.

다르더구나. 습관적이라기보다 진지한 모습으로 경청하며 예배에 임하는 그 마음가짐에 내가 칭찬하고 싶구나.

그 이유가 어디에 있다고 생각하는지 나는 익히 알고 있지. 그래. 너의 자세는 모든 교회의 성도들에게 본이 되는 자세라고 인정하고 싶구나. 맡은 자들에게 주장하는 자세가 아닌 양 무리의 본이 되는 자세가 내가 원하는 생각이란다. 그런 의미에서 볼 때 네가 한 주간에 두세 편의 말씀을 중심으로 작성하는 원고의 글이, 얼마나 소중한 영적 습관인지를 알려무나. 기쁨으로 행하렴.

이 모두가 너의 생각을 뛰어넘는 나의 지혜로부터 온 것임을 깨달아 알렴. 나의 사랑하는 자녀야, 매 순간 내가 너와 함께하리니, 너는 내 영광의 관을 얻기 위해 양 무리의 본이 되어라.

- 너의 참 목자장

오 늘 의 기 도

어제나 오늘, 내일도 영원토록 동일하신 주 하나님께 감사드립니다. 성자 예수님께 감사드립니다. 성령님의 임재하심을 무한 감사드립니다. 저의 부족한 글을 받아주시는 주 예수님의 이름으로 기도합니다. 아멘.

157

사람의 행위가 성결해도 여호와는 심령을 감찰한다

"사람의 행위가 자기 보기에는 모두 깨끗하여도 여호와는 심령을 감찰하시느니라" (잠 16:2).

'하나님의 퍼즐'이란 제목의 말씀에 자못 감동으로 은혜 받는 너의 모습을 보았지. 인간은 모든 것에 계획을 세우고 계산까지 하고 있다는 것. 그러나 여호와 하나님은 인간의 계획과 계산을 뛰어넘는 구원자라는 것을 깨달았으리라 믿는다. 우리 한 사람이 하나님의 퍼즐 조각이란다.

어린 시절에 네가 조각을 맞춰가며 퍼즐 놀이로 기뻐한 때를 내가 알고 있단다. 어쩌다 한 조각이라도 없어져 찾지 못하면, 그 그림판은 미완성 작품으로 남는 것이었지. 퍼즐은 각자의 자리가 다 있기 때문이란다.

하나님의 퍼즐을 생각해 보려무나. 이미 구상해 놓으신 하나님의 퍼즐이 주는 교훈을 살펴보고 싶구나. 하나님은 이미 계획된 구원의 길로 인도하신단다. 그리고 하나님은 인생의 그 모든 조각을 버리지 않고 다 사용하신단다. 그러므로 모든 것을 합력하여 선을 이루시는 분이 하나님이심을 잊지 말라. 네 안의 퍼즐 되시는 주님이 사람의 행위보다 심령을 감찰하심을 명심하렴.

- 네 안의 퍼즐

오늘의 기도

아멘이십니다. 사람의 행위가 깨끗하다 하여도 아버지 하나님은 그 사람의 심령을 감찰하신다는 것을 명심하고 순종하게 하옵소서. 하나님의 퍼즐 안에서 사명 감당케 하소서. 예수님의 이름으로 기도합니다. 아멘.

158

각처에서 그리스도를 아는 냄새를 발하며 살라

"항상 우리를 그리스도 안에서 이기게 하시고 우리로 말미암아 각처에서 그리스도를 아는 냄새를 나타내시는 하나님께 감사하노라"(고후 2:14).

그리스도의 향기가 곧 네 존재의 모습인 것을 아느냐. 어젯밤의 금요 치유 집회에서의 말씀이 가슴에 와닿는 너의 심령을 내가 헤아렸노라. 이젠 생활에 적용해야 하리라.

그리스도인 내 안에서 이기는 삶, 이 삶이 바로 각처에서 그리스도를 아는 냄새를 발하는 삶이라고 말하고 싶단다. 네 자신을 낮추고 주님 앞에서 온전한 희생의 제물이 되는 것이, 바로 내가 네게 본을 보인 그리스도의 향기로운 냄새인 화제가 아닐까 싶다.

얘야, 진정한 그리스도의 향기가 나는 삶은 자기 부인의 삶이란다. 그리고 우직하게 자기 자리를 지키는 삶이지. 또한 나를 닮아가는 향기의 삶은 우회의 힘으로 일하는 것이란다. 다시 말해서 직접 겉으로 드러나지는 않지만, 간접적으로 풍겨오는 은은한 향기를 의미하지. 복음을 전달할 때도 그 내용이 중요하나 전달력도 중요함을 알려무나. 너는 복음의 꽃을 심는 자로 살렴.

- 네 안의 향기

오 늘 의 기 도

어느 누가 알아주지 않아도 주님이 가장 먼저 알아주시니 무한 감사드립니다. 이 복음의 말씀 씨앗을 받아 심어 가게 하심을 감사드립니다. 제 일생에 그리스도의 향기로 살게 하소서. 예수님의 이름으로 기도합니다. 아멘.

159

너희가 부족하지 않도록 인내를 온전히 이루라

"인내를 온전히 이루라 이는 너희로 온전하고 구비하여 조금도 부족함이 없게 하려 함이라"(약 1:4).

5월을 흔히 가정의 달이라고 말들을 하지. 어린이날이 있고 어버이날도 있으며, 스승의 날이 있는가 하면 부부의 날도 있더구나.

환아, 옛날 생각이 나서 네 감정이 잠시 흔들려 있었구나. 그래. 덧없는 세월이 너의 젊고 어린 나이의 시절들을 빼앗아 간 느낌이 들겠지. 내가 십분 이해한다.

그래도 너를 막내딸로 출산한 너의 어머니는 너를 많이도 사랑하고 예뻐하였지. 너의 단발머리 위로 가득히 자리잡은 커다란 붉은 리본이 어머니가 사주신 선물이라는 것, 먹을 것만 생기면 속주머니 속의 옷핀을 열고 네 입에 넣어 주신 어머니 생각이 왜 안 나겠니. 하지만 그 가난했던 고난의 어린 시절의 과정이 너를 믿음의 인내자로 훈련 시켜 왔다고 나는 믿거든. 조금도 부족함이 없는 나의 제자로 온전하렴.

- 네 인내의 완성자

오 늘 의 기 도

신실하신 주님 앞에 서 있는 저는 언제나 어린이입니다. 젊음이 지나간 이 나이에도 저는 항상 주님 앞에선 아이입니다. 인내를 배우게 하소서. 예수님의 이름으로 기도합니다. 아멘.

160

분쟁이 없이 같은 말, 같은 마음, 같은 뜻을 가지라

"형제들아 내가 우리 주 예수 그리스도의 이름으로 너희를 권하노니 모두가 같은 말을 하고 너희 가운데 분쟁이 없이 같은 마음과 같은 뜻으로 온전히 합하라" (고전 1:10).

'비폭력 대화'의 참 의미에 대하여 너는 얼마나 깊은 이해를 갖게 되었는지 알고 싶구나.

너희 마음 안에서의 폭력이 가라앉고, 다른 사람들과 연민의 마음으로 유대 관계를 맺는 것이 내가 너희에게 진정으로 바라는 바가 아니겠느냐.

서로 큰 소리 내어 비난, 정죄하는 것이 아니라 피차가 서로 불쌍히 여기는 마음을 품어야 하겠지. 그리하여 너희 자신을 더 깊이 이해하는 데 도움이 되는 구체적인 대화 방법이 곧 '비폭력 대화'라 한단다. 관찰, 느낌, 욕구, 부탁의 단계로 솔직하게 말하기와. 공감으로 듣기 훈련을 통하여, 평화적인 해결책을 찾아 나가는 것을 보게 된다고 하지. 바로 분쟁이 없이 같은 말, 같은 마음, 같은 뜻을 가지고 온전히 합하라는 것이 하나님의 뜻이요 나의 뜻임을 알렴.

\- 네 평화의 왕

오 늘 의 기 도

귀한 세미나의 시간을 통하여 가정의 화목과 이웃과의 평화로운 유대 관계를 배우게 하신 주님께 무한 감사를 올립니다. 배운대로 실천케 하소서. 예수님의 이름으로 기도합니다. 아멘.

161

네 부모를 공경하면 이 땅에서 네 생명이 길리라

"네 부모를 공경하라 그리하면 네 하나님 여호와가 네게 준 땅에서 네 생명이 길리라"(출 20:12).

내가 변함없이 사랑하고 아끼는 자여! 너는 내 보혈의 은혜로 낳은 내 아버지 하나님의 신실한 딸이란다.

5월의 어버이 주일을 맞게 되니, 너의 지나간 어린 시절의 추억들이 생각나서 그리워하는 네 모습에, 내 마음도 찡하구나. 너의 부모님은 지금 이 땅에 안 계시지.

더 안전하고 영원한 생명의 천국에서 영광을 누리는 어버이의 그 길을 너도 앙망하며 성실히 달려가려무나. 그곳엔 성 삼위일체의 하나님이 함께하시지 않느냐. 그러므로 너는 내가 부를 때까지 네 생명을 귀히 여겨 남은 사명에 충실하렴. 네 육신의 부모님처럼 너의 이웃에 있는 연로한 분들에게 내 사랑을 끊임없이 심어주길 소원한다. 여호와 하나님의 대리자가 부모라고도 한단다. 너의 두 딸들에게 네가 노년에 적지 않은 효도를 받는 것이 우연이 아니란다. 내가 네게 준 상급이니, 너는 내게 감사하라.

- 네 생명의 은인

오 늘 의　기 도

나오미를 향한 룻의 효성을 말씀 속에서 다시 깨우치게 하심을 감사드립니다. 제가 신앙의 유산을 어머니께 받게 됨이 주님의 섭리임을 믿습니다. 저의 자녀들도 신앙을 이어받았나이다. 감사하며 예수님의 이름으로 기도합니다. 아멘.

162

너는 요셉처럼 지혜로운 자로 살라

"요셉에게 이르되 하나님이 이 모든 것을 네게 보이셨으니 너와 같이 명철하고 지혜 있는 자가 없도다"(창 41:39).

꿈꾸는 소년 요셉의 일생을 생각해 보았느냐. 아버지 야곱의 사랑을 한몸에 받았던 어린 시절의 요셉! 한편 형제들의 시기와 미움도 많이 받았지.

결국엔 하나님 아버지께서 요셉과 함께하시는 형통의 복으로 애굽의 총리가 되는 역사를 이루었단다. 너 하나님의 사람 나의 제자야! 너도 이와 같이 요셉처럼 영적인 축복의 꿈꾸는 자로 살고 싶지 않느냐. 나이 탓을 하지 말렴. 나는 중심을 본단다.

요셉은 샘 곁의 무성한 가지가 되어 그 가지가 담을 넘었다고 했다. 사시사철 샘물이 넘쳐 흐르고, 물 댄 동산의 푸른 나무들이 시새워 자라나 과실을 맺는 곳을 상상해 보렴. 내가 네 샘의 원천자란다. 내가 너를 온전히 치유하리라. 네 영혼과 육신의 병든 곳마다 나의 손끝이 터치되리니, 너는 오직 믿음으로 나만 바라보렴.

- 네 복의 근원자

오 늘 의 기 도

아멘! 제가 주님의 말씀을 믿고 의지합니다. 주 예수 그리스도의 은혜로 제가 새 생명을 입었나니, 제 영혼의 샘터는 주님밖에 없습니다. 감사드리며 예수님의 이름으로 기도합니다. 아멘.

163

너는 악을 악으로 갚지 말고 도리어 복을 빌라

"악을 악으로, 욕을 욕으로 갚지 말고 도리어 복을 빌라 이를 위하여 너희가 부르심을 받았으니 이는 복을 이어받게 하려 하심이라"(벧전 3:9).

선으로 악을 이기라. 생명을 사랑하고 좋은 날 보기를 원하는 자는 혀를 금하여 악한 말을 그치라.

그 입술로 거짓을 말하지 말라. 악에서 떠나 선을 행하고 화평을 구하라.

주의 눈은 의인을 향하시고 의인의 간구에 귀를 기울이신다. 그러므로 주의 얼굴은 악행하는 자들을 대하신다.

이 베드로전서에 있는 말씀에 너는 얼마나 지키기를 소원하며 기도하는지 알고 싶구나. 선을 위한 고난의 과정이 따라야 함을 가르쳐 실천하게 하는 보배로운 말씀이란다. 특히 너희 그리스도인들은 다 마음을 같이하여 동정하고, 형제를 사랑하며 불쌍히 여기는 겸손함이 있어야 하겠지. 얘야, 너는 악을 악으로 갚지 말고 도리어 복을 빌라. 이는 네게도 복을 이어받게 함이라.

- 네 복의 창조자

오 늘 의 기 도

주옥같은 은혜의 말씀으로 제게 교훈시켜 주시는 주 성령님께 무한 감사드립니다. 선으로 악을 이기는 복의 사람으로 인쳐 주소서. 언제나 의인을 향하시는 예수님의 이름으로 기도합니다. 아멘.

164

내가 십 명으로 말미암아 멸하지 아니하리라

"아브라함이 또 이르되 주는 노하지 마옵소서 내가 이번만 더 아뢰리이다 거기서 십 명을 찾으시면 어찌 하려 하시나이까 이르시되 내가 십 명으로 말미암아 멸하지 아니하리라"(창 18:32).

소돔과 고모라의 죄악이 심히 크고 무거울 때, 아브라함은 여호와 하나님 앞에 서서 간청을 하게 되지. 필경은 멸망할 수 밖에 없는 소돔과 고모라 성! 아브라함은 여섯 번씩이나 하나님과 대면하여 협상을 하게 된단다.

너는 이 끈기가 넘치는 중보적 간구를 토하는 아브라함의 열정에 감동이 안 되느냐. 의인과 악인을 함께 멸하지 말아 달라는 청원의 부르짖음 속에서, 아브라함은 의인 50명부터 45명, 40명, 30명, 20명, 10명의 단계까지 내려가며 하나님께 여쭙기를 계속하지 않았느냐.

주께서는 의인 십 명만 찾아도 그 성을 멸하지 않는다고 말씀하셨다. 중보적 기도란 도움이 필요한 공동체나 개인을 위한 간절한 기도를 하는 것이라고 하지. 얘야, 너는 얼마나 중보적 기도에 헌신하느냐. 중보적 기도자가 되려면 사랑과 믿음, 끈기가 따라야 한다. 아브라함처럼 말이야. 네 기도의 중보자인 나를 닮으렴.

- 네 기도의 중보자

오 늘 의 기 도

성경 말씀을 묵상하며 우리 믿음의 조상인 아브라함의 끈질긴 중보적 기도와 간구에 감동이 되었습니다. 저도 주님께 기도하되 절대적 믿음으로 부르짖게 하소서. 예수님의 이름으로 기도합니다. 아멘.

165

네가 여호와의 말씀을 청종하면 복이 네게 임하리라

"네가 네 하나님 여호와의 말씀을 청종하면 이 모든 복이 네게 임하며 네게 이르리니"(신 28:2).

하나님의 말씀을 삼가 순종하는 자가 받을 복과, 악행으로 여호와 하나님의 말씀에 불순종하는 자가 받게 되는 책망과 저주의 말씀들이 신명기 28장에 구체적으로 나열되어 있단다.

나의 사랑하는 제자 환아, 기억나지 않니?

너의 삼십 대 전후의 시절이었지. 주님의 참뜻을 찾기 위해 몸부림을 쳤던 너의 영적인 과도기! 끝내 너는 복의 주인공이 되기 위해 네 자신을 시험하기도 했지.

온 세계 민족 위에 뛰어난 존재가 되게 해달라고 말이야. 그런데 지금 너의 살아온 날들을 뒤돌아보면 무슨 생각이 드는지 알고 싶구나. 외형적으로 나타나 모든 사람의 부러움을 사는 자보다, 참된 영혼의 자족하는 평안의 삶이 참된 복의 사람이라 믿는 네가 자랑스럽구나. 주의 뜻이라면 복종하겠다는 겸손의 청종이, 진정 네게 복이 됨이라.

- 네 복의 샘터

오 늘 의 기 도

참된 행복의 소유자가 되기 위해 무엇보다 주의 말씀에 순종하는 자세로 이끌어 주신 주 성령님께 감사를 드립니다. 복된 가정에서 자녀들과 함께 사랑 안에 살게 하시는 예수님의 이름으로 기도합니다. 아멘.

166

너와 네 온 집은 노아처럼 방주로 들어가라

"여호와께서 노아에게 이르시되 너와 네 온 집은 방주로 들어가라 이 세대에서 네가 내 앞에 의로움을 내가 보았음이니라"(창 7:1).

비도 내리지 않고 태양은 온 세상을 삼킬 듯 뜨겁게 타오르는 모습을 너는 상상해 보았는지….

노아가 여호와 하나님의 명을 받아 방주를 만들 때가 그랬다. 오랜 시간을 인내와 겸손함으로 오직 아버지 하나님 생각으로만 살아갔던 그의 믿음을, 너는 얼마나 따르고 존경하느냐 말이다.

나의 신부로 맞게 될 내 사랑 환아! 이렇게 다정히 너를 부르면 어떤 느낌이 드는지 알고 싶단다. 그래. 이보다 더한 사랑의 행복은 없겠지. 그러니 이 시대를 살면서 당하는 크고 작은 고난들로 마음 상치 말라. 나의 뜻대로 방주 짓기를 완성한 노아에게 의로움의 상급으로, 그와 그의 온 집이 구원의 방주로 들어갔느니라. 너의 가족도 노아의 가족처럼 지금 구원의 방주로 들어가고 있단다. 조금도 염려 말렴. 너의 가족은 천국의 시민들이다.

- 네 구원의 방주

오 늘 의 기 도

어제나 오늘, 내일의 영원까지 저와 저의 가족에게 구원의 방주로 인도하시는 삼위일체의 하나님께 무한 감사를 드립니다. 나그네 인생 길에서 새 힘 주시는 예수님의 이름으로 기도합니다. 아멘.

167

너는 그리스도 안에서의 한 몸 된 지체로 살라

"이와 같이 우리 많은 사람이 그리스도 안에서 한 몸이 되어 서로 지체가 되었느니라"(롬 12:5).

그리스도인의 삶에 대한 말씀에서, 산 제물이 되라는 말씀을 네가 무겁게 받아들이는 경향이 있더구나.

내 안에서의 전인격적인 삶을 죽은 제물이 아닌 산 제물이라 말할 수 있겠지. 막중한 책임이 따르겠지. 이는 그리스도의 복음에 합당하게 생활하라는 의미란다. 사랑하는 나의 자녀야, 하나님이 기뻐하시는 그리스도인의 삶은 영적인 삶이란다. 그리고 분별의 삶이기도 하단다. 우리 많은 사람이 그리스도 안에서 한 몸이 되어 서로 지체가 되었지.

그리스도인의 삶은 또한 공동체의 삶을 의미한단다. 협력의 삶으로 피차 주어진 달란트의 은사를 찾아 눈과 코, 입과 귀, 손과 발의 역할을 충실하게 감당하게 되지. 얘야, 너의 은사는 무엇인지 잘 알고 있겠지. 감사하며 순종하렴. 너는 그리스도 안에서의 한 몸 된 지체로 살라.

- 네 지체의 한 몸

오 늘 의 기 도

신실하신 아버지 하나님이시여! 공동체의 삶인 아파트에 살면서 제가 주님 안에서의 한 몸 된 지체로 살아가고 있음을 더욱 깨달았나이다. 긍정적 협력의 삶을 이루게 하시는 예수님의 이름으로 기도합니다. 아멘.

168

묵시가 없으면 방자히 행하니 너는 복되게 살라

"묵시가 없으면 백성이 방자히 행하거니와 율법을 지키는 자는 복이 있느니라" (잠 29:18).

'묵시가 없으면 방자히 행한다'란 말의 진정한 의미를 너는 알고 있는지 묻고 싶구나.

하나님의 비전인 꿈이 없는 개인이나 공동체, 백성은 방탕하고 타락하게 된다는 뜻이지.

하나님으로부터 나오는 말씀의 율법이 드러나지 않으면, 사람들은 허둥지둥 제멋대로의 삶을 살게 된단다. 방황하게 되는 규모 없는 생활을 일삼기 때문에, 참다운 복의 주인공이 되기 위해서 꿈이 있는 존재로 살라는 것이리라. 여호와를 경외함이 복이 된다고 했다. 나의 사랑 환아, 젊은 사람만 비전과 꿈이 있다고 여기지 말렴. 노년의 사람에게도 이상과 꿈은 여전히 존재한단다. 내 안에서의 너희는 그저 사랑스런 자녀이기 때문이란다. 매 순간 묵시가 넘치는 자로 살라.

- 네 꿈의 정상

오 늘 의 기 도

저희 가정의 참 주인은 주 예수 그리스도이십니다. 제 꿈의 정상이 되시는 주 안에서만 저는 온전한 진리의 길을 걷게 됩니다. 참된 묵시로 꿈꾸게 하시는 예수님의 이름으로 기도합니다. 아멘.

169

너는 오직 여호와를 경외함으로 칭찬을 받으라

"고운 것도 거짓되고 아름다운 것도 헛되나 오직 여호와를 경외하는 여자는 칭찬을 받을 것이라"(잠 31:30).

매일 새벽마다 잠언의 말씀을 한 자 한 자 묵상하며 마음판에 새기는 너의 그 습관을 칭찬하고 싶구나.

이 세상을 살아가면서 고운 것도 거짓되고 아름다운 것도 헛되다 했다. 오직 여호와를 경외하는 여자는 칭찬을 받을 것이라 했다.

나의 자녀, 나의 제자야, 벌써 봄은 사라져 가려 하는구나. 여름의 싱그러움이 저 넝쿨장미꽃을 보면서 느끼게 되지. 이마에 맺힌 땀방울을 씻겨 주는 시원한 바람이 그리운 계절에도 나와 매 순간 함께 보내자꾸나. 참 행복은 이런 것이 아니겠니.

너의 기도하는 모습, 찬양하는 모습, 예배하는 모습은 언제 보아도 내 마음이 기쁘단다. 조금 전에 멀리 있는 너의 친족들에게 통화로 안부하고 기도해 주는 목소리를 내가 들었다. 그래. 세상 끝날까지 칭찬받는 자로 살렴.

- 너의 참 경외자

오 늘 의 기 도

신실하신 아버지 하나님께 감사드립니다. 제게 귀한 말씀 주시고 매 순간 기도할 수 있는 은혜 주심이 어찌 감사한지요. 제게 칭찬해 주시니 더욱 주께 잘하고 싶습니다. 예수님의 이름으로 기도합니다. 아멘.

170

일곱 번뿐 아니라 일곱 번을 일흔 번까지라도 용서하라

"예수께서 이르시되 네게 이르노니 일곱 번뿐 아니라 일곱 번을 일흔 번까지라도 할지니라"(마 18:22).

네게 손해를 입힌 사람을 원수라고 부르기도 하겠지. 성경의 요셉도 사실 형들이 원수라 해도 과언이 아닐 거야. 너에게도 이렇게 원수 같은 사람들이 지난날엔 많이 있었지. 지금은 유명을 달리한 사람도 있지만, 네 자신이 변화된 것이라고 나는 생각하거든.

요셉이 형들에 의해 구덩이에 떨어졌지. 결국 애굽에 팔려 나갔지만, 결과는 총리가 되는 영광의 자리까지 오르지 않았겠니.

형들이 용서를 구하는 장면에서, 그는 오히려 잘못을 묻기보다 위로하는 자가 되었단다. 기적의 역사이지.

하나님 아버지는 너희를 용서해 주시기 위해 독생자인 나를 십자가에 못 박게 하셨다. 구원은 곧 용서의 선물이란다. 너는 친히 원수를 갚지 말고 내게 맡기렴. 나의 사람아, 내가 네게 부탁한다. 원수는 일곱 번뿐 아니라 일곱 번을 일흔 번까지라도 용서하라. 이것이 하나님의 무한대의 사랑이다. 내가 행한 무한대의 용서다.

- 네 구원의 용서인

오 늘 의 기 도

원수 같은 사람을 용서함으로 제게 자유함을 입혀 주신 주 예수님께 감사와 영광을 돌립니다. 그 무한대의 사랑을 용서로 갚아주는 성령의 사람이 되게 하소서. 예수님의 이름으로 기도합니다. 아멘.

171

너는 오직 성령으로 충만하고 성령을 소멸치 말라

"술 취하지 말라 이는 방탕한 것이니 오직 성령으로 충만함을 받으라"(엡 5:18).

"주님의 성령 지금 이 곳에 임하소서 임하소서"의 찬양이 온 성전으로 울려 퍼질 때, 내 마음은 감동 자체였단다.

하나님 아버지의 영이 곧 내 안의 영이요, 네 안의 영이 나의 영이니라. 보혜사 성령이니라.

사랑하는 나의 자녀야, 나의 친구, 제자, 나의 연인, 나의 신부야! 내가 너를 어떻게 표현하여 불러야 만족하겠니. 실상 너는 내가 낳은 자녀, 어여쁜 딸이기도 하단다. 성육신으로 오신 하나님이기 때문이지. 성령의 사람으로 인침 받는 너의 일생이 되기를 깨어 기도하렴. 계절이 변하고 세상 만사가 변해도 오직 불변하는 것이 너와 나의 사랑임을 알라. 장미꽃도 시들어 땅에 떨어지지. 이제 초여름으로 가는 기후가 더위를 몰고 오겠지. 모든 것이 변해도 너는 오직 성령으로 충만하고 성령을 소멸치 말라. 성령 강림의 역사가 너의 매 순간이 되길 소원한다.

- 네 안의 성령

오 늘 의 기 도

세상 사람들이 행하는 일들과 다르게 주님 뜻대로 살기를 갈망합니다. 성령 강림 주일을 맞을 때마다 성령님의 임재가 제 안에 충만하길 기도하며 감사드립니다. 예수님의 이름으로 기도합니다. 아멘.

172

오직 성령의 은혜로 생명 바쳐 복음을 증언하라

"내가 달려갈 길과 주 예수께 받은 사명 곧 하나님의 은혜의 복음을 증언하는 일을 마치려 함에는 나의 생명조차 조금도 귀한 것으로 여기지 아니하노라" (행 20:24).

사울이라는 이름이 바울이 되기까지, 그의 삶이 변화된 과정을 성경 말씀 속에서 발견하게 되지 않았느냐.

그리고 몇 년 전 네가 성도들과 함께 다녀온 터키와 그리스의 성지순례 생각도 다시 되살아 나리라 믿는다.

누가 가장 기억에 남았는지…. 그래. 역시 사도 바울의 전도 여행길을 걸었던 추억이겠지. 본문의 말씀처럼 그가 순교하기까지 오직 주의 복음을 위해 생명조차 귀한 것으로 여기지 않았다는 사실에, 너도 무척 감동하는 모습을 내가 감지했단다. 박해자였던 그가 순교자가 된 동기가 무엇일까? 하나님의 영, 그리스도의 영인 나의 영이, 성령의 임재로 바울에게 임했기 때문이지. 그가 다메섹 도상에서 강렬한 빛을 보고 쓰러졌지. 나를 만났기 때문이다. 성령의 뜨거움이 바울을 복음 전도자로 변화시켰단다. 너는 오직 성령의 은혜로 복음을 증언하라.

- 네 생명의 은인

오 늘 의 기 도

성령님의 은혜가 없이는 저는 단 한순간도 온전히 살아갈 수가 없습니다. 성령께서 저를 신앙인이 되게 하셨습니다. 그리고 주께 기도하는 자로 이끄셨습니다. 그 은혜를 감사하며 예수님의 이름으로 기도합니다. 아멘.

173

피난처이신 여호와가 너를 폭력에서 구원하셨다

"내가 피할 나의 반석의 하나님이시요 나의 방패시요 나의 구원의 뿔이시요 나의 높은 망대시요 그에게 피할 나의 피난처시요 나의 구원자시라 나를 폭력에서 구원하셨도다"(삼하 22:3).

여호와 하나님에 대한 감사의 고백을 표현하라면 얼마나 많을지, 여기 다윗의 승전가에 대해 기록된 말씀에서만 보더라도 말이다. 이루 헤아릴 수가 없단다.

나의 사랑하는 자녀야, 너는 다양하게 밝힌 구원자 되시는 하나님을 무슨 하나님으로 부르고 싶은지 이야기해 보려무나. 이제 내가 너의 마음을 알 것 같구나.

피난처이신 여호와가 너를 폭력에서 구원하셨다는 사실에 심히 감동하더구나. 너의 어린 시절이 생각나는구나. 가난한 농촌의 보릿고개, 그 당시엔 모든 것이 넉넉하지 않았지. 쌀밥이 그리웠지만 꽁보리밥으로 만족해야 했거든. 무엇보다 살아가기 힘겨워서 장날만 되면 술 취한 아버지들의 폭력적인 언사들…. 어린 너는 그 틈바구니 속에서도 내게 기도하는 착한 어린이였단다. 내가 곧 피난처이신 반석의 주요 하나님 됨을 너는 바로 알라.

- 네 폭력의 구원자

오 늘 의 기 도

이 부족한 제가 하나님 되시는 주 예수 그리스도를 감히 무슨 말로 표현해야 하는지요. 그저 감사와 감격으로 주께 영광만을 올려드립니다. 저의 피난처이신 예수님의 이름으로 기도합니다. 아멘.

174

주를 위해 살고 죽나니 우리가 오직 주의 것이로다

"우리가 살아도 주를 위하여 살고 죽어도 주를 위하여 죽나니 그러므로 사나 죽으나 우리가 주의 것이로다"(롬 14:8).

얘야, 너는 매 순간마다 하나님 앞에 서 있는 사람처럼, 하나님의 영광 아래 살아갈 수가 있는지 묻고 싶구나.

다시 말해서 하나님의 자녀라는 철저한 의식을 가지고 살아가는 삶, 사람을 의식하지 않고 오직 살아 역사하시는 여호와 하나님을 생각하며 사는 온전한 그리스도인이 됨을 의미하는 것이리라.

그러므로 살아도 주를 위하여 살고 죽어도 주를 위하여 죽는다고 했다. 결국 사나 죽으나 너희는 주의 것임을 잊지 말려무나. 하나님 앞에서의 이 신앙은 주님을 존귀하게 여기는 믿음이란다. 너는 선한 사마리아인의 선행을 본받아 살기를 바란다. 사람에게 잘 보이기보다 나를 의식하며 살라는 것이다.

나의 사랑하는 사람아! 오늘은 너의 잊지 못할 경험의 장소를 다녀온 의미 있는 날이었더구나. 오직 말씀, 믿음, 은혜, 그리스도 안에서의 하나님께 영광 돌리는 삶! 내가 진정 기쁘게 받으마.

- 너는 나의 것

오 늘 의 기 도

신실하신 성 삼위 하나님께 모든 영광을 돌립니다. 주님의 은혜로 딸들과 함께 다녀온 제2의 고향길이었습니다. 제게는 그때나 지금이나 오직 주님만이 남아 계십니다. 감사하며 예수님의 이름으로 기도합니다. 아멘.

175

착하고 충성된 종으로 네 주인의 즐거움에 참여하라

"그 주인이 이르되 잘하였도다 착하고 충성된 종아 네가 적은 일에 충성하였으매 내가 많은 것을 네게 맡기리니 네 주인의 즐거움에 참여할지어다 하고" (마 25:21).

착하고 충성된 종으로 살고자 하는 너의 깊은 심중을 내가 다 알고 있단다. "적은 일에 충성하였으매 내가 많은 것을 네게 맡기리니 네 주인의 즐거움에 참여할지어다."라고 했다.

나의 사랑하는 자야, 오늘 새벽부터 너는 무슨 고민을 하고 있었는지, 너의 대답을 듣고 싶구나. 계획을 세워 기록도 해놓았더구나. 그렇게 하면 불안했던 네 마음이 안심이 되더냐. 그러나 모든 일의 완성은 하나님 아버지께서 매듭지어 주시지. 아버지와 내가 함께 네 앞길을 온전히 인도해 준단다. 내일을 염려 말라. 불안한 이 세대의 상황들도 내게 맡기렴. 네가 언제까지 이 땅에서 건강하게 살는지도 모두 내게 맡기려무나.

네 힘으로 불가능한 것들을 움켜쥐면, 너는 점점 힘 없는 나약한 존재가 된단다. 네가 죽도록 충성하는 모습을 내게 보이라. 세상 끝날까지 나를 찬양하라. 나의 즐거움에 참여할지어다.

- 너의 참 주인

오 늘 의 기 도

주님의 말씀이 백 번이고 천 번이고 맞는 말씀입니다. 주인 되시는 삼위일체의 하나님께만 온전히 충성하게 하소서. 주님의 즐거움에 참여하게 됨을 믿습니다. 감사하신 주 예수님의 이름으로 기도합니다. 아멘.

176
여우나 새도 집이 있으되 인자는 머리 둘 곳이 없다

"예수께서 이르시되 여우도 굴이 있고 공중의 새도 집이 있으되 인자는 머리 둘 곳이 없도다 하시고"(눅 9:58).

"고요히 머리 숙여 주님 생각합니다. 머리도 둘 곳 없이 고생하신 예수님, 쉴 곳을 주시오니 깊이 감사합니다." 아멘.

곡조 있는 기도의 찬송가에도 가사로 기록된 말씀이 새겨져 있듯이, 머리 둘 곳이 없다고 말한 나의 깊은 마음을 너는 얼마나 이해하는지…. 그저 감사할 뿐이라고 했느냐.

여우도 굴이 있고 공중의 새도 집이 있는데, 인자는 머리 둘 곳이 없다고 했다. 손에 쟁기를 잡고 뒤를 돌아보는 자는 하나님의 나라에 합당하지 않다고도 했다. 그러므로 너는 나를 따르라. 선하신 분은 하나님 한 분뿐임을 알라. 순수히 나를 따르는 자는 그 어떤 슬럼프도 오지 않는단다. 가끔씩 네가 눈시울이 뜨거워 말 못할 눈물만 삼킬 때가 있었지. 내가 너를 다 안다. 머리 둘 곳도 없이 네 영혼과 육신의 생명을 위해, 온 인류의 구원을 위해 고난의 십자가를 택했던 나를 잊지 않아 고맙구나.

- 네 안의 쉼터

오 늘 의　기 도

제게 이렇게 편안한 안식의 쉴 곳을 주시니 감사합니다. 제대로 된 방 한 칸이 없으신 분이 주 예수님이 아니신지요. 여우도 굴이 있고 공중의 새도 집이 있는데요. 골고다 언덕에서 보배로운 피를 흘리신 예수님의 이름으로 기도합니다. 아멘.

177

내가 행한 모든 일을 내게 말한 사람을 와서 보라

"내가 행한 모든 일을 내게 말한 사람을 와서 보라 이는 그리스도가 아니냐 하니" (요 4:29).

"우물가의 여인처럼 난 구했네 헛되고 헛된 것들을
그때 주님 하신 말씀 내 샘에 와 생수를 마셔라"

-복음성가 〈우물가의 여인처럼〉

너의 청년 시절 그때였지. 〈우물가의 여인처럼〉이란 복음성가를 부르며, 때때로 눈물까지 흘렸던 너의 순진한 모습을 나도 기억하고 있단다.

그리고 전도에 대한 열정으로 수가성의 여인이 된 듯, 이곳저곳 뛰어다녔던 경험이 생각나지 않는지. 결국 어느 해엔 네가 전도상을 받고 많이도 기뻐했단다. 그런데 지금 너의 열정은 어디로 갔느냐. 30년 이상의 선교 사역을 감당하고 있는 선교사님의 살아있는 간증을 나도 들으며, 찡하게 가슴이 뭉클하더구나. 너의 나이가 노년의 때를 맞아 젊었을 때와 다르다는 사실도 내가 알고 있지. "내가 행한 모든 일을 내게 말한 사람을 와서 보라"는 이 고백을 너도 할 수 있기를 원한다. 때를 얻든지 못 얻든지 복음을 전하라.

- 너의 그리스도

오 늘 의 기 도

신실하신 주 예수 그리스도시여! 수가성의 사마리아 여인이 변화 받아, 생수 되시는 예수님의 복음 전파자로 거듭난 사실을 제가 믿습니다. 제게도 복음 전파의 열정을 주소서. 예수님의 이름으로 기도합니다. 아멘.

178

너는 하나님의 기쁨을 구하는 그리스도의 종이 되어라

"이제 내가 사람들에게 좋게 하랴 하나님께 좋게 하랴 사람들에게 기쁨을 구하랴 내가 지금까지 사람들의 기쁨을 구하였다면 그리스도의 종이 아니니라" (갈 1:10).

여러 가지의 어려운 시험 중에도 끝내 승리한 자가 있다. 나의 자녀 환아, 너는 그가 누구라고 여기느냐. 맞다. 네가 방금 떠올린 다윗이란다.

그가 잘못을 안 한 것이 아니다. 하나님의 말씀 앞에서 자신을 돌이키고 통곡의 참회하는 기도를 올렸기 때문이다. 행동으로 하나님을 기쁘시게 해드리는 삶을 살았다. 상한 심령을 주님 앞에 내어 놓고 통회 자복하는 그의 고백서 시편을 묵상해 보렴.

결국 다윗은 "내 마음에 합한 자"라는 하나님의 칭찬을 입게 되었지. 너는 하나님의 기쁨을 구하는 그리스도의 종이 되어라. 그리스도의 종은 사람들에게 기쁨을 구하기 전에 하나님의 기쁨을 구하는 자란다. 내가 십자가에 달리며 했던 말을 기억하라. "너희와 너희 자녀를 위해 울라."고 했다. 너는 순종함으로 시험을 이기는 자로 살라.

- 네 시험의 승리자

오늘의 기도

종종 사람의 칭찬에 교만하여 제 자신을 자랑할 때가 있었습니다. 다윗 시인처럼 통회 자복하게 하소서. 사람보다 주님을 높여 자랑하는 기쁨의 주인공으로 살게 하소서. 예수님의 이름으로 기도합니다. 아멘.

179

주를 위해 받는 수모가 세상의 보화보다 귀하다

"그리스도를 위하여 받는 수모를 애굽의 모든 보화보다 더 큰 재물로 여겼으니 이는 상 주심을 바라봄이라"(히 11:26).

남과 북으로 분리된 땅! 성경 말씀에 기록된 이스라엘이 생각나는구나. 어쩌면 그렇게도 네가 사는 현실과 흡사한지 모르겠구나.

애절한 눈물의 호소 속에서 중보적 기도의 소중함을 일깨우는 여종의 외침이, 아직도 네 귓가에 맴도는 것을 어찌하랴. 이론과 비교할 수 없는 경험자의 체험적인 간증은 아무도 흉내낼 수가 없단다.

모세는 하나님의 백성과 함께 고난받기를, 잠시 죄악의 낙을 누리는 것보다 더 좋아했단다. 그리고 그리스도를 위하여 받는 수모를 애굽의 모든 보화보다 더 큰 재물로 여겼단다. 이는 상 주심을 바라보았기 때문이란다. 그의 순전함을 배우라. 나의 손바닥에 새긴 나의 사랑하는 존재야! 나의 분신아! 내가 너의 가슴 시린 눈물도 보았다. 새벽을 깨워 기도하는 너의 모습을…. 내가 특별히 사랑하는 그 땅을 잊지 말려무나.

- 네 믿음의 상급자

오 늘 의 기 도

아멘, 맞습니다. 주님의 말씀은 일점일획이라도 변함이 없으심을 제가 믿습니다. 우리의 한 맺힌 눈물의 간구를 들어 응답하실 그날을 고대합니다. 해방의 때를 예비하시는 예수님의 이름으로 기도합니다. 아멘.

넷

2022.7 ~ 2022.12

내 입술이 주를 찬양할 것이라

"주의 인자하심이 생명보다 나으므로
내 입술이 주를 찬양할 것이라"(시 63:3).

180

시와 찬송으로 서로 화답하며 주께 노래하라

“시와 찬송과 신령한 노래들로 서로 화답하며 너희의 마음으로 주께 노래하며 찬송하며”(엡 5:19).

나의 친구야, 한 여름의 열대야로 거실과 방문이 열려 있으니 좀 시원하게 잤느냐. 창문 너머로 불어오는 새벽바람과 공기가 신선하구나.

이러한 새 아침을 맞는 매일의 일상에 감사하며 찬송하는 네 영혼에게 내가 박수를 보내마.

성경 말씀을 읽고 묵상, 암송하면서 내게 기도로 아뢰는 네 모습이 내겐 기쁨이란다.

얘야, 시와 찬송으로 서로 화답하며 주께 노래하라. 세상에 많은 노래가 있지만 나를 즐겁게 하는 찬송이 네 영혼도 온전히 치유해 준단다. 더위 속에서도 성령으로 충만하라. 찬양의 기쁨으로 찬송하라. 범사에 감사하며 여호와를 경외함으로 복종하여 섬기라. 그러므로 마음의 평안과 행복, 육신의 건강으로 네가 끝내 장수하리라. 내가 너의 기도와 찬양을 즐겁게 받으리라.

- 네 찬양의 화답자

오 늘 의 기 도

날마다 새벽 공기를 마시며 주께 예배하게 하심을 무한 감사드립니다. 영혼의 양식인 주의 말씀이 제겐 생명입니다. 찬송으로 노래함이 호흡이 됩니다. 감사하며 예수님의 이름으로 기도합니다. 아멘.

181

예루살렘의 평안을 구하고 사랑하면 형통하리라

"예루살렘을 위하여 평안을 구하라 예루살렘을 사랑하는 자는 형통하리로다" (시 122:6).

"내 주의 나라와 주 계신 성전과 피 흘려 사신 교회를 늘 사랑합니다"라는 찬송가의 가사처럼, 나의 피로 산 교회를 성도들은 얼마나 사랑할까 싶구나.

예루살렘의 진정한 의미를 여러 가지로 분석해 볼 수 있겠지만, 주님의 몸 된 오늘날의 교회를 상징하기도 하지.

바로 하나님의 아들인 나를 십자가에 못 박게 하심으로 모든 인간의 원죄를 구원받게 하셨지. 그 사실을 믿고 나를 영접하는 자에게 진정한 새 예루살렘이 있는 천국을 소유하게 하셨단다. 내 사랑하는 자녀야, 너는 나의 몸 된 교회인 예루살렘의 평화를 구하라! 예루살렘을 사랑하는 자는 형통하리라!

얘야, 내가 살포시 네게 묻겠다. 이 세상을 살아가면서 너는 얼마나 교회를 사랑하느냐? 너는 얼마나 진실된 주인의식을 지니고 성전 생활에 임하느냐? 네가 받은 직분은 성직인데 네가 죽도록 충성할 수 있느냐? 너의 진실된 고백을 듣고 싶구나.

- 네 평안의 궁중

오 늘 의 기 도

교회 설립 기념 예배를 드리면서 '교회 생활에 성공하는 성도'에 대한 도전의 말씀에 은혜받게 하심을 감사드립니다. 이제부터 더욱 주님의 몸 된 교회를 사랑하게 하소서. 예수님의 이름으로 기도합니다. 아멘.

182

때가 되면 높이리니 하나님의 손 아래에서 겸손하라

"그러므로 하나님의 능하신 손 아래에서 겸손하라 때가 되면 너희를 높이시리라" (벧전 5:6).

너는 스스로 높이는 자가 되지 말라. 압살롬의 동생인 아도니아는 자기 자신을 스스로 높이는 실수를 범했다.

하나님은 외모가 아닌 중심을 보신다는 사실을 잊지 말라. 때가 되면 높이리니 너는 하나님의 손 아래에서 겸손하라.

그러므로 네가 조심하여 피해야 할 것들을 알려주마.

첫째, 스스로 자신을 높이는 교만에서 멀리하라.

둘째, 어떠한 경우에도 외적인 조건을 내세우지 말라.

셋째, 육적인 사람들과 함부로 모의하지 말라.

사탄의 역사를 꾀하는 육적인 사람들과 멀리하라. 하나님의 아들인 나를 생각하라. 나는 너희의 죄악을 구원하기 위해 육신을 입고 스스로 낮아졌다. 갈보리 언덕의 십자가에 매달렸다. 얘야 환아, 네가 지금 울고 있느냐. 잠시 환도뼈가 시큰거린다고 염려 말라. 내가 네 대신 창에 찔렸다. 너는 내 것이니 겸손만 하라.

- 네 안의 큰손

오 늘 의 기 도

아멘이십니다. 제 안의 능하신 큰손이 주님이십니다. 어떠한 경우라도 겸손만 하게 하소서. 제 몸에 손대어 치유해 주심을 믿고 감사드립니다. 예수님의 이름으로 기도합니다. 아멘.

183

나는 하나님의 나라 복음을 전하는 이 일을 위해 왔노라

"예수께서 이르시되 내가 다른 동네들에서도 하나님의 나라 복음을 전하여야 하리니 나는 이 일을 위해 보내심을 받았노라 하시고"(눅 4:43).

내 사랑하는 제자야, 때와 장소를 가리지 않고 하나님 나라의 복음을 전했던 나 예수 그리스도를 능히 알고 있으리라 믿는다. 이 일을 위해 내가 하나님 아버지께로부터 보내심을 받았단다. 지금도 계속 이 일을 하고 있지.

하나님 나라가 확장되는 진정한 선교야말로 예수 그리스도, 곧 나를 닮아가는 것이란다.

하나님 나라의 복음은 바로 네 자신 안에서부터 임한다는 사실을 믿으렴. 주의 나라는 네 안에 있단다. 그리고 하나님 나라는 나를 따르는 증인들을 통해서 확장되는 것이리라. 오직 성령의 임재하심으로 권능을 받고 선교를 이뤄가야 하리라. 또한 하나님 나라는 반드시 세상 끝 날까지 전파되어야 한다. 그러므로 땅끝까지 이 복음이 확장되어야 한다. 너는 내가 하는 이 일을 기쁨으로 감당하겠느냐. 너의 삶 전 영역에서의 복음 선교자로 쓰임 받으라.

- 네 안의 나라

오 늘 의 기 도

부족한 여종을 복음 선교의 증인이 되는 제자로 삼아주시는 주 예수님께 감사와 영광을 돌립니다. 오직 주님만 본받아 충성하는 청지기가 되게 하소서. 예수님의 이름으로 기도합니다. 아멘.

184

네게 지혜가 부족하거든 주께 구하라 후히 주시리라

"너희 중에 누구든지 지혜가 부족하거든 모든 사람에게 후히 주시고 꾸짖지 아니하시는 하나님께 구하라 그리하면 주시리라"(약 1:5).

네게 찾아오는 크고 작은 사건들…. 육체에 발생하는 질병의 모습들을 경험하면서, 너는 요즘 무슨 생각을 하는지 묻고 싶구나. 불완전한 인간의 한계도 느끼더구나.

'그래. 남의 일만이 아니구나. 내게도 불현듯이 맞게 되는 시련, 시험들이구나'의 깨달음을 외면할 수 없었으리라. 이젠 내가 네게 많이도 의지가 되지?

내 사랑하는 사람아, 그래서 내가 네게 지혜를 구하라 하지 않았느냐. 후히 주시고 꾸짖지 아니하시는 하나님께 구하는 간절한 기도를 올려라. 그리하면 주시리라. 며칠 사이에 병원을 여러 번 다녀왔더구나. 의사도 약들도 다 아버지 하나님의 통치와 질서 안에서 세워지고 처방된단다. 너무 염려하거나 무시하는 마음을 갖지 말렴. 모든 것이 합력하여 선을 이루시는 하나님의 뜻을 알아가렴. 영적 분별과 지혜, 믿음의 결단으로 승리하라.

- 네 지혜의 왕

오 늘 의 기 도

신실하신 주님의 은혜에 감사드립니다. 지혜가 부족할 때마다 주 예수님께 구하겠습니다. 갑자기 찾아온 통증에서 회복의 치유로 인도해 주심을 무한 감사드립니다. 예수님의 이름으로 기도드립니다. 아멘.

185

피리를 불어도 춤추지 않고 슬피 울어도 냉랭하다

"이르되 우리가 너희를 향하여 피리를 불어도 너희가 춤추지 않고 우리가 슬피 울어도 너희가 가슴을 치지 아니하였다 함과 같도다"(마 11:17).

환아, 이 세대의 특징을 말해 본다면, 너는 어떤 시대라고 할 수 있느냐? 너는 어떻게 살아가길 원하느냐?

그래. 내가 밝힌 바와 같이 슬퍼할 줄도, 기뻐할 줄도 모르는 시대에 살고 있다는 말이다.

깊은 아픔을 맛보지 못한 사람은 깊은 기쁨도 느끼지 못하기 때문이리라. 너는 이 세대를 본받지 말라. 내가 진 십자가의 사랑은 아픔을 품는 것이란다. 어머니의 가슴은 항상 아프지. 끝없는 사랑뿐이다. 너도 두 딸의 어머니가 된 입장에서, 자녀들이 안쓰럽고 잘 되기만을 바라는 사람의 간절함이 있지 않겠니. 얘야, 괴로워도 아픔을 품는 것을 두려워 말렴. 영혼과 육신의 통증 뒤에는 생명의 역사가 시작된단다. 이 시대의 사람들은 피리를 불어도 슬피 울어도 냉랭하다. 너는 웃고 우는 자로 살라.

- 너만의 감성인

오 늘 의 기 도

주님의 말씀은 변함이 없으신 진리의 말씀임을 믿습니다. 이 시대가 암울하고 진정한 웃음과 슬픔도 함께 나누지 못함을 깨닫습니다. 저부터 변화하게 하소서. 예수님의 이름으로 기도합니다. 아멘.

186

충성된 자는 주인을 시원케 하는 얼음냉수와 같다

"충성된 사자는 그를 보낸 이에게 마치 추수하는 날에 얼음냉수 같아서 능히 그 주인의 마음을 시원하게 하느니라"(잠 25:13).

한 여름의 시원한 얼음냉수처럼, 내 마음을 시원하게 해줄 자가 누구일까.

충성된 청지기는 추수하는 날이 오기까지 일손을 놓지 않는단다. 주인께 추수의 열매를 온전히 드리기 위함이지.

"잘했다!"라는 칭찬을 너도 듣고 싶지 않겠니. 아직도 폭염의 여름으로 시원한 냉수가 그리운 계절이지. 그래도 내 마음을 시원하게 해 드리겠다 여기며, 창가에 앉아 내게 마음을 토하는 네 모습이 대견하구나. 충성하는 자는 주인에게 헌신하는 사람이란다. 그리고 충성된 자는 주인에게 받은 은혜를 누리는 사람이지. 또한 충성된 자는 주인의 말씀에 무조건 따르는 자란다. "아니요"가 아닌 "예"만 하는 아멘의 주인공으로 살라.

\- 네 충성의 추수인

오 늘 의 기 도

아멘! 아멘! 예수님의 말씀은 오직 아멘이십니다. 제가 말씀대로 순종하기를 소원합니다. 주님께 드리는 시원한 냉수의 추수자로 살게하소서. 예수님의 이름으로 기도합니다. 아멘.

187

이 말씀을 읽는 자와 듣는 자와 지키는 자는 복이 있다

"이 예언의 말씀을 읽는 자와 듣는 자와 그 가운데에 기록한 것을 지키는 자는 복이 있나니 때가 가까움이라"(계 1:3).

다윗이 솔로몬에게 마지막으로 이르는 말을 너는 알고 있는지….

"너는 힘써 대장부가 되어라."라고 했단다. 대장부란 강하고 영향력 있는 남자를 의미한단다. 영적으로 강건해야 한다는 것이다. 백신 중의 최고의 백신이 복음 백신이란다. 그러므로 십자가의 복음은 죄악과 상처, 질병을 치유받게 하는 능력이 됨을 믿어야 한다.

그리고 "하나님의 말씀을 온전히 지켜 행하라"고 명령한 다윗의 간절한 유언을 알 수가 있다. 그러므로 솔로몬이 진리 가운데 굳게 서서 충성스럽게 사명을 다할 때, 이스라엘 왕위에 오를 사람이 끊어지지 않을 것이라 했다.

너는 명심하라. 이 예언의 말씀을 읽는 자와 듣는 자와 지키는 자는 복이 있느니라. 때가 가까움이라. 내가 부탁한 일의 사명은 충성에 있단다. 착하고 충성된 종으로 살려무나. 작은 일에 충성하였으매 네 주인의 즐거움에 참여할지라. 네 달란트의 사명을 다하라.

- 너의 주인장

오 늘 의 기 도

솔로몬을 향한 다윗의 마지막 말씀이 곧 주께서 제게 이르시는 말씀임을 믿습니다. 하나님 아버지의 감동으로 기록된 성경 말씀을 읽고 듣고 지키는 충성된 자로 써주소서. 예수님의 이름으로 기도합니다. 아멘.

188

흑암 속에 숨겨진 보물을 얻도록 네게 알려주리라

"네게 흑암 중의 보화와 은밀한 곳에 숨은 재물을 주어 네 이름을 부르는 자가 나 여호와 이스라엘의 하나님인 줄을 네가 알게 하리라"(사 45:3).

대부분의 사람들은 흑암의 가치를 나쁜 것이나 피할 것으로 여기는 경향이 있지.

그러나 사실은 흑암에서 보물이 나온단다. 너도 어느정도 안다 생각하겠지만, 흑암 속에서 보물을 얻기 위한 길이 무엇인지를 내가 알려 주리라.

첫째, 땅을 파헤쳐야 한다. 성도에게는 '파헤치는 능력'이 있기 때문에, 하나님은 보물을 땅 속에 숨겨 주신 것이다. 하나님이 주신 '기도의 삽'이 있기 때문이다. 기다림, 인내, 묵상의 훈련으로 땅 속 흑암의 보물을 파내라.

둘째, 원석은 그리 아름답지 않다. 원석은 숙련된 세공이 필요하다. 하나님이 주신 은사를 세공하라. 가치가 드러나는 것이다.

셋째, 큰 압력이 보석을 만든다. 다이아몬드는 원래 탄소 덩어리다. 그런데 큰 압력을 받으니 다이아몬드가 된 것이다. 절망의 압박 속에서 눌릴 때가 있다. 용기를 내렴. 보석을 기대하라.

- 네 안의 참 보석

오 늘 의 기 도

주의 말씀은 흑암 속에 숨겨진 보물이십니다. 저로 하여금 믿음을 지키는 기도의 삽을 주셨나이다. 이 삽으로 땅에 숨겨진 주의 보물을 캐내게 하소서. 예수님의 이름으로 기도합니다. 아멘.

189

주신 이도 여호와시요 거두신 이도 여호와시오니

"이르되 내가 모태에서 알몸으로 나왔사온즉 또한 알몸이 그리로 돌아가올지라 주신 이도 여호와시요 거두신 이도 여호와시오니 여호와의 이름이 찬송을 받으실 지니이다 하고"(욥 1:21).

욥이 여호와 하나님께 아뢰는 고백을 너도 이미 알고 있으리라 믿는다. 지금까지 많이 인내하며 살아왔으리라.

욥은 온전하여 정직하고 하나님을 경외하는 자로 모든 악에서 떠난 자라 했다. 이해되지 않는 고난의 연속 가운데서도 하나님의 하나님 되심을 인정했다. 조금도 원망하지 않았단다. 모든 단절과 깨어짐 속에서도 감사했다.

"주신 이도 여호와시요 거두신 이도 여호와시오니 여호와의 이름이 찬송을 받으실 지니이다"라고 했다. 욥은 "내가 모태에서 알몸으로 나왔사온즉 또한 알몸이 그리로 돌아가올지라"라고 고백했다.

내 사랑하는 자녀야, 네가 지금 그 어떤 때보다 힘겨운 시점에 있느냐? 네 자녀들의 앞길이 막막하게 느껴지느냐? 네 몸의 잦은 질병으로 시달리고 있느냐? 그렇다면 이 욥의 고백을 기억하라. 네가 숨 쉬고 있음을 감사하라.

- 네 모태의 주인

오 늘 의 기 도

'아멘'의 대답으로 주께 올립니다. 욥을 생각하면 감히 제가 주님께 무슨 간구를 드릴지요. 인내하며 원망하지 말게 하소서. 제가 살아 숨 쉬고 자녀들이 살아있음을 감사하게 하소서. 예수님의 이름으로 기도합니다. 아멘.

190

너는 여호와의 능력과 그의 얼굴을 항상 구하라

"여호와와 그의 능력을 구할지어다 그의 얼굴을 항상 구할지어다"(시 105:4).

너희가 여호와 하나님을 찬양하지 않기에 하나님을 찬양하라고 한 것이다. 나를 바쳐 십자가의 죽음에 이르도록 너희를 사랑하신 아버지 하나님의 그 큰 사랑을 알겠느냐 말이다.

하나님의 판단하심과 역사하심, 그 사랑하심의 깊이를 기억하고 찬양하기를 소원하시는 분이 하나님이시다.

네가 연약하기 때문에 주의 능력을 기도로 구하렴. 그의 얼굴을 항상 구할지어다. 네 삶을 비하하거나 낙심하지 말려무나. 이제 더위도 며칠 후면 사라지고, 시원한 바람이 일렁이는 계절이 다가올 것이다. 힘이 들 때면 미소짓고 있는 내 얼굴을 바라보렴. 성령의 충만한 기쁨을 임재하며 나타나는 나의 모습을 상상하렴. 내가 네 능력의 얼굴이란다. 매 순간 나와 함께 머물라.

- 네 능력의 얼굴

오 늘 의 기 도

오늘도 새 아침을 선물하신 주님께 감사드립니다. 한순간도 주 없이는 제가 의롭게 살 수가 없습니다. 그만큼 죄성이 다분한 저의 신분임을 깨닫나이다. 임마누엘로 오신 예수님의 이름으로 기도합니다. 아멘.

191

너는 주의하여 여호와 하나님께만 예배하라

"솔로몬이 여호와를 사랑하고 그의 아버지 다윗의 법도를 행하였으나 산당에서 제사하며 분향하더라"(왕상 3:3).

말세지말의 이 시대에 사는 너에게 다시 권면하는 나의 말에 귀를 기울여 들으려무나.

신앙생활을 하면서 삼가 버려야 할 신앙이 있다는 사실을 알아야 한단다.

첫째로 기복주의 신앙을 버려야 한다. 하나님 나라와 이웃에 무관심하고, 자기 자신과 자손만 잘 되기를 소망하지. 자기만 복받으면 다 된다는 이기적인 신앙이 바로 기복주의 신앙이란다.

둘째로 인본주의 신앙을 버려야 한다. 하나님 중심이 아닌 사람 중심의 신앙은 실패의 원인이 된다.

셋째로 세속주의 신앙을 버려야 한다. 성경 말씀을 중심으로 하는 복음주의 신앙을 따라 살아야 한다. 솔로몬은 산당에서 제사하고 분향하는 죄를 범했다. 그의 노년에 회개하며 쓴 책이 전도서다. 너도 주의하여 주만 바라보라.

- 네 삶의 예배자

오 늘 의 기 도

제게 복음주의 신앙을 심게 하시는 주 여호와 하나님께 감사드립니다. 제 삶의 참 예배자는 주님이십니다. 기복주의, 인본주의, 세속주의를 버리게 하소서. 예수님의 이름으로 기도합니다. 아멘.

192

주를 너의 피난처로 삼아 그 행적을 전파함이 복이라

"하나님께 가까이함이 내게 복이라 내가 주 여호와를 나의 피난처로 삼아 주의 모든 행적을 전파하리이다"(시 73:28).

나의 사랑하는 자녀야, 주 여호와를 너의 피난처로 삼으려무나. 그리하여 주의 모든 행적을 전파함이 네게 복이라. 좀 더 나를 가까이 하렴. 험한 세상에 의지할 것은 아무것도 없단다.

고난과 시련이 와도 나의 십자가 사랑을 새겨, 끝내 이기는 자로 승리하기를 소원한다.

네 삶의 나침반이 되는 성령의 감동으로 기록된 성경 말씀대로 순종하며 살라. 기도자를 연단하여 십자가의 영광으로 이끄시는 하나님 아버지를 절대 신뢰하라. 내 이름으로 구하는 영적인 기도자를 내가 사랑한단다. 네 맘속의 참된 평화가 자리 잡게 하라. 네가 나를 영원한 피난처로 삼을 때 평화의 복이 임하리라. 내가 너를 영원히 사랑한다.

- 네 영원한 피난처

오늘의 기도

오늘도 내일도 저의 참 피난처가 되시는 주님만 의지합니다. 주님만 사랑합니다. 세상의 그 무엇과도 주님을 바꿀 수 없습니다. 예수님의 이름으로 기도합니다. 아멘.

193

너는 나의 몸 된 성전에 나아와 예배하라

"솔로몬이 깨어 보니 꿈이더라 이에 예루살렘에 이르러 여호와의 언약궤 앞에 서서 번제와 감사의 제물을 드리고 모든 신하들을 위하여 잔치하였더라" (왕상 3:15).

애야, 환아! 나는 늘 온전한 헌신을 원한단다. 솔로몬이 산당에서 제사하고 분향했던 실수를 하나님 앞에서 회개하고 나서, 그가 여호와의 언약궤 앞에 서서 번제와 감사의 제물을 드렸다는 사실을 너도 알고 있으리라. 그의 온전한 헌신을 기쁘게 받으신 하나님이시다. 그러므로 너는 나의 몸 된 성전에 나아와 예배하라.

영적 기사회생의 길을 걷기 위해 지켜가야 할 세 가지를 알려주마. 온전한 헌신을 해야 한다. 그리고 신실한 신앙을 이어가야 하겠지. 신앙의 부모를 만난 자녀는 복된 존재이다. 너도 믿음의 부모를 만난 덕에 지금까지 신앙의 길을 걸어왔지 않느냐. 너의 두 딸도 부모의 신앙을 따라 어린 시절부터 주일 성수 신앙의 좋은 습관을 지켜가고 있지. 십일조 예물에 대한 감사의 실천도 물론 잘 지킨다는 것에 감사하려무나. 한 가지 또 부탁한다면 하나님의 지혜를 구하렴. 성령의 임재 속에서 살아가는 너의 가족이 되기를 소망한다.

- 네 가족의 성전

오 늘 의 기 도

주일 예배의 말씀을 통해서 다시 새롭게 되새김질하는 은혜의 시간 주심을 감사드립니다. 무슨 일이 있어도 주의 제단인 교회에서 예배하게 하소서. 예수님의 이름으로 기도합니다. 아멘.

194

왕이 존귀케 되기를 원하는 자에겐 이같이 할 것이라

"하만이 왕복과 말을 가져다가 모르드개에게 옷을 입히고 말을 태워 성 중 거리로 다니며 그 앞에서 반포하되 왕이 존귀하게 하시기를 원하시는 사람에게는 이같이 할 것이라 하니라"(에 6:11).

이 시대의 묻지 마 폭행이 점점 심각해지고 있지 않겠니. 이기적이고 오만하기 짝이 없는 자가 바로 하만과 같은 존재란다. 모르드개를 진멸코자 했던 하만이 결국 진멸되고 마는 하나님의 역사를 발견하게 되지.

하나님이 개입하실 때 역전은 시작된단다.

"왕이 존귀케 되기를 원하는 자에겐 이같이 할 것이다"라고 외치며, 모르드개에게 왕복을 입히고 말을 태워 성중 거리로 다니는 하만의 모습을 상상해 보렴. 자기중심적인 교만한 자를 멸하시는 분이 여호와 하나님이시다. 너는 하나님이 존귀케 되기를 원하느냐? 어떠한 위기의 상황 속에서도 내가 존귀하게 되기를 갈망하느냐? '아멘'으로 화답하는 너의 중심을 내가 잘 안다. 세상적인 관념보다 '무엇이 하나님을 기쁘시게 할까'를 생각하는 지혜자로 살려무나.

- 너의 존귀한 왕

오 늘 의 기 도

교만이 패망의 결과를 가져온다는 사실을 다시 한번 깨달았나이다. 늘 겸손, 또 겸손하게 하소서. 주께서 존귀하게 되기만을 간구합니다. 예수님의 이름으로 기도합니다. 아멘.

195

너는 지혜와 총명이 있는 넓은 마음을 가지라

"하나님이 솔로몬에게 지혜와 총명을 심히 많이 주시고 또 넓은 마음을 주시되 바닷가의 모래같이 하시니"(왕상 4:29).

내가 네게도 지혜와 총명을 주리라. 넓은 마음을 주되 바닷가의 모래같이 주리라.

그러므로 너는 모든 사람을 사랑으로 아우르는 지혜의 사람이 되어라.

나의 인격을 닮으렴. 지·정·의의 인격으로 온유와 겸손을 겸비하라. 악한 생각이나 교만은 멀리 보내버리라. 너의 지난 어려웠던 시절을 기억하려무나. 지금의 네 삶은 무척이나 풍요로워졌지.

늘 깨어 기도하며 안일한 삶에서 탈피하라. 교만은 패망의 선봉이니 늘 겸손의 옷으로 무장하라. 네 안의 지혜자인 나를 의식하며 살라. 네 모습에서 내 모습을 발견하도록 하라. 내가 함께 하리라.

- 네 안의 지혜자

오 늘 의 기 도

저는 주 없이 한 시도 살 수 없는 존재랍니다. 제 안에 늘 계시고 저의 삶을 인도하소서. 주님의 지혜와 총명이 넘쳐나게 하소서. 예수님의 이름으로 기도합니다. 아멘.

196

더 숨길 수 없을 때 하나님께 전적으로 위탁하라

"더 숨길 수 없게 되매 그를 위하여 갈대 상자를 가져다가 역청과 나무 진을 칠하고 아기를 거기 담아 나일 강가 갈대 사이에 두고"(출 2:3).

더 숨길 수 없을 때 하나님께 전적으로 위탁하라. 하나님이 갈대 상자를 붙들고 계셨음을 믿으라. 이 은혜가 바로 전적인 보호하심이란다.

바로의 딸이 나일강에서 히브리 사람의 아기인 모세를 발견하여 양육하게 됨이 어찌 사람으로 감당할 수 있는 일이더냐.

여호와 하나님께 전적으로 위탁하는 삶의 소유자는 하나님이 책임지고 크게 쓰신다.

모세는 끝내 이스라엘 백성의 영도자가 되지 않았느냐. 인간적인 잔머리를 굴리는 자는 크게 쓰임 받지 못한다. 너는 오직 나만 의지하고 우직하게 나아가라. 세상 사람이 보기에는 네 모습이 미련하게 보여도 나는 너를 귀히 여긴다. 모든 것이 합력하여 선을 이루리라. 내가 너를 사랑한다.

- 네 삶의 위탁인

오 늘 의 기 도

제가 주님께 무엇을 숨기리이까! 모든 것을 주님께 위탁합니다. 저의 전적인 보호자가 주님이십니다. 주님은 제게 힘이시요 생명이십니다. 예수님의 이름으로 기도합니다. 아멘.

197

너희 아버지께서 구하는 자에게 응답하신다

"너희가 악한 자라도 좋은 것으로 자식에게 줄 줄 알거든 하물며 하늘에 계신 너희 아버지께서 구하는 자에게 좋은 것으로 주시지 않겠느냐"(마 7:11).

나의 사랑하는 자야, 이제 정신이 드느냐? 며칠 동안의 네 모습은 너무도 안쓰럽더구나.

어떠한 일을 할 때엔 침착하게 내게 기도로 아뢰는 습관을 가져야 하겠지. 즉흥적으로 행동하면 부작용이 따를 수 있단다. 우선순위를 지켜야 하겠지.

너희 아버지께서 구하는 자에게 응답하신다는 사실을 다시 한번 믿고 감사하렴. 기도하되 감사하며 구하라. 악한 자라도 좋은 것으로 자식에게 준단다. 하물며 하늘에 계신 너희 아버지께서 구하는 자에게 좋은 것으로 주시지 않겠느냐 말이다.

너는 네가 경험하는 가슴의 통증으로 많이도 염려와 근심에 사로잡혀 있었더구나. 담 결림에서 이제 해방되고 풀어지리라. 모든 염려는 내게 맡기라. 모든 일을 무리하지 말고 규모 있게 행동하라. 내가 응답하리라.

\- 너의 응답자

오 늘 의 기 도

신실하신 아버지 하나님께 이 새벽에 감사드립니다. 일어나기조차 힘겹던 제 몸이 부드러워 힘이 납니다. 깨달았사오니 좀 더 침착하게 하소서 예수님의 이름으로 기도합니다. 아멘.

198

너는 하나님의 비밀을 맡은 그리스도의 일꾼이다

"사람이 마땅히 우리를 그리스도의 일꾼이요 하나님의 비밀을 맡은 자로 여길지어다"(고전 4:1).

내 사랑하는 자녀야, 내가 너를 불러 그리스도의 일꾼으로 삼았다는 사실에 감사하려무나.

내가 진정으로 너를 하나님의 비밀을 맡은 자로 여기노라. 내가 선한 청지기로 너를 택하였단다. 이 땅의 어떠한 권세자와 비교할 수 없는, 영적인 하늘나라 대사임을 잊지 말고 담대하라.

때때로 너의 연약한 마음과 망설이는 모습을 볼 때가 있지. 주의 일을 준비함에 있어서 갖춰져야 할 것 세 가지를 알려주련다. 무엇보다 하나님의 지혜가 충만해야 한다. 말이나 행동에 있어서 절제된 인격의 모습이 따라야 하겠지. 그리고 하나님이 허락하신 물질을 잘 나누는 삶을 살라. 빈손으로 왔다가 빈손으로 가는 인생이다. 주께 바치는 것은 영적인 투자이다. 끝으로 주의 일꾼으로 충성을 다하렴. 너의 인생이 복될 것이라.

- 네 비밀의 정보자

오 늘 의 기 도

부족한 저를 주의 선한 청지기로 선택해 주신 아버지 하나님께 감사드립니다. 세상 끝 날까지 하나님의 비밀을 맡은 그리스도의 일꾼으로 지혜와 물질, 충성의 삶 이루게 하소서. 예수님의 이름으로 기도합니다. 아멘.

199

네 이름을 야곱이 아닌 이스라엘로 부르리라

"그가 이르되 네 이름을 다시는 야곱이라 부를 것이 아니요 이스라엘이라 부를 것이니 이는 네가 하나님과 및 사람들과 겨루어 이겼음이니라"(창 32:28).

얘야, 환아! 저마다의 상황 속에서 맞이하게 되는 아픔의 삶, 두려움의 삶이 왜 없겠니. 야곱의 일생도 참 기구한 삶이었고, 험악한 세월을 보냈지. 그의 형인 에서와의 장자권 문제로 외로운 타지에서 두려움을 안고 살아간 세월이 20년이나 되었단다.

그러나 야곱은 홀로 남겨진 채 어떤 사람과 씨름의 결판을 갖게 되지. 그 어떤 사람은 곧 여호와 하나님이셨다. 끝내 야곱은 '속이는 자'라는 야곱에서 '하나님이 다스리신다'라는 뜻의 이스라엘로 부름받게 되었단다.

내 사랑하는 자야, 네 힘과 욕심으로는 네 안에 엄습하는 두려움을 내어 쫓을 수가 없단다. 네 모든 사정을 내게 맡기렴. 내가 네 이름을 야곱처럼 새 이름으로 바꿔주리라.

며칠간 힘을 겨뤘지만 내가 네 잠자리를 숙면의 자리로 만들어 주었잖니. 감사만 하며 살렴. 네 이름을 이스라엘로 부르리라.

- 너의 참 이스라엘

오 늘 의 기 도

신실하신 여호와 하나님이시여! 고난의 바람 속에서도 여전히 저를 손잡아 일으켜 세우심을 감사드립니다. 이 광복의 달이 지나가기 전에 주께서 제게 불면의 밤을 치유하셨습니다. 감사하며 예수님의 이름으로 기도합니다. 아멘.

200

너를 위해 낮이나 밤이나 구름기둥과 불기둥으로

"여호와께서 그들 앞에서 가시며 낮에는 구름 기둥으로 그들의 길을 인도하시고 밤에는 불기둥을 그들에게 비추사 낮이나 밤이나 진행하게 하시니"(출 13:21).

요즘의 날씨가 제법 조석으로 선선해서 가을이 온 것 같은 느낌이 들지 않느냐. 이제 며칠만 있으면 여름의 폭염도 사라지고, 오히려 밤낮없이 열어 놓았던 창문도 서서히 닫게 되겠지.

내 사랑하는 자녀야, 너를 위해 아늑한 장막의 처소를 예비해 주신 하나님 아버지를 한시도 잊지 말라.

여호와께서 네 앞서 인도하시며 낮에는 구름 기둥으로 인도하신단다. 그리고 밤에는 불기둥을 비춰주신다. 조금도 쉼 없이 진행하시는 하나님의 사랑과 은혜를 감사하라. 목이 갈할 땐 시원한 생수를 마시게 하시는 분, 거친 광야의 세상에서 길을 내시는 분, 푸른 풀밭의 쉴만한 물가로 인도하시는 여호와 하나님을 찬양하고 경배하렴. 오늘도 네 안에 거하사 진행하시는 성령님을 의지하라. 내 안에 있으라.

- 네 앞의 진행자

오 늘 의 기 도

제가 두려워하지 않는 것은, 살아계신 성삼위 하나님께서 저를 인도해 주시기 때문입니다. 고난이 축복이 되게 하심을 믿습니다. 구름 기둥과 불기둥으로 인도하시는 예수님의 이름으로 기도합니다. 아멘.

201

만물이 주에게서 나오고 주로 말미암고 주에게로 돌아감이라

"이는 만물이 주에게서 나오고 주로 말미암고 주에게로 돌아감이라 그에게 영광이 세세에 있을지어다 아멘"(롬 11:36).

나의 사랑하는 자녀야, 하나님 아버지께 영광 돌리는 삶이 말보다 소중함을 알고 있느냐.

너희들은 하나님의 온전한 자들로 함께 지어져 가는 자들이란다. 성전이 아름답게 지어져 가듯이 합력의 선으로 하나가 되는 사랑의 실천자들이 되기를 바란다.

내가 네게 세 가지 실천 사항을 알려주려고 한다. 명심해서 지켜 나가렴. 네가 먼저 믿는 자들에게 본이 되라는 것이다.

첫째, 성령님께서 주시는 힘으로 살아가라. 인간의 소통에는 한계가 있단다. 둘째, 서로의 다름을 인정하라. 개인 이기주의, 집단 이기주의는 위험하단다. 셋째, 순수한 믿음의 삶으로만 하나님께 영광을 돌리라. 모든 만물이 주에게서 나오고 주로 말미암고 주에게로 돌아감이라. 그러므로 너의 착한 행실로 본이 되는 자가 되어라. 책 『무릎으로 사는 그리스도인』의 저자처럼, 주의 이름만 높이며 살라.

- 네 만왕의 주

오 늘 의 기 도

아멘이십니다. 주님만이 제 생명의 주요 만왕의 주가 되십니다. 그동안 제 이름 석 자를 알리는 데만 급급했던 저의 교만을 용서하소서. 세상 끝 날까지 주께만 영광이 되길 소원합니다. 예수님의 이름으로 기도합니다. 아멘.

202

작은 자야 네 죄 사함을 받았느니라

"예수께서 그들의 믿음을 보시고 중풍병자에게 이르시되 작은 자야 네 죄 사함을 받았느니라 하시니"(막 2:5).

"주 믿는 사람 일어나 다 힘을 합하여 이 세상 모든 마귀를 다 쳐서 멸하세. 저 앞에 오는 적군을 다 싸워 이겨라. 주 예수 믿는 힘으로 온 세상 이기네. 믿음이 이기네, 믿음이 이기네. 주 예수를 믿음이 온 세상 이기네."

- 찬송가 357장

점점 험악하기만 한 세상을 이길 방법이 무엇이라고 너는 생각하는지 알고 싶구나. 찬송가의 가사처럼 믿음으로만이 가능하다는 사실을 다시 한번 각인시키려무나.

중풍병자를 내게로 이끈 네 명의 친구들을 상상해 보렴. 인간의 한계인 자신의 생각을 넘어선 자들이다. 그리고 장애물을 뛰어넘는 믿음의 사람들이다. 예수 그리스도인 나를 100% 믿는 기적의 용사들이다. 친구들의 열정을 그대로 따라서 믿음을 행동으로 맡긴 중풍병자의 순수함도 치유의 기적을 이루었다. 나의 작은 자야, 너도 이와 같이 믿음의 사람이 되렴.

- 네 믿음의 선포자

오 늘 의 기 도

불가능을 가능케 하시는 주 예수 그리스도의 능력을 믿고 실천한 중풍병자와 친구들의 신실한 믿음을 저도 본받게 하옵소서. 믿음으로만 승리케 됨을 믿습니다. 예수님의 이름으로 기도합니다. 아멘.

203

나를 따르려면 자기 부인과 자기 십자가를 지고 따르라

"이에 예수께서 제자들에게 이르시되 누구든지 나를 따라오려거든 자기를 부인하고 자기 십자가를 지고 나를 따를 것이니라"(마 16:24).

성도들이 함께 모여서 하나님께 예배드리는 모습은 늘 보아도 내 마음이 기쁘단다. 언제나 기도를 마칠 때마다 내 이름으로 마무리를 하는 좋은 습관도 칭찬하고 싶구나.

말세지말의 이 시대에 너희 그리스도인들이 더욱 합심하여 함께 해야 할 것이 있다는 것을 명심하렴.

가장 먼저 함께 모여야 한다. 초대교회의 성도들처럼 날마다 성전에 모여 예배하고 기도하며 찬양과 교제하는 삶이, 오늘날에도 계속 진행되어야 한단다.

또한 같은 말과 같은 마음, 같은 뜻을 가지고 온전히 합하는 합심 합력의 본을 보여야 하리라. 너희가 나를 따르려면 함께 희생하는 모습을 보여주려무나. 자기를 부인하고 자기 십자가를 지고 나를 따를 것이니라. 자기 부인과 자기희생, 자기 성화를 이루는 참 그리스도인이 되기를 바란다. 이 거룩한 영적 투자를 주께서 꼭 갚아주리라. 날 믿으라.

- 네 십자가 진 그리스도

오 늘 의 기 도

우직하도록 제가 지고 갈 십자가를 감사함으로 지고 가게 하소서. 잔머리를 쓰지 않고 정직함과 진실함, 겸손함으로 주님의 십자가 좁은 길을 따라가게 하소서. 예수님의 이름으로 기도합니다. 아멘.

204

너는 기도를 계속하되 감사함으로 깨어 있으라

"기도를 계속하고 기도에 감사함으로 깨어 있으라"(골 4:2).

네가 한순간도 맑은 공기를 마시며 숨 쉬지 않고는 살 수 없음을 너무도 잘 알고 있구나. 이른 새벽에 일어나 창문을 열어, 시원한 바람을 머금은 공기가 방 안에 차오를 때의 상쾌함은 경험해 본 사람만이 알 것이다. 영적인 생기 넘치는 기도의 삶도 같은 이치란다.

내 소중한 자야, 어젯밤에 받은 말씀 중에서 다시 새롭게 네가 깨달았더구나. '기도를 계속하되 감사함으로 깨어 있으라'는 말씀에서, '감사함으로 깨어 있어야 한다'는 훈계가 네 마음을 두드렸으니 말이다.

결핍의 기도는 이제 사양해야 하겠지. 이것저것 달라고만 하는 기도는, 감사를 잃고 욕심만 생기게 된단다. 네가 엊그제 새벽부터 결단하고 일찍 취침하면서 일찍 기상하는 습관의 행동을 가졌더구나. 아주 잘한 일이야. 날마다 맞이하는 새벽의 시간을 나와 만나줘서 고맙고 사랑한다.

- 네 기도의 주인

오 늘 의 기 도

신실하신 하나님 아버지시여! 성령님이시여! 주 예수 그리스도시여! 제게 새벽의 시간을 선물로 주셔서 감사합니다. 기도하되 감사로 아뢰어 말씀으로 묵상하며 찬양하게 하소서. 감사하신 예수님의 이름으로 기도합니다. 아멘.

205

보라 이때는 여호와의 말씀을 듣지 못한 기갈이라

"주 여호와의 말씀이니라 보라 날이 이를지라 내가 기근을 땅에 보내리니 양식이 없어 주림이 아니며 물이 없어 갈함이 아니요 여호와의 말씀을 듣지 못한 기갈이라" (암 8:11).

"목마른 자들아 다 이리 오라 이곳에 좋은 샘 흐르도다. 힘쓰고 애씀이 없을지라도 이 샘에 오면 다 마시겠네"
- 찬송가 270장

내 사랑하는 자녀야, 영원히 목마르지 않는 샘물이 곧 여호와의 말씀이란다. 성령의 감동으로 기록된 신약과 구약의 66권! 이 성경의 말씀이 좋은 샘이 흐르는 물 댄 동산이라. 보라 이때는 여호와의 말씀을 듣지 못한 기갈이라.

네가 이른 새벽을 깨워 3시간의 영성 훈련을 갖는 가치가 얼마나 귀하고 소중한 것인지를 날이 갈수록 깨닫게 되리라. 이 종말이 가까운 시대에 살면서, 우리가 정신을 차려 지켜가야 할 세 가지 삶의 원칙이 있단다.

가장 먼저 하나님의 성전 중심으로 살아가렴. 눈에 보이는 성전이라 말하는 교회 중심의 삶도, 눈에 안 보이는 성전만큼이나 소중함을 잊지 말려무나. 모이기에 힘쓰라. 그리고 하나님의 영광 중심으로 살아라. 우리 신앙생활의 은퇴는 천국에 가서 하는 것이지, 하나님의 말씀 중심으로 살렴. 말씀이 곧 나의 양식이라.

- 네 생명의 양식

오 늘 의 기 도

매 주일마다 귀한 목사님을 통해서 생명의 양식을 공급받게 하시니, 그 은혜와 사랑을 감사드립니다. 말씀이 생수가 됨을 믿습니다. 말씀이 하나님 되심을 믿습니다. 구주 예수 그리스도의 이름으로 기도합니다. 아멘.

206

예수, 이는 그들의 죄에서 구원할 자이심이라

"아들을 낳으리니 이름을 예수라 하라 이는 그가 자기 백성을 그들의 죄에서 구원할 자이심이라 하니라"(마 1:21).

"구주를 생각만 해도 이렇게 좋거든 주얼굴 뵈올 때에야 얼마나 좋으랴 만민의 구주 예수의 귀하신 이름은 천지에 있는 이름 중 비할 데 없도다"

- 새찬송가 85장

"그가 자기 백성을 그들의 죄에서 구원할 자이심이라."의 뜻을 가진 여호와 하나님의 독생자 아들의 이름! "아들을 낳으리니 이름을 예수라 하라."라고 주의 사자가 요셉에게 현몽하여 일러준 말씀이니라. 마리아에게 잉태된 자는 성령으로 된 것이라고 하지 않았느냐.

얘야, 나의 이름을 예수라 함은 임마누엘로, 번역하면 "하나님이 우리와 함께 계시다"함이라.

명절의 찬양 콘서트를 감사하면서, 네가 감동받은 찬양의 제목이 〈눈물로 지으신 이름, 예수〉였더구나. 내 마음도 찡했다. 자신의 소소한 일상의 삶을 말씀과 기도 속에서 작곡하고 작사하여 은혜의 복음성가를 만들어 가는 찬양사역자! 그래서 더욱 모든 이름의 심금을 울림이 아닌지. 너도 이와 같이 영혼 살림의 글을 쓰려무나.

- 너의 구원자 예수

오 늘 의 기 도

아멘! 주 예수님이시여! 그렇습니다. 진실한 삶이 간증이요 찬양이 되게 하심을 감사드립니다. 아버지 하나님께서 눈물로 지으신 이름인 예수를 잊지 말게 하소서. 예수님의 이름으로 기도합니다. 아멘.

207

하나님을 기다리는 자는 복이 있도다

"그러나 여호와께서 기다리시나니 이는 너희에게 은혜를 베풀려 하심이요 일어나시리니 이는 너희를 긍휼히 여기려 하심이라 대저 여호와는 정의의 하나님이심이라 그를 기다리는 자마다 복이 있도다"(사 30:18).

애야, 환아! 사랑은 기다림이란다. 탕자를 기다리는 아버지의 마음을 아느냐. 네게 은혜와 긍휼의 마음을 주는 신실하신 하나님의 사랑을 경험하렴. 여호와는 또한 정의의 하나님이란다. 그러므로 그 주님을 기다리는 자는 복이 있다고 했다.

나는 너를 기다리되 일어나서 기다리고 있단다. 네가 내 뜻대로 살아가는 온전한 그리스도인으로 거듭나기를 기다린단다. 마치 네가 너의 두 딸들을 사랑하고 내 안에서 잘 되기를 매 순간 기도하며 기다리듯이 말이다. 사랑하는 나의 자녀야, 네가 더 성실히 기도하고픈 마음, 더 진실되게 성경 말씀을 통독하고 정독하려는 간절함을 발견했단다. 네가 나를 찾고 찾으면, 네 기다림에 내가 속히 응답할 것이다. 내가 네게만 허락한 달란트가 있으니, 추호라도 다른 사람과 비교하지 말렴. 오직 너의 길만 가라.

- 네 은혜의 주

오 늘 의 기 도

제가 연약하여 소심해질 때마다 위로해 주시며 힘주시는 주님께 무한 감사를 드립니다. 세월이 갈수록 주님 만날 소망으로 더욱 말씀과 기도로 무장케 하소서. 예수님의 이름으로 기도합니다. 아멘.

208

가르침을 받는 자는 말씀 전달자와 좋은 것을 나누라

"가르침을 받는 자는 말씀을 가르치는 자와 모든 좋은 것을 함께 하라"(갈 6:6).

나의 성품인 온유와 겸손을 너도 본받으라. 나를 세 번이나 부인했던 베드로도 책망하지 않았단다.

온유한 심령으로 "네가 나를 사랑하느냐?"라고 시몬의 마음을 두드렸지 않느냐. 세 번째 질문한 내게 고백하는 베드로의 대답을 들어보라. "주님 모든 것을 아시오매 내가 주님을 사랑하는 줄을 주님께서 아시나이다."

얘야, 너도 내게 시몬 베드로처럼 고백할 수 있느냐. 너의 눈빛에서 진실이 묻어나는구나. 너도 내 어린 양을 먹이라. 오늘 밤 강단에 서서 주의 말씀을 전달한 지도자의 모습 속에서, 너는 은혜와 함께 여러 생각들이 스쳐 지나감을 자각했더구나. 말씀을 받는 너와 말씀을 가르치는 목회자 간의 아름다운 관계는 좋은 것이다. 아주 작은 것까지도 내가 구별되게 세운 지도자들과 세상 끝 날까지, 앙금 없는 선한 영향력의 좋은 관계를 유지하려무나. 이것이 네가 잘 되는 형통의 복이라.

- 네 전인적 치유자

오 늘 의 기 도

신실하신 주 예수님의 은혜에 감사드립니다. 오직 주님만 바라보고 일생을 홀로 살다 순교한 사도 바울을 떠올립니다. 오늘 말씀을 전하신 목사님도 그와 흡사한 여생을 살고 계시오니 더욱더 복에 복을 주소서. 감사하신 예수님의 이름으로 기도합니다. 아멘.

209

나의 원대로 마옵시고 아버지의 원대로 하옵소서

"조금 나아가사 얼굴을 땅에 대시고 엎드려 기도하여 이르시되 내 아버지여 만일 할 만하시거든 이 잔을 내게서 지나가게 하옵소서 그러나 나의 원대로 마시옵고 아버지의 원대로 하옵소서 하시고"(마 26:39).

나의 사랑하는 자녀야, 네가 나의 이름으로 간절히 기도했을 때, 내가 안 들어 준 때가 있었냐고 묻고 싶구나.

3차원의 기도를 하렴. 진정한 3차원의 기도는 내가 아버지 하나님께 간절히 기도한 겟세마네 동산에서의 기도란다. 십자가에 달리기 전에 엎드려 기도한 나를 기억하라.

"시험에 들지 않게 깨어 기도하라."

"너희가 나와 함께 한 시간도 이렇게 깨어 있을 수 없더냐." 제자들의 졸며 가는 모습을 보고 들려준 나의 이 말을 너도 경청하여 정신을 차리고 영의 귀로 들으려무나. 달라고만 하는 기도에서 탈피하렴. 정욕으로 드리는 잘못된 기도는 응답에서 멀어진단다. 더 깊은 기도 속으로 헤엄쳐 들어가렴. 아버지 하나님의 뜻을 헤아리는 기도의 사람에게 응답의 복이 임한다.

"나의 원대로 마옵시고 아버지의 원대로 하옵소서." 너는 내 기도의 본을 따르렴.

- 너를 위한 중보자

오 늘 의 기 도

주여, 거머리처럼 계속 "다오. 다오."하는 달라고의 기도에서 탈피하기를 간구합니다. 주께서 본을 보이신 겟세마네 동산에서의 기도로 세상에서 승리하게 하소서. 예수님의 이름으로 기도합니다. 아멘.

210

에벤에셀! 여호와께서 여기까지 우리를 도우셨다

"사무엘이 돌을 취하여 미스바와 센 사이에 세워 이르되 여호와께서 여기까지 우리를 도우셨다 하고 그 이름을 에벤에셀이라 하니라"(삼상 7:12).

얘야, 준비된 사람은 하나님이 찾아서도 쓰신단다. 바로 다윗 소년이 준비된 여호와 하나님의 인물이었지.

다윗이 범죄하기도 했지만 침상에 그의 회개로 얼룩진 눈물이 가득했지 않느냐. 겸손히 낮아져 하나님만 바라보는 그에게 하나님은 칭찬하셨다. '내 마음에 합한다'라 하셨단다. 하나님은 끝내 골리앗을 하나님의 이름으로 나아가 이긴 다윗을 왕으로 세웠다.

하나님은 사무엘을 통하여 이스라엘을 다스리게 하셨다. 기도의 사람 사무엘이 돌을 취하여 미스바와 센 사이에 세웠지. 그리고 "여호와께서 여기까지 우리를 도우셨다." 하시며, 그 이름을 에벤에셀이라 부르셨느니라. 내 사랑하는 자녀야, 너는 에벤에셀의 하나님 은혜로 여기까지 믿음 안에서 살아왔단다. 네 도움의 손길, 네 기도의 손길이 바로 십자가의 부활을 이룬 하나님 안에, 내 안에 있음을 알려무나.

- 너의 에벤에셀

오늘의 기도

에벤에셀의 여호와 하나님을 제가 찬양합니다. 주님의 손길로 인하여 제가 여기까지 살아왔나이다. 사무엘 선지자처럼, 다윗처럼 기도의 사람으로 승리케 하소서. 예수님의 이름으로 기도합니다. 아멘.

211

요단강에 일곱 번 몸을 잠그니 깨끗이 나았더라

"나아만이 이에 내려가서 하나님의 사람의 말대로 요단 강에 일곱 번 몸을 잠그니 그의 살이 어린아이의 살 같이 회복되어 깨끗하게 되었더라"(왕하 5:14).

영적 감동 부흥성회의 잔치를 마친 너의 소감을 듣고 싶구나. 어떠했느냐. 원로 목사님의 신분으로 외치는 주의 말씀과 기도, 찬양 소리에 적잖은 도전을 받았더구나.

내가 능력과 힘을 주면 나이 많은 것이 문제가 되지 않는단다. 그러니 너는 이제라도 도전하여 영적 승리의 신앙인으로 자리매김 하기를 바라노라.

하나님이 쓰시는 명품 교회에서의 명품 신자가 되기를 기도하려무나. 주님의 손에 붙잡혀 사는 자가 되면, 어떠한 마귀의 유혹에서도 승리할 수 있단다. 그리고 종자 신앙을 갖는 참 그리스도인으로 살렴. 나아만 장군이 자신의 권위를 내버리고 하나님의 사람의 말에 순종한 것을 너도 알고 있으리라 믿는다. 나병 환자였던 그가 요단강에 일곱 번 몸을 잠기게 했을 때, 그의 살이 어린아이의 살같이 회복되어 깨끗하게 되었다고 했다. 너도 종자 신앙의 주인공으로 살려무나.

- 네 순종의 증인

오 늘 의 기 도

이번 성회를 통하여 하나님의 살아계심과 능력, 치유하심의 은혜를 다시 한번 깨닫고 도전받게 하심을 감사드립니다. 주의 말씀과 기도, 찬송 생활에 더욱 힘쓰게 하소서. 예수님의 이름으로 기도합니다. 아멘.

212

너희는 믿지 않는 자와 멍에를 함께 메지 말라

"너희는 믿지 않는 자와 멍에를 함께 메지 말라 의와 불법이 어찌 함께 하며 빛과 어둠이 어찌 사귀며"(고후 6:14).

내 사랑하는 제자야, 너는 성도로서의 정체성을 지니고, 세상의 향락에 맞서 구별된 삶을 살아갈 수 있는지 묻고 싶구나.

요즘 무속 신앙이 점점 사람들의 생활 속으로 접근해 들어오는 것을 느끼게 되는구나. TV 방송까지 점령하여 버젓이 자리를 안착시키고 있으니, 미혹된 영의 세계에 매혹 당하는 사람들이 점차적으로 많아질 듯싶어 조심스럽단다.

불신자와 멍에를 함께 메지 말라. 그리고 여호와만 온전히 따르라. 의와 불법이 함께 할 수 없단다. 또한 빛과 어둠도 함께 사귈 수 없단다. 불신자와 상종하지도 말라는 의미가 아니다. 그들의 세속적인 문화, 습관에 젖어서 빠져 살지 말라는 것이다. 오히려 그들이 살아 역사하시는 하나님의 사랑과 은혜를 깨달을 수 있도록 기도하고 권면하라는 것이다. 우상숭배를 철저히 물리쳐야 한다. 유형과 무형의 우상에서 손을 떼야 한다. 땅에 있는 지체를 죽이라. 너 먼저 실천하라.

- 네 안의 빛

오늘의 기도

주의 말씀에 제가 아멘으로 화답합니다. 세상의 흐름에 빠지지 않는 신실한 그리스도인으로 인침 받게 하소서. 마귀의 계략을 주의 말씀과 기도, 찬송으로 물리쳐 승리케 하소서. 예수님의 이름으로 기도합니다. 아멘.

213

성전으로 들어가면서 걷고 뛰며 하나님을 찬송하니

"뛰어 서서 걸으며 그들과 함께 성전으로 들어가면서 걷기도 하고 뛰기도 하며 하나님을 찬송하니"(행 3:8).

나면서부터 걷지 못하는 한 사람이 있는 곳! '아름다운 문'의 뜻을 가진 미문이 있다. 성전 문의 이름이다.

마침 베드로와 요한이 제 구시 기도 시간에 성전에 들어가고 있을 때였다. 사람들이 이 사람을 날마다 메고와 미문에 두는데, 구걸을 하게 하기 위함이었다.

애절한 눈빛으로 구걸하는 그를 향해 베드로가 입을 열었다. 내 사랑하는 자야, 너도 이 베드로의 행동과 말에 오로지 집중하려무나. "은과 금은 내게 없거니와 내게 있는 이것을 네게 주노니 나사렛 예수 그리스도의 이름으로 일어나 걸으라." 베드로가 그에게 명령 기도와 더불어 오른손을 잡아 일으키니, 기적의 역사는 그 순간 일어났단다. 걷지 못하던 이 사람은 일어나 뛰어 서서 걸으며 그들과 함께 성전에 들어가 하나님을 찬송하였다고 했다. 이처럼 주님의 전으로 나와 주님의 음성을 들으면 삶의 변화가 일어난다. 나는 만왕의 왕이요 만주의 주, 능력이 무한한 하나님이다. 너의 구세주이다.

- 네 찬송의 근원자

오 늘 의 기 도

예수 그리스도시여! 주는 곧 저의 구주가 되시는 하나님이심을 제가 믿습니다. 삼위일체 하나님께 나아가 예배드리고 그 음성을 들을 때 기적의 변화가 일어남을 믿고 감사드립니다. 예수님의 이름으로 기도합니다. 아멘.

214

이제부터 영원까지 여호와의 이름을 찬송하라

"이제부터 영원까지 여호와의 이름을 찬송할지로다"(시 113:2).

나를 위해 찬송하고 경배하여 찬양하는 성도들의 모습을 보면, 너무나 대견하고 사랑스럽기만 하단다.

주 하나님의 살아 역사하심을 곡조 있는 기도로 하나가 되는 선교회 찬양제를 내가 자세히 살펴보았노라.

네 모습도 자못 진지하게 듣고 있더구나. 해 돋는 데에서부터 해지는 데에까지 여호와의 이름을 찬송할 때, 하나님께서는 기뻐 찬양을 받으신단다. 너는 이제부터 영원까지 주의 이름을 찬송하라. 찬양은 하나님을 높이는 최고의 노래이다. 입술의 열매가 되는 찬송의 제사를 계속 드리는 자로 살라. 열두 팀의 찬양제를 목격하면서, 너는 어떤 팀에게 감동이 되었더냐. 성가를 부르는 자들의 간절한 눈빛과 곡조, 가사, 몸짓, 의상까지도 꽃들의 이름에 비유하여 붙여주는 심사자의 재치가 기발하더구나. 네가 자원하여 수요예배, 주일예배 때마다 찬양대에서 나를 위해 노래하는 모습을 지켜본단다. 너무 잘한 일이야. 지금이 너의 때란다.

- 네 영원의 주

오 늘 의 기 도

주님을 찬양하는 일에 저로 하여금 협력하게 하심을 감사드립니다. 연령이나 재능에 구분 없이 기쁘게 받아 일하게 하시니, 제가 감당케 되는 그때까지 감사로 충성케 하소서. 예수님의 이름으로 기도합니다. 아멘.

215

사람의 말로가 아닌 하나님의 말씀으로 받으라

"이러므로 우리가 하나님께 끊임없이 감사함은 너희가 우리에게 들은 바 하나님의 말씀을 받을 때에 사람의 말로 받지 아니하고 하나님의 말씀으로 받음이니 진실로 그러하도다 이 말씀이 또한 너희 믿는 자 가운데에서 역사하느니라" (살전 2:13).

내 사랑하는 자야, 오늘 새벽에는 네가 큰 결단을 했더구나. 그동안 성령의 감동으로 기록된 하나님의 말씀인 성경을 읽고 지켜 행한다 하면서도, 온전히 실천하지 못했다는 너의 죄책감이 작용한 것이더냐.

암, 그렇지. 나는 네 마음을 잘 안단다. 너의 살아온 인생의 연륜 속에서 사람보다 내게 잘 보여야 한다는 깨달음을 얻게 된 것이라 믿는다.

교회의 예배 시간에 받게 되는 하나님의 말씀을, 그 어느 때보다 집중하는 네 자세를 살피느니라.

노트에 요점을 기록하고, 동시에 강단의 말씀이 떨어질 때마다 하나님의 말씀으로 받는 네 아멘의 신앙이 달라졌더구나. 사람의 말로 받는 주의 말씀은 믿음의 역사가 약하단다. 너의 나이만큼의 분량만큼이나 성경을 10년간의 계획으로 통독하겠다고 결심했더구나. 지키고 행하도록 내가 도우리라.

- 네 삶의 나침반

오 늘 의 기 도

신실하신 아버지 하나님께 감사와 영광을 돌립니다. 그동안 주의 말씀보다 세상의 지식이나 뉴스, 예술과 문화 속에 더 심취했나이다. 이젠 성경 말씀에 더욱 집중케 하소서. 예수님의 이름으로 기도합니다. 아멘.

216

믿음이 없이는 하나님을 기쁘시게 하지 못한다

"믿음이 없이는 하나님을 기쁘시게 하지 못하나니 하나님께 나아가는 자는 반드시 그가 계신 것과 또한 그가 자기를 찾는 자들에게 상 주시는 이심을 믿어야 할지니라"(히 11:6).

얘야, 내가 다시 한번 네게 참 믿음이 무엇인지를 깨닫게 하려 하노라.

이스라엘 백성이 여호와 하나님의 말씀을 믿지 않고 원망할 때, 하나님은 영도자인 모세에게 "이 백성이 어느 때까지 나를 멸시하겠느냐."라고 한탄하셨느니라.

이 시대의 사람들은 어떠하냐. 실상 믿음의 그리스도인들조차도 외식적인 믿음의 한계에서 벗어나지 못하는 경우가 많으니 말이다. 너는 명심하여 진정한 믿음의 주인공으로 살려무나. 믿음은 하나님의 선물을 받는 손이라는 것을 배우렴. 믿음은 하나님을 바라보는 것임을 확신하고 환경을 보아서는 안된다. 그리고 믿음은 사실에 대한 해석이 됨을 믿으라. 같은 사실이라도 해석이 다를 수 있다. 정탐하는 일을 사람이 한다면 해석은 하나님이 하시는 일이다. 너는 하나님을 기쁘시게 하는 자로 살라.

- 네게 상 주시는 이

오 늘 의 기 도

하나님을 찾는 자들에게 상 주시는 은혜의 아버지 하나님께 무한 감사드립니다. 온전한 믿음의 사람으로 주만 의지하여 바라보고 믿게 하소서. 예수님의 이름으로 기도합니다. 아멘.

217

너는 여호와께서 택하신 방주 안으로 들어가라

"들어간 것들은 모든 것의 암수라 하나님이 그에게 명하신 대로 들어가매 여호와께서 그를 들여보내고 문을 닫으시니라"(창 7:16).

피곤한 몸을 이끌고 찾아 들어가니 네 마음이 어떠하더냐. 교회는 생명의 문으로 들어가는 길이다. 금요 기도회에 잘 왔다.

노아의 방주는 오늘날의 교회를 상징하지. 이제 여호와 하나님의 날이 오면 방주 안의 사람들만 살게 됨을 알라.

내 사랑하는 제자야, 매 순간 하나님께서 너를 지켜 살피시는 분임을 잊지 말라. 하나님의 말씀대로 계획하시고 그 약속을 온전히 지켜 행하시는 분이라는 사실도 명심하라. 그러므로 너는 주께서 택하신 방주 안으로 들어가야 사느니라. 하나님께서 오늘 밤도 들어가라 인도하셨기에, 네가 교회의 방주로 들어온 것이 아니겠느냐. 네 힘과 의지로 들어온 것이 아니다. 네가 앉고 일어서는 자리도 내가 인도하리라. 교회 안에서의 공동체 삶이 자유로운 복된 삶이리라. 너는 내 안에 거하라. 쉴만한 물가로 인도하리라. 생명의 방주 문이 닫히기 전에 들어와. 내 안에서 평안하고 자유하라.

- 네 생명의 방주

오 늘 의 기 도

제게 생명으로 들어가는 주의 몸 된 교회를 맡겨주심이 어찌 감사한지요. 오늘 밤도 주의 말씀 힘입고 새롭게 나아갑니다. 선한 싸움의 삶에서 승리케 하소서. 방주를 선물하신 예수님의 이름으로 기도합니다. 아멘.

218

경건의 정결함은 늘 자기를 세속에서 지켜감이라

"하나님 아버지 앞에서 정결하고 더러움이 없는 경건은 곧 고아와 과부를 그 환난 중에 돌보고 또 자기를 지켜 세속에 물들지 아니하는 그것이니라"(약 1:27).

"손에 있는 부귀보다 주를 더 사랑하는가. 이슬 같은 목숨보다 주를 더 사랑하는가. 사랑의 빛 잃어가면 주님 만날 수 없어. 헛된 영화 바라보며 사랑할 수도 없어, 잠시 머물 이 세상 헛된 것들 뿐이니, 주를 사랑하는 마음 금보다 더 귀하다."

- 복음성가 〈손에 있는 부귀보다〉

은혜의 찬양 소리와 가사에 담긴 사랑의 빛 되신 주님이 네 심령을 두드렸더구나. 그래, 경건의 정결함은 늘 자기 자신을 세속의 유혹에서 지켜나가는 삶이란다. 네가 나를 주님으로 섬겨 부르며 내 사랑이 금보다 더 귀하다 여기니, 이보다 더 좋을 수가 없구나. 네 진실된 고백이 복음성가의 가사처럼 세상 끝날 때까지 불변의 꽃으로 피어나길 기대해 보련다.

내 사랑하는 신부야, 이 세상에서의 우상과 인본주의 신앙, 세속에 물들지 아니하는 복음 신앙의 주인공으로 네가 우뚝 서 있기를 응원하마. 내가 능히 세상을 이긴 것처럼 너도 세상을 이기는 기독도의 길을 걷게 되리라. 성령 충만의 사람이 되어라.

- 네 안의 경건자

오 늘 의 기 도

자비로우신 주님이시여! 주님의 십자가 사랑보다 더 귀한 것이 있을까요. 뜬구름 같은 세상에서 오직 주님의 사랑만이 최상이요 최고가 되십니다. 제 자신을 지켜 세상을 이기게 하소서. 예수님의 이름으로 기도합니다. 아멘.

219

너희가 나와 더불어 교제하게 하시는 하나님이 미쁘시다

"너희를 불러 그의 아들 예수 그리스도 우리 주와 더불어 교제하게 하시는 하나님은 미쁘시도다"(고전 1:9).

나와 함께 늘 교제하는 네가 참 좋단다. 주고받는 마음의 대화, 그 눈빛, 그 목소리에서의 조화가 감미롭구나.

매일 새벽 시간에 나를 찾는 네 모습이 대견하다. 오직 그리스도인 나의 이름으로 같은 말, 같은 마음, 같은 뜻을 지니고 온전히 합하는 자들, 이들은 곧 거룩한 합창을 부르는 자들과 같단다. 성령 안에서 하나가 되는 삶이란다.

네가 찬양대에서 주 하나님을 경배하고 감사하는 성가를 부를 때, 소프라노와 알토, 테너와 베이스의 화음이 연합되어 일치하는 느낌이 어떠하더냐. 감미롭고 샘솟는 기쁨이 일렁이지 않더냐. 거룩한 합창이 되려면 지켜져야 할 핵심의 세 가지가 있단다. 혼자만 잘하고 높아지며 뽐내는 것이 아니다. 그리고 서로의 다름을 인정하고 함께 노래해야 하겠지. 끝으로 지휘자의 조율에 반드시 순종해야 한다. 이 미쁘신 하나님만 믿고 의지하려무나.

- 네게 미쁘신 이

오 늘 의 기 도

신실하신 우리 주 예수 그리스도시여! 저로 하여금 주님의 거룩한 합창의 일원으로 세워 주심을 무한 감사드립니다. 합창단원의 세 가지 지침을 지켜 주안에 하나가 되게 하소서. 예수님의 이름으로 기도합니다. 아멘.

220

참 포도나무인 내 안에 거하라 네게 열매가 있으리라

"내 안에 거하라 나도 너희 안에 거하리라 가지가 포도나무에 붙어 있지 아니하면 스스로 열매를 맺을 수 없음 같이 너희도 내 안에 있지 아니하면 그러하리라" (요 15:4).

애야, 모든 나무들이 자라는 모습을 상상이나 해 보았는지 묻고 싶구나. 산야마다 묵묵히 제 자리를 지키며 하늘을 향해 자라고 있는 나무들을 한 번 생각해 보렴.

박토이든, 옥토이든, 음지이든, 양지이든, 나무는 불평 없이 자기의 심겨진 뿌리를 지키며 자라고 있단다.

그리고 나무는 모든 가지와 잎들이 하늘을 향하고 있지. 또한 나무는 죽어도 서서 죽는다. 이 올곧은 기개의 정신을 지니신 분이 있다. 성전을 정화시키신 분이 바로 예수 그리스도인 나를 의미함이 아니겠느냐. 그러므로 열매를 맺으려면 너희는 내게 붙어 있어야 한다. 가지 된 너희가 포도나무인 내게 붙어 있을 때, 풍성한 포도송이의 열매를 수확하게 된단다. 너는 내 안에 거하라 나도 너희 안에 거하리라. 내게서 떨어져 있으면 열매를 맺을 수 없느니라. 나무의 속성과 교훈을 깨달으렴. 성령의 감동인 말씀 안에서 살라.

- 너의 참 포도나무

오 늘 의 기 도

나무의 올곧은 기개의 속성을 생각하며, 참 포도나무 되시는 예수님을 떠올리며 감사드립니다. 새들의 쉼터가 되고 나그네들의 그늘막이 되는, 포용력의 큰 나무이신 주님을 죽도록 따르리이다. 예수님의 이름으로 기도합니다. 아멘.

221

하나님의 말씀은 예리하여 영혼의 생각을 판단한다

"하나님의 말씀은 살아 있고 활력이 있어 좌우에 날 선 어떤 검보다도 예리하여 혼과 영과 및 관절과 골수를 찔러 쪼개기까지 하며 또 마음의 생각과 뜻을 판단하나니"(히 4:12).

네가 이 세상을 살아가면서 가장 먼저 지켜져야 할 것이 있는데, 무엇이라고 말할 수 있는지 네게 묻고 싶구나.

바로 너의 손이 가슴 한가운데로 향했는데, 무엇이라고 대답하는지를 익히 알 것 같구나. 다름이 아닌 너의 마음이란다. 잠언에서도 말씀하고 있지. 무릇 지킬만한 것 중에 네 마음을 지키라. 자기 자신의 개혁부터 시작되어야 하리라. 오직 여호와 하나님의 말씀을 순종하며 나아갈 때 새로운 심령의 변화가 일어나리라. 세상의 유혹을 물리치게 되리라.

이렇듯 하나님의 말씀은 예리 하여 영혼의 생각과 뜻을 온전히 판단한단다. 그리고 그 말씀의 개혁이 자신의 영혼의 죄악과 마음의 상처, 육신의 질병까지 치유하게 되리라.

그러므로 신령과 진정으로 드리는 참 예배자의 모습으로 개혁되는 것이다. 너는 주의 성전에 나아와 성령에 사로잡혀 하나님의 말씀을 들으며 예배하라. 함께 모이기를 힘쓰라. 내가 너를 변화시키리라.

- 네 영혼의 판단자

오 늘 의 기 도

신실하신 하나님의 말씀 안에서만 제가 개혁되고 변화된다는 것을 믿어 의심치 않습니다. 좌우에 날 선 어떤 검보다도 예리한 것이 주의 말씀임을 믿고 감사합니다. 참 예배자로 바로 서게 하소서. 예수님의 이름으로 기도합니다. 아멘.

222

하나님은 자기의 기쁘신 뜻을 위해 네 소원을 이루게 하신다

"너희 안에서 행하시는 이는 하나님이시니 자기의 기쁘신 뜻을 위하여 너희에게 소원을 두고 행하게 하시나니"(빌 2:13).

나의 사랑하는 제자 환아! 다니엘은 아주 큰 사람이었다. 아무 허물도 없는 다니엘을 하나님은 끝내 수석 총리로 세움 받게 하셨다.

'큰 사람'의 뜻은 크고 장대하며 '복을 받는 사람'이라는 의미가 있단다. 그러므로 복이 예수님이시며, 복의 근원도 예수님이시니, 내 자신은 죽고 오직 예수님으로 사는 사람이 되어야 한다는 뜻이지.

너도 이와 같이 큰 사람이 되기 위해서는, 다니엘이 행했던 큰 사람이 되는 세 가지 사명을 준수해 나가야 하리라. 첫째, 큰 사람은 정체성이 흔들려선 안 된다. 네 자신이 하나님의 자녀가 되었기에, 천국의 백성으로 영원히 산다는 확신의 믿음이 있어야 한단다. 둘째, 큰 사람은 어떠한 어려움 속에서도 하나님의 방법을 찾는다. 다니엘과 그의 세 친구들처럼 오직 하나님만 의지하는 순교 신앙의 주인공으로 살려무나. 셋째, 큰 사람에게는 대단한 기적의 영향력을 발휘하게 된다. 다니엘은 죽음의 사자 굴에서도 살아났다. 다리오의 입을 통해 하나님의 살아계심을 증명했다. 네 소원을 내가 꼭 이뤄 주리라.

- 네 소원의 주

오늘의 기도

하나님의 기쁘신 뜻을 위하여 제게 소원을 두고 행하게 하심을 무한 감사드립니다. 큰 사람이 되어 다니엘과 세 친구들처럼 쓰임 받게 하소서. 제 모습 이대로 주 받으옵소서. 예수님의 이름으로 기도합니다. 아

223

너는 선한 싸움으로 믿음을 지켜 달려가라

"나는 선한 싸움을 싸우고 나의 달려갈 길을 마치고 믿음을 지켰으니"(딤후 4:7).

내가 다시 한번 네게 묻고 싶은 것이 있단다. 거짓의 영이 난무하는 이 세상에서, 네가 얼마나 참된 영적 분별력에 힘입어 살아가고 있는지를 말이다.

얘야, 너는 진정 하나님의 말씀대로 사는 자라고 말할 수 있느냐? 네가 매 순간마다 깨어 기도한다고 대답할 수 있는가? 그리고 네가 예배 생활에 충실하다고 고백할 수 있느냐? 진실된 믿음의 헌신자라 대답할 수는 있는가? 마지막으로 모든 사람들과 더불어 화평을 이뤄가는 사랑의 사람인가?

이 다섯 가지 질문에서 네 양심의 대답은 참 모호하구나. 그러나 네 진심의 애쓰고 힘써 노력하는 모습은 인정한단다. 네 일생에 지켜져야 할 본분이나, 늘 두렵고 떨리는 심정으로 네 믿음을 향상시키려무나. 사도 바울의 고백처럼, 선한 싸움으로 싸워 달려갈 길의 믿음을 지키는 네가 되길 기대하마. 깨어 예배드리는 자, 주의 말씀으로 내게 인정받는 네가 되길 원한다.

- 네 재판장

오 늘 의 기 도

아멘으로 화답합니다. 하루 세끼의 양식은 육신의 건강을 위해 챙기면서, 그동안 주의 영적 양식인 성경엔 게을렀나이다. 주여 용서하소서. 오늘부터 결단하고 작성한 계획대로 결실 맺게 하소서. 예수님의 이름으로 기도합니다. 아멘.

224

아버지께서는 영과 진리로 예배하는 자들을 찾으신다

"아버지께 참되게 예배하는 자들은 영과 진리로 예배할 때가 오나니 곧 이 때라 아버지께서는 자기에게 이렇게 예배하는 자들을 찾으시느니라"(요 4:23).

전도 세미나에서 들은 말씀에 몇 가지 네게 충격적인 도전을 심어준 부분들이 있더구나.

영혼을 살리는 곳, 사람을 살리는 곳이 교회란다. 내가 네게 "내 증인이 되어라."라고 명하지 않았느냐 말이다. 증인이란 자기 목숨을 가리지 않고 말을 하는 사람이다.

하나님의 마음, 곧 나의 마음속 답은 이 땅의 죽어가는 수많은 영혼 한 사람, 한 사람을 구원의 자리로 건져내는 것이란다. 네가 새벽 시간의 첫 순위로 말씀과 기도에 주력하는 것이 참 복된 사명임을 알라. 새벽 기도가 짐 같지만 네 영혼과 육체를 살리는 생기와 같단다. 이 새벽의 기도를 은혜로 받는 사람이 있고 짐으로 받는 사람이 있더구나. 유조선 바닥에 물을 채워두는 짐이 있기에 그 배가 목적지까지 도착하게 된단다. 요즘 범지구적인 팬데믹 바람으로 인해 교회마다 예배와 전도에 위축이 되어 있다. 그러나 너는 깨어 예배하고 전도하라.

- 네 안의 진리

오 늘 의 기 도

영과 진리로 예배하는 자들을 찾으시는 주님이시여! 제가 참 예배자로 주님께 인정받기 원합니다 추수 감사의 절기에 무엇보다 영혼 구원의 실천자로 충성케 하소서. 예수님의 이름으로 기도합니다. 아멘.

225

오직 의인은 믿음으로 말미암아 살리라

"복음에는 하나님의 의가 나타나서 믿음으로 믿음에 이르게 하나니 기록된 바 오직 의인은 믿음으로 말미암아 살리라 함과 같으니라"(롬 1:17).

상황과 말씀이 충돌할 경우가 있단다. 이러한 경우에 너는 어떻게 처리하게 되는지 알고 싶구나.

'금주의 칼럼'으로 주보에 싣게 되는 그 말씀에서, 네가 가끔씩 힘을 얻는구나. 그래. 성경 말씀에서 얻게 되는 지혜는 영혼의 유익을 주지.

"기다리면 이삭 되고, 서두르면 이스마엘 된다." 그 글이 귀해서 되새기고 있는 네 모습도 진실되구나.

상황이 유혹이고 말씀은 구원이라는 것이 곧 '기다리면 이삭 되고, 서두르면 이스마엘 된다.'라는 의미란다.

다윗은 상황과 말씀의 충돌 속에서 말씀에 순종했다. 그는 복수의 유혹을 이기고 하나님의 말씀에 순종했기 때문에 사울을 죽이지 않고 그의 죽음을 애도한다. 그러므로 다윗은 온전한 이스라엘 전체의 왕이 되었다. 오늘도 기회처럼 보이는 유혹이 너를 손짓할 수 있다. 오직 너는 의인된 믿음으로 말씀의 길을 걸으라. 기다리는 이삭이 되어라.

- 네 믿음의 주

오 늘 의 기 도

아멘이십니다. 주님 때문에 제 안에 도사렸던 복수심을 버리게 되었나이다. 그 십자가의 보혈이 저로 하여금 긍휼의 은혜로 용서하게 하셨습니다. 기다리는 이삭으로 승리하게 하소서. 예수님의 이름으로 기도합니다. 아멘.

226

예수께서 이르시되 가서 너도 이와 같이 하라

"이르되 자비를 베푼 자니이다 예수께서 이르시되 가서 너도 이와 같이 하라 하시니라"(눅 10:37).

강도 만난 자의 이웃에 대하여 내가 말하지 않았더냐. 제사장, 레위인 모두 그를 피하여 지나갔다. 그러나 사마리아 사람은 강도를 만나 거의 죽어가던 상처투성이의 사람을 외면하지 않았다. 데리고 가서 치료하고 먹여 재우며 최선을 다했다.

불쌍히 여겨 그를 정성껏 돌보아 섬겼다. 마음뿐 아니라 물질까지도 아끼지 않은 것을 너도 잘 알고 있으리라 믿는다.

자비를 베푼 선한 사마리아인은 진정으로 강도 만난 자의 참 이웃이란다. "가서 너도 이와 같이 하라."의 내 말은, 지금의 이 시대에서도 너희에게 부탁하는 나의 소원임을 명심하렴. 외식하는 그리스도인을 내가 싫어한다. 겸손과 온유의 행실로 네 이웃을 섬기려무나. 이 땅의 모든 사람들은 저마다의 상처를 지니고 살아가고 있지. 교회 밖의 사람들뿐만 아니라, 교회 안의 성도들도 남 모르는 상처를 안고 살아가는 경우가 많단다. 이 진실된 섬김이 곧 영혼 구원의 전도임을 알라.

- 네 상처의 치유자

오 늘 의 기 도

자비로우신 하나님 아버지의 뜻대로 사시는 예수님의 모습을 본받게 하소서. "가서 너도 이와 같이 하라."는 곧 제게 주시는 말씀이라고 믿습니다. 십자가 헌신의 섬김을 저도 본받게 하소서. 예수님의 이름으로 기도합니다. 아멘.

227

네 구제함을 은밀하게 하라 아버지께서 갚으신다

"네 구제함을 은밀하게 하라 은밀한 중에 보시는 너의 아버지께서 갚으시리라" (마 6:4).

얘야, 약자를 배려하는 삶에 대해서 너는 어떻게 생각을 하고 있느냐. 이스라엘에는 '페아법'이 있단다.

그러므로 가난한 사람이나 나그네를 위해서 곡식을 다 추수하지 않고, 밭모퉁이를 남겨 둔단다. 떨어진 이삭도 줍지 않고 말이다. 가난한 사람에게 생길 수 있는 수치심을 최소화하는 이 페아법이 구제보다 한 걸음 더 나간 배려가 아니겠느냐. 이러한 삶이 바로 하나님의 뜻이며 나의 뜻임을 알라.

너는 네 구제함을 은밀하게 하고 있느냐. 사람들이 몰라도 은밀한 중에 보시는 네 아버지께서 갚아주심을 믿으려무나.

'화목제 정신'은 아끼기 보다 잘 사용하라는 의미가 크다. 재물을 사용하되 관계를 위해 쓰라는 것이다. 재물은 쌓아두면 썩는다. 빨리 잘 사용하면 관계가 살아나고 화목이 꽃이 핀다. 너도 인간과의 관계 속에서 마음이나 물질을 적절히 사용하는 지혜를 배우렴. 늘 은밀한 구제로 풍성한 열매를 맺으라.

- 네 은밀한 구세주

오 늘 의 기 도

주님의 말씀은 제게 큰 힘과 위로와 용기를 주십니다. 페아법의 진정한 의미를 깨닫게 하심이 어찌 감사한지요. 선한 일의 구제에서도 제 이름을 알리기보다 화목의 관계에 힘쓰게 하소서. 예수님의 이름으로 기도합니다. 아멘.

228
하나님께서 보내신 이를 믿는 것이 하나님의 일이다

"예수께서 대답하여 이르시되 하나님께서 보내신 이를 믿는 것이 하나님의 일이니라 하시니"(요 6:29).

하나님께서 보내신 이, 즉 나를 믿는 것이 하나님의 일이란다. 어떻게 해야 하나님의 일을 하는 것인지를 제자들이 물었다. 나를 믿고 실천할 때 내가 하는 일을 제자들도 행했고, 그들을 통하여 말씀이 전파되며 귀신도 쫓아내고 병자도 고쳤다.

너는 이 사실을 믿느냐. 하나님이 보내신 나를 전적으로 믿는 것이 곧 하나님의 일임을 믿으라. 믿으면 권능이 드러난다.

마귀는 너희로 하여금 틈만 있으면 주눅 들게 만든다. 가족 때문에 묶이고 고향 때문에 매이게 한다. 그러나 너는 새로운 목적을 향해 진격하라. 마귀의 죽는 소리를 분명 듣게 될 것이다. 너를 통하여 하나님의 기적이 일어날 것이다. 익숙하다고 무시하거나 배척하면 안 된단다. 익숙한 것을 자꾸 믿어줄 때, 잘 되는 것이다. 믿는 것이 하나님의 일이다. 하나님이 보내신 나를 믿으라. 내가 이룬 십자가를 믿으라. 부활을 믿으라. 나의 승천과 재림을 믿으렴. 내가 하는 일을 너도 하리라.

- 네 믿음의 주

오 늘 의 기 도

하나님이 보내신 주 예수 그리스도를 단순하게 믿는 것이 곧 하나님의 일인 것을 제가 믿고 감사드립니다. 주님을 믿음으로 주가 행하신 일을 저도 행케 하소서. 예수님의 이름으로 기도합니다. 아멘.

229

장성한 자의 지각으로 연단 받아 선악을 분별하라

"단단한 음식은 장성한 자의 것이니 그들은 지각을 사용함으로 연단을 받아 선악을 분별하는 자들이니라"(히 5:14).

내 사랑하는 자녀 환아, 네가 꽃무늬의 옷 입기를 즐겨 하더구나. 그리고 자연의 숲길을 거닐 때도 들꽃들을 앨범에 남기기 위해 사진 찍기를 좋아하더구나.

항상 바라보아도 행복감을 상승시키는 것이 향기 짙은 꽃이지. 뿌리가 있어 물을 머금은 꽃나무는 몇 해 동안이라도 싱싱하게 자라는 모습을 볼 수 있단다.

열매까지도 맺힌다면 생명이 있기에 뿌리가 튼튼하다는 이유가 되겠지. 자라지 않는 것이 있는데, 바로 뿌리에서 잘려 나간 꽃이란다. 약간의 향기는 나겠지만 이미 그 잎이나 꽃은 시들어져 죽은 목숨이 되는 것이란다. 이처럼 너의 영적인 건강도 생각해 보려무나. 나이 탓만 하고 게으름 속에 머물러 있어선 안되겠지. 너는 단단한 자의 지각으로 연단 받으며 살라. 그러므로 선악을 분별하는 자로 살라. 생명의 뿌리 깊은 꽃나무처럼 내 안의 말씀으로 꽃을 피우라.

- 네 선악의 분별자

오 늘 의 기 도

생기와 생수가 되시는 주 예수 그리스도를 사랑합니다. 아름다운 들꽃이요 장미, 백합화의 향기를 발하게 하시는 주 예수님을 사모합니다. 주의 말씀이 살아있는 꽃입니다. 감사하며 예수님의 이름으로 기도합니다. 아멘.

230

아버지가 측은히 여겨 달려가 목을 안고 입을 맞추다

"이에 일어나서 아버지께로 돌아가니라 아직도 거리가 먼데 아버지가 그를 보고 측은히 여겨 달려가 목을 안고 입을 맞추니"(눅 15:20).

내 사랑하는 자야, 하나님 아버지의 마음에 대하여 너와 이야기하고 싶구나.

나를 이 땅에 보내신 하나님께서는 천하보다 귀한 한 영혼의 구원을 기뻐하신단다. 그리고 그 자신의 사랑을 너희가 알아가기를 원하신단다. 그렇기 때문에 때때로 너희에게 고통스러운 삶의 연단을 경험하게 하시기도 한다는 것을 잊지 말렴.

이스라엘 백성이 40년 동안이나 거친 광야 생활을 하게 하심도, 하나님이 진정 그들 자신의 여호와 하나님 되심을 알게 하려 하심이었단다. 하나님은 오늘날의 너희를 사랑하시되 끝까지 사랑하시는 사랑의 하나님이시다. 그러므로 하나님 아버지께서는 하나님의 그 진실된 마음을 너희도 소유하길 원하신단다. 내가 아버지의 뜻을 따라 십자가에서 죽기까지 너희 죄를 대신 지었다. 이보다 더 큰 하나님의 사랑이 어디 있겠느냐. 아버지가 너를 측은히 여겨 달려가 목을 안고 입을 맞추는 상상을 하라.

- 네 사랑의 입맞춤

오늘의 기도

각만 해도 심장이 뛰고 어찌할 바를 모르겠습니다. 이 천지 간에 주님처럼 저를 뜨겁게 사랑하는 분이 또 어디 있을까요. 목을 안고 입을 맞추시니 저 탕자는 감격하여 목이 메입니다. 감사하며 예수님의 이름으로 기도합니다. 아멘.

231

내가 내 교회를 세우리니 음부의 권세를 이기리라

"또 내가 네게 이르노니 너는 베드로라 내가 이 반석 위에 내 교회를 세우리니 음부의 권세가 이기지 못하리라"(마 16:18).

얘야, 모든 인생의 문제는 예수 그리스도, 곧 나를 만남으로 해결된다는 사실을 익히 알고 있으리라 믿는다. 또한 신앙의 문제는 좋은 교회를 만남으로 해결될 수 있다는 것을 늘 마음속 깊이 간직하며 살아가려무나.

네가 섬기는 교회는 참으로 좋은 교회임을 알라. 영혼과 육신의 모든 전인적인 것들을 내가 치유하리라. 내가 베드로에게 천국 열쇠를 주었노라. 내가 이 반석 위에 내 교회를 세웠노라. 그러므로 어떠한 음부의 권세도 이 교회를 이기지 못하리라. 교회는 나의 몸이니라. 그리고 너희는 내 몸에 있는 지체니라. 지체의 각 부분이 되어 서로 같이 돌보게 하신 하나님의 교회 성도들임을 믿으라. 분쟁이 없고 피차 함께 울고 웃는 교회의 양 무리가 되기를 원한다.

너는 어떠한 시험이 와도 교회를 떠나지 말라. 시기와 분쟁으로 마귀의 유혹을 받는 자들에게서 멀리하렴. 세상 끝 날까지 성령의 사람으로 승리하라.

- 너의 몸 된 교회

오 늘 의 기 도

신실하신 하나님 아버지의 교회를 제가 사랑합니다. 주의 성전에서 복음을 전하시는 목사님의 뜻이 주님의 뜻이라 믿고 따르기를 소원합니다. 좋은 교회의 성도로 충성케 하소서. 예수님의 이름으로 기도합니다. 아멘.

232

아들을 낳으매 이름을 예수라 하니라

"아들을 낳기까지 동침하지 아니하더니 낳으매 이름을 예수라 하니라"(마 1:25).

나의 사랑하는 자야, 대림절 밤의 수요 성탄예배를 내가 지켜보았단다. 나의 탄생을 즐겁게 맞이하기 위하여 노래하고 성극도 준비했더구나. 그 성의와 정성이 너무 고맙구나.

너의 지난 세월의 십 대 시절엔 어떠했느냐. 성탄 축하의 밤엔 잔치가 되어 농촌 마을의 교회가 가득했었지.

새벽송을 돌며 나의 태어난 기쁨을 경배하는 그 모습들이 얼마나 아름다웠는지 모른단다. 지금은 예전의 그 열정과 진심을 찾기가 쉽지 않더구나. 그럼에도 불구하고 12월의 성탄절이 다가오면, 예수 그리스도인 나의 출생을 기쁨과 감사로 맞이하는 너희가 있어 고맙단다.

성령으로 나를 잉태하게 하신 이가 하나님 아버지이심을 믿으라. 내 육신의 부모인 요셉과 마리아가 약혼하고 동거하기 전에 나를 낳으셨느니라. 아들인 나의 이름을 예수라 칭하시고, 나를 낳기까지 동침하지 않으셨단다. 성령으로 잉태시킨 나의 하나님께 감사하라.

- 너의 왕 예수

오 늘 의 기 도

저의 구원과 영생을 위해 육신의 몸을 입고 이 땅에 오신 예수 그리스도가 임마누엘의 하나님 되심을 믿습니다. 그 은혜를 진정 감사합니다. 성령으로 잉태하셨으니 저도 성령으로 살게 하소서. 예수님의 이름으로 기도합니다. 아멘.

233

어두운 산에 거치기 전, 너희 하나님께 영광을 돌리라

"그가 어둠을 일으키시기 전, 너희 발이 어두운 산에 거치기 전, 너희 바라는 빛이 사망의 그늘로 변하여 침침한 어둠이 되게 하시기 전에 너희 하나님 여호와께 영광을 돌리라"(렘 13:16).

나와 함께 새벽을 깨워 데이트하는 이 시간이 네겐 행복하고, 또 만족한 즐거움의 시간이 되었다는 것을 내가 다 안단다. 이 복된 은혜의 시간을 중단하지 말라.

내 사랑하는 자야, 주의 전에서 외치는 내가 택한 목회자를 향한 네 심성이 가상하구나. 이해할 수 없는 시험 가운데서도 오직 나를 바라보는 네 마음, 입술에 재갈을 물린 듯 좌우로 흔들리지 않는 대나무의 기상을 연상케 함이 대견하단다.

너는 이 어두운 때에 하나님의 음성에 귀를 기울여라. 성령의 감동으로 기록된 성경의 말씀만이 네 생명이 되느니라. 점점 시시때때로 주의 말씀 묵상에 심취하는 네 모습이 아름답구나. 새로운 해에는 얼마나 결실을 맺을지를 기대해 보련다. 내 말에 순종하면 불가능이 가능하게 됨을 믿으렴. 믿음 안에서 행하는 말씀 준행과 기도, 금식이 응답의 첫 걸음이 된단다. 그리고 부탁하노니 너는 하나님의 때까지 기다리려무나. 거친 환경과 사망의 침침한 어둠 속에서도 주께 영광을 돌리라. 내가 네 생명의 주가 됨이라.

- 네 생명의 주

오 늘 의 기 도

오늘도 살아 역사하시는 하나님께 감사드립니다. 인간의 모습으로 성육신하신 진리의 예수님께 찬양과 경배를 드립니다. 주의 성령께 마귀의 거짓 선동을 기도로 아뢰오니, 곧 승리케 됨을 믿습니다. 주 예수님의 이름으로 기도합니다. 아멘.

234

말씀이 육신이 되신 그의 영광이 아버지의 독생자의 영광이라

"말씀이 육신이 되어 우리 가운데 거하시매 우리가 그의 영광을 보니 아버지의 독생자의 영광이요 은혜와 진리가 충만하더라"(요 1:14).

이 어두운 세상에 내가 참 빛으로 왔단다. 죄악의 어두움을 몰아내기 위해서다. 너는 나의 참 빛을 따라가렴.

태초에 말씀이 계셨고, 이 말씀이 하나님과 함께 계셨단다. 그러므로 이 말씀은 곧 하나님이심을 너는 알라. 만물이 그로 말미암아 지은 바 되었단다. 그러나 세상이 그를 알지 못하였느니라.

말씀이 육신이 되어 너희 가운데 거하셨다. 그 영광은 아버지의 독생자의 영광이다. 은혜와 진리가 충만하다고 증언하러 온 요한은, 빛 되시는 예수 그리스도를 소개하고 있느니라. 본래 하나님을 본 사람이 없으되 아버지 품속에 있는 독생하신 하나님이 나타내셨다고 그는 증언했다.

내 사랑하는 자야, 말씀이 육신이 되신 그가 누구라고 너는 믿느냐. 바로 네 안에 말씀으로 거하신 분이 나를 말함이 아니더냐. 내가 곧 아버지 품속에 있는 독생하신 하나님이란다. 끝까지 낮아져 네 죄를 구원하려 십자가를 지러 왔다. 성육신의 나를 따르라.

- 네 죄악의 구원자

오 늘 의 기 도

참 빛으로 오신 성육신의 아버지 하나님이 곧 예수 그리스도가 되심을 제가 믿고 감사드립니다. 말씀이 육신이 되어 제 안에 거하신 주께 영광 돌립니다. 저를 구원하신 예수님의 이름으로 기도합니다. 아멘.

235

형제를 사랑하지 않으면 하나님을 사랑할 수 없다

"누구든지 하나님을 사랑하노라 하고 그 형제를 미워하면 이는 거짓말하는 자니 보는 바 그 형제를 사랑하지 아니하는 자는 보지 못하는 바 하나님을 사랑할 수 없느니라"(요일 4:20).

환아, 내가 너의 살아온 날들을 다 헤아린다. 지금은 네가 칠십 대에 접어든 노년의 시기라 해도, 네 마음과 환경은 순풍의 시대를 만났다 해도 과언이 아니니라.

너의 청장년, 중년의 시기에는 많이도 상처의 아픔들이 너를 힘들게 했지. 사람은 외모를 보고 판단하지만, 나만은 너의 심령, 골수까지 감찰하여 보살피니 말이다. 지금의 너는 원수가 없이 사랑, 이해, 용서의 마음이니 얼마나 다행인지 모른다.

내 사랑하는 자야, 누구든지 하나님을 사랑한다 하면서 형제를 미워하면, 거짓말하는 자라고 했다. 형제를 사랑하지 않으면, 하나님을 사랑할 수 없단다. 이 성탄의 달에 내가 하나님 아버지의 성육신으로 이 땅에 태어났다는 사실을 네가 잘 알고 믿으리라. 너를, 너의 상처 입은 영혼과 육신을 온전히 치유하여 구원하려고 왔음을 알라. 끝내 십자가를 지기까지 네 죄악을 대신 감당하려고 왔단다. 천국 백성의 반열에 있게 하기 위해 부활, 승천, 재림을 완성, 준비하노라. 너를 향한 내 사랑을 얼마나 더 헤아리랴.

- 네 안의 나

오 늘 의 　기 도

천만 번 부르고 또 불러도 감당할 수 없는 그 이름, 예수 그리스도를 사랑, 사모합니다. 아기 예수로 오신 만왕의 왕이시여! 인간의 모습으로 오신 당신은 하나님이십니다. 저를 위해 오신 예수님의 이름으로 기도합니다. 아멘.

236

주의 여종이오니 말씀대로 내게 이루어지이다

"마리아가 이르되 주의 여종이오니 말씀대로 내게 이루어지이다 하매 천사가 떠나가니라"(눅 1:38).

천진난만한 유아, 유치부 어린이들의 모습은 어찌 그리도 귀여운지 모르겠구나. 나의 생일을 축하하는 아동부 성탄 축하 예배는 언제 보아도 대견하단다.

강단 앞 무대에서 콩콩콩 뛰든지, 아니면 그대로 서 있기만 해도 예뻐서 안아주고픈 저 어린이들…. 얘야, 내가 너도 이렇게 사랑하고 아낀다는 것을 조금은 알겠느냔 말이다.

내가 아기 예수로 태어나 네가 크게 기뻐해야 할 세 가지 은혜를 알려주마. 첫째로, 차별 없이 입혀주는 은혜이다. 사람은 차별하지만 나는 차별 없이 남녀노소 모두 사랑한단다. 둘째로,가망 없는 0퍼센트를 100퍼센트로 바꿔주는 은혜임을 잊지 말라. 영벌에 처할 죄인된 너희를 천국의 자녀로 승진 시켰노라. 셋째로, 성령을 통해 믿게 함으로 이루어 주는 은혜이다. 마리아의 고백을 너는 본받으라. "주의 여종이오니 말씀대로 내게 이루어지이다"의 생명 바치는 고백! 나도 너의 이 고백을 듣고 싶단다.

- 네 안의 성령

오 늘 의 기 도

주의 성령님을 찬양하고 경배합니다. 마리아를 통해 성령으로 잉태하신 주 예수 그리스도시여! 만왕의 왕이시여! 제 남은 삶도 마리아의 고백으로 살게 하소서. 감사하며 예수님의 이름으로 기도합니다. 아멘.

237

사랑을 구하는 자는 허물을 덮어주는 자니라

"허물을 덮어 주는 자는 사랑을 구하는 자요 그것을 거듭 말하는 자는 친한 벗을 이간하는 자니라"(잠 17:9).

나의 출생에 대한 이야기가 성경의 여러 부분에 있다는 것을 너도 알고 있으리라 믿는다. 어머니 마리아와 아버지 요셉이 약혼하고 동거하기 전에 성령으로 잉태되었지 않느냐.

여호와 하나님께서 임마누엘, 즉 "하나님이 우리와 함께 계시다"는 말씀을 이루심이란다. 사람의 부모를 통해서 내가 태어났지만, 성령으로 잉태되었다는 사실에 주목하기를 바란다. 의로운 사람 요셉은 나를 잉태한 마리아를 드러내지 않고 가만히 끊고자 했다고 했다. 주의 사자가 현몽하여 분부했을 때, 그대로 순종했단다. 이 사랑이 바로 허물을 덮어주는 자의 아름다운 모습이란다. 겸손하고 의로운 요셉의 인격, 그 믿음을 너도 본받으렴. 상대방의 허물을 거듭 말하는 자는 친한 벗을 이간하는 자라 했다.

내 사랑하는 자야, 너도 세상 끝날까지 요셉처럼, 마리아처럼 주 앞에 온전히 쓰임받는 사랑의 분신으로 살기를 원하노라. 오직 나만 바라보면 불가능이 변하여 가능케 되리라.

- 네 사랑의 주

오 늘 의 기 도

주 예수 그리스도의 온전한 인격을 닮아가게 하소서. 지·정·의의 겸손과 온유함이 풍성한 요셉의 인격을 따라가게 하소서. 마리아의 신실한 믿음을 본받기 원합니다. 예수님의 이름으로 기도합니다. 아멘.

238

구원과 영광, 반석과 피난처가 하나님께 있도다

"나의 구원과 영광이 하나님께 있음이여 내 힘의 반석과 피난처도 하나님께 있도다"(시 62:7).

내 사랑하는 자야, 너의 구원과 영광이 하나님께 있도다. 네 힘의 반석과 피난처도 아버지 하나님께 있도다.

한 해의 마지막 주일이자 성탄의 주일을 맞는 네 심정은 어떠하냐. 너도 칠십 인생의 은퇴를 기념하는 교회의 직분자가 되었구나. 여기까지 내가 너를 통치해 왔노라.

본 교회에서 은퇴를 한 직분자들의 명단을 주보에서 확인하는 네 모습을 보았노라. 겸손하게 충성을 다해 섬긴 자들이니라. 한 교회에 정착하기보다 이곳저곳을 옮겨 다니는 어떤 성도들과 같지 않단다. 오직 주의 성전에서 예배하고 봉사하며 일생을 다한 저들의 이름을 내가 잊지 않으리라.

은퇴는 또 다른 새 삶의 시작을 알리는 새 길이 됨을 알라. 조금도 위축되거나 소외감으로 외로워하면 안 된다. "주님이 또 기회를 주시면 제 남은 여생을 선교사의 일선에서 보내고 싶어요!"라고 간증문에 밝힌 여종의 삶을 본받으렴. 내가 너희의 피난처가 되리라.

- 네 힘의 반석

오 늘 의 기 도

신실하신 아버지 하나님이시여! 저를 주의 제단에서 직분자로 세워 주시고, 은퇴하기까지 통치해 주셨음을 무한 감사드립니다. 더 넓고 깊게 성령 충만의 신앙인으로 충성케 하소서. 저의 반석 피난처이신 예수님의 이름으로 기도합니다. 아멘.

239

마음으로 믿어 의에 이르고 입으로 시인하여 구원에 이른다

"사람이 마음으로 믿어 의에 이르고 입으로 시인하여 구원에 이르느니라"(롬 10:10).

내 사랑하는 자야, 네가 어느 날 집에서 콩나물을 한 소쿠리씩 길러 요리하는 경험이 있었던 것을 내가 안단다.

너는 그때 무척 재미있어 했지. 콩나물시루를 만들어 물을 부으면 다 빠져나가지만, 몇 시간만 지나 보면 어느새 콩나물이 자라나 있으니 말이다. 콩나물무침이나 콩나물 김칫국을 네가 좋아했었지.

얘야, 믿음도 그렇단다. 들으면 다 빠져나가는 것 같으나, 콩나물 자라듯 믿음이 자라고 있다는 사실을 알려무나. 그러므로 사람이 마음으로 믿어 의에 이르고 입으로 시인하여 구원에 이르느니라.

믿음은 세 가지의 자리를 통해 세워진단다. 가장 먼저 '마음'에 믿음이 세워진다. 믿음은 들음에서 난다. 그리고 '행동'에 믿음이 세워짐을 명심하라. 믿음의 행동을 순종이라 한다. 강력한 믿음은 상황을 뚫고 순종하는 것이란다. 끝으로 '고백'에 믿음이 세워짐을 깨달으라. 수로보니게 여인의 고백을 아느냐. 내가 그녀에게 상처가 될만한 말을 했는데도 반응이 대단했다. 부스러기 은혜를 구함으로 치유 받았다. 너도 이와 같이 하라.

- 네 구원의 방주

오 늘 의 기 도

아멘! 주 예수님이시여! 제가 수로보니게 여인의 믿음을 사모합니다. 주님의 말씀 앞에 온전히 순종하게 하소서. 마음과 행동, 고백으로 주님을 기쁘시게 하는 청지기가 되게 하소서. 예수님의 이름으로 기도합니다. 아멘.

240

마음을 같이하여 성전에 모이기를 힘쓰고 음식을 나누라

"날마다 마음을 같이하여 성전에 모이기를 힘쓰고 집에서 떡을 떼며 기쁨과 순전한 마음으로 음식을 먹고"(행 2:46).

초대교회와 같이 성도들이 마음을 같이하여 성전에 모이는 삶이 얼마나 아름다운지 모르겠다.

사랑의 떡과 음식을 나누는 공동체의 순전한 모임에서, 기쁨과 즐거움이 넘쳐나리라.

내 사랑하는 자야, 이제 점차적으로 막혔던 모임과 만남의 거리감이 좁혀져 오는 듯하니 내 맘도 좋기만 하단다. 한 해가 저물어 가고 새해가 눈앞에 보이는구나. 네가 감당해야 할 일이 기다리고 있는데, 네 마음을 알고 싶구나. 부담이야 없을 수 없지만, 네가 설렘에 찬 거룩한 부담을 안고 있기에 다행이란다.

나의 몸 된 제단에서 연세가 있는 부모님들을 섬기는 일이, 내가 기뻐 반기는 일임을 알라. 네가 잘 감당하도록 내가 도우리라. 늘 푸른 실버 인생의 행복이 너와 함께 진행되리라. 더불어 먹고 마시며 섬기는 사랑의 섬김이가 되기를 내가 응원하마.

- 너의 마음 내 마음

오 늘 의　기 도

허물 많고 부족한 저를 기억하사 쓰임 받게 하심을 감사드립니다. 주님께 여쭈며 섬기겠습니다. 자원하는 심령으로 주 안에서 행하게 하소서. 함께 먹고 즐거이 동행하게 하소서. 평강으로 오신 예수님의 이름으로 기도합니다. 아멘.

241

나는 알파와 오메가요 처음과 마지막이라

"또 내게 말씀하시되 이루었도다 나는 알파와 오메가요 처음과 마지막이라 내가 생명수 샘물을 목마른 자에게 값없이 주리니"(계 21:6).

나는 처음과 마지막이다. 나는 알파와 오메가이다. 그러므로 내 생각의 관점은 시간의 제약을 받지 않는다는 것이다.

나의 사랑 환아, 내가 네 삶을 책임질 최고의 적임자란다. 네 삶의 끝과, 그 사이의 모든 것들을 다 알고 있단다.

사람의 능력에는 한계가 있지. 완전하지 못하다는 것이다. 얘야, 나를 온전히 신뢰하고 네 명철을 의지하지 말라. 한 해의 끝날이 되었구나. 네 마음의 심정을 고백해 보렴. 내게 인정받고 칭찬을 듣고 싶어 하는 너를 왜 모르겠느냐. 반복된 실수의 허물로 너무 죄책감에 사로잡히지는 말라. 내가 이미 네 죄와 허물을 사하였노라.

너는 인생이 끝나는 순간의 죽음을 두려워하지 말라. 이 과정은 단지 네가 천국으로 가는 네 인생 여정의 마지막 계단일 뿐이란다. 충만한 기쁨과 영원한 즐거움의 보상이 네게 임하게 되리라. 네가 생명의 길이 있는 생수의 물 댄 동산으로 도착할 때까지, 내가 너를 기다리고 있으마.

- 네 처음과 마지막

오 늘 의 기 도

알파와 오메가이신 주 예수여 어서 오시옵소서. "내가 진실로 속히 오리라." 말씀하신 주 예수 그리스도의 재림을 기다립니다. 당신의 신부가 되기 위해 주의 성경 말씀으로 무장하고 깨어 기도하리이다. 한 해를 지켜주신 예수님의 이름으로 기도합니다. 아멘.

다섯

2023.1 ~ 2023.6

이 말씀은 나의 고난 중의 위로라

"이 말씀은 나의 고난 중의 위로라
주의 말씀이 나를 살리셨기 때문이니이다"(시 119:50).

242

너는 오직 하나님의 영광을 위해 말하고 봉사하라

"만일 누가 말하려면 하나님의 말씀을 하는 것 같이 하고 누가 봉사하려면 하나님이 공급하시는 힘으로 하는 것 같이 하라 이는 범사에 예수 그리스도로 말미암아 하나님이 영광을 받으시게 하려 함이니 그에게 영광과 권능이 세세에 무궁하도록 있느니라 아멘"(벧전 4:11).

선한 청지기란 무엇을 의미하느냐. 바로 착한 관리인이라는 것이다. 너는 무엇보다 나의 착한 관리인이 되기를 소망하노라. 말할 때, 그리고 봉사할 때도 하나님이 말씀을 하는 것 같이 하고, 하나님이 공급하시는 힘으로 봉사한다 여기려무나. 이렇게 하는 것은 범사에 예수 그리스도인 나로 말미암아 하나님 아버지께서 영광을 받으시게 하려 함이니라.

내가 다시금 너에게 새해를 선물로 주었다. 시작의 첫 단추를 잘 꿰어야 하겠지. 너는 더욱 깨어 기도하라. 뜨겁게 사랑하라. 선한 청지기가 되어 맡겨진 사명의 일을 잘 관리하라.

얘야, 네 몸을 건강하게 관리하렴. 아직도 연약해진 지체의 불편함을 내가 잘 안다. 내 이름을 부르며 네 아픈 부위에 손대어 기도하라. 조금도 의심치 말고 믿음으로 아멘 하렴. 내가 너를 치유하리라.

네 영혼의 상한 심령을 내게 맡기라. 내가 네게 성령 충만으로 권능이 임하게 하리라. 그리하면 네 소원의 모든 것을 들어 응답하리라.

-네 영광의 주

오 늘 의 기 도

듣고 또 들어도 주님의 말씀은 주옥같이 고귀합니다. 읽고 또 읽어도 저를 향한 주님의 성경 말씀이 새롭습니다. 저의 영혼과 골수, 관절까지도 헤아려 치유해 주심을 믿습니다. 주께만 영광 돌리며 예수님의 이름으로 기도합니다. 아멘.

243

성령의 충만함을 받고 성령이 말하게 하심을 따라

"그들이 다 성령의 충만함을 받고 성령이 말하게 하심을 따라 다른 언어들로 말하기를 시작하니라"(행 2:4).

신년 축복 성회에 3일 동안 참석하여, 은혜받았다고 확신한 너의 고백을 듣고 싶구나. 네 생각과 행동이 모든 것을 내가 다 알고 있지만 말이다. 강사 목사님의 말씀과 모습에 네가 흠뻑 빠졌더구나.

그래. 맞았어. 우선순위가 바뀐 상태에서 생활한 경우가 너는 많았지. 가장 먼저 성령의 충만함을 간구하며 기도하려는 열정과 사모함이 부족했던 것이지.

이젠 깨달았으니 정신을 차리고 이 한 해를 새롭게 시작하려무나. 성령의 충만함을 받아 성령이 이끄시고 말하게 하심을 따라 순종하는 자로 살렴. 네가 내게 간절히 구하여 받은 방언의 기도도 요긴하게 실천하렴. 지금의 네 골방에서 성경을 묵상하고 기도하는 일이 얼마나 소중한 일인지 모른단다. 내 사랑하는 제자야, 영적인 건강의 사람이 되기 위한 세 가지 원칙을 잊지 말라. 하나님의 말씀인 영의 양식을 매일, 매 순간 섭취하라. 교회의 믿음 사역 충성, 영적 재충전을 계속하라.

-너의 성령님

오 늘 의 기 도

하나님이 복 주시는 성령이 충만한 교회에서 제가 신앙생활 하게 됨을 주께 감사드립니다. 성령 충만한 목사님을 통해 매 주일 영의 양식을 공급받게 됨을 감사드립니다. 더욱 성령 충만케 하소서. 예수님의 이름으로 기도드립니다. 아멘.

244

너는 여호와 앞에 잠잠하고 참아 불평하지 말라

"여호와 앞에 잠잠하고 참고 기다리라 자기 길이 형통하며 악한 꾀를 이루는 자 때문에 불평하지 말지어다"(시 37:7).

내 사랑하는 자야, 너는 위기를 만났을 때 어떻게 대처하느냐. 인생의 삶에 있어서 경험하게 되는 크고 작은 사건과 사고들이 종종 따라오게 되리라.

사람들은 입버릇처럼 부정적인 말을 하게 되지. 자신의 허물을 살피기보다는 남에게 잘못을 돌리는 경우가 많더구나.

너는 어려운 난관에 임했을 때, 여호와 앞에 잠잠하고 불평하지 말려무나. 꾸준히 참고 견디는 인내의 성품을 유지하렴.

그렇게 하면 자기의 길이 형통하게 되리라. 악한 꾀를 이루는 자 때문에 불평하거나 타협하지 않기를 부탁하마.

결코 원망을 해선 안되겠지. "너 때문이야"라는 생각이나 말은 삼가기를 바란다. 그리고 모든 것을 내게 맡기렴. 내가 항상 너와 함께 동행하리라. 네 안에 거하리라. 여호와 하나님께서 선악 간에 심판하시리라. 내게 염려와 근심을 맡기고 부르짖어 기도하라. 내가 너를 죽기까지 사랑했노라. 너도 불타는 사랑의 섬김을 이루라.

-너의 참 위로자

오 늘 의 기 도

자비로우신 아버지 하나님께 감사와 영광을 돌립니다. 인간의 모습으로 오셔서 제 죄과를 십자가의 보혈로 구속해 주심을 어찌하리오. 그분이 바로 예수 그리스도이심을 제가 믿습니다. 감사하신 예수님의 이름으로 기도합니다. 아멘.

245

그리스도의 몸을 세우기 위해 성도가 온전하기를 원하노라

"이는 성도를 온전하게 하여 봉사의 일을 하게 하며 그리스도의 몸을 세우려 하심이라"(엡 4:12).

나는 네 눈빛을 보았단다. 그리고 네 마음이 동요되어 있는 상태도 감지했지. 너 자신의 살아온 삶과 헌신예배 강사님의 삶이 많이 다르다고 느끼더구나.

그래. 나는 모든 것들을 다 안다. 환경의 악조건과 몸의 연약한 모습 속에서도, 80대 인생을 나와 함께 살아온 그를 내가 아끼고 또 아끼노라.

얘야, 너도 그와 같이 내 안에서 당당히 살아갈 수 있었지 너의 왼쪽 손가락이 굽은 것에 대해 이젠 안쓰러워 말려무나. 네가 바라본 강사님의 손가락은 네 모습과 비교가 안되니 말이다. 제직자들에게 꿀 송이와 같은 말씀이더구나.

너는 사명을 다하는 직분자로 살렴. 직분자는 성도를 온전케 하는 자란다. 성도들에게 본이 되어야 하겠지. 무엇보다 겸손히 섬기는 것이다. 그리고 나의 몸 된 교회를 세워가는 직분자로 살기를 원한다. 교회는 어머니와 같다. 천국으로 향하는 겸손의 충성자로 살려무나.

-네 몸의 주

오 늘 의 기 도

제가 주님께 무슨 말씀을 드려야 하리이까! 주 예수님의 성품을 닮으신 또 한 분을 뵙게 됨이 제겐 큰 은혜입니다. 주여, 오늘의 말씀을 늘 새기며 남은 삶을 섬기게 하소서, 주 예수님의 이름으로 기도합니다. 아멘.

246

불로 응답하는 신 그가 나의 하나님이니라

"너희는 너희 신의 이름을 부르라 나는 여호와의 이름을 부르리니 이에 불로 응답하는 신 그가 하나님이니라 백성이 다 대답하되 그 말이 옳도다 하니라" (왕상 18:24).

영적인 선한 싸움의 전선에 네가 뛰어드는 모습이 대견하구나. 노년으로 접어든 나이에 연연하지 않고, 나만 바라보는 너의 태도에 박수를 보내마. 내가 네 건강을 지켜주리라.

요즘 성경 말씀을 읽고 듣는 일에 심취하고 있더구나. 그동안 말씀 묵상에 적극적이지 못했던 것을 뉘우쳤더구나. 좋아하는 성경 말씀만 찾아 읽고 암송했었지. 그러나 신구약의 성경을 차례대로 읽는 습관엔 익숙지 않았던 너였었지.

이제라도 깨닫고 시작하는 일이 얼마나 기쁘고 다행스러운 일이겠느냐. 너의 80세가 되는 10여 년의 때까지 100독의 성경 읽기에 도전하겠다고 계획서를 작성해 놓았더구나. 내가 네게 새 힘을 주리라. 교회에서 시작하는 드보라 기도 대원으로도 자원했더구나. 큰 소리로 부르짖는 기도의 처소로는 교회의 성전이 최상의 자리이지. 얘야, 살아계신 하나님은 불로 응답하시는 하나님이시다. 오직 믿음으로 두려움 없이 전진하라. 내가 네게 불로 응답하리라.

-불의 응답자 구주

오 늘 의 기 도

신실하신 아버지 하나님이시여! 주 예수 그리스도의 이름을 부름이 곧 여호와 하나님의 이름이 되심을 제가 믿습니다. 삼위일체의 온전하신 뜻을 헤아려, 믿음으로 묵상, 기도, 찬송하게 하소서. 예수님의 이름으로 기도합니다. 아멘.

247

푸른 풀밭에 누이시며 쉴만한 물가로 인도하시도다

"그가 나를 푸른 풀밭에 누이시며 쉴 만한 물 가로 인도하시는도다"(시 23:2).

내 사랑하는 자야, 네 눈에 맺힌 눈물이 무슨 의미인지 내가 다 아노라. 여호와 하나님을 너의 목자로 삼았더니, 너의 부족한 것들이 모두 사라졌지 않느냐. 그 행복한 눈물을 내가 안다.

그뿐만 아니라, 여호와 하나님이 너를 푸른 풀밭에 누이셨지. 졸졸졸 흐르는 쉴 만한 물가로 인도하시는 아버지 하나님이 아니시더냐. 지금까지 살아온 네 삶에 주님의 흔적이 없는 것이 무엇이더냐.

쉴 만한 물가나 푸른 초장이 없어 메말랐던, 너의 부족한 모습을 풍성히 채워 주시는 여호와 하나님께 감사하렴. 시편 23편의 말씀들이 네 인생의 참 안식이요 생명의 길이 됨을 알라. 사망의 음침한 골짜기가 있는 환경에서 내가 너를 십자가로 구원했노라. 양은 목동이 있을 때 다 해결된단다. 너는 목자인 내 안에서 평강의 삶을 누리려무나. 〈설날 찬양 콘서트〉가 있는 수요 예배의 말씀과 간증, 찬양에 전율을 느끼는 네 모습을 보았단다. 너도 이처럼 영감의 찬양을 올리려무나.

-너만의 안식처

오 늘 의 기 도

신실하신 주 여호와 하나님 아버지께 감사와 영광을 돌립니다. 여호와만 저의 참 목자가 되심을 제가 믿습니다. 곡조 있는 영의 기도로 일평생 주만 찬송케 하소서. 예수님의 이름으로 기도합니다. 아멘.

248

일어나 먹고 마시고 그 음식물의 힘을 의지하라

"이에 일어나 먹고 마시고 그 음식물의 힘을 의지하여 사십 주 사십 야를 가서 하나님의 산 호렙에 이르니라"(왕상 19:8).

내 사랑하는 환아, 너는 항상 하나님의 은혜 안에서 내가 주는 치유를 받으렴. 반복해서 다시 상기시켜 주련다. 온전한 치유를 받기 위해서는 내가 제시하는 세 가지 지침을 지켜 실천해야 하겠지. 결단하고 순종하는 네 모습을 보고 싶구나.

첫째, 육신의 휴식을 취하려무나. 음식, 운동, 쉼의 휴식 중에 더욱 지킬 것은 휴식이란다. 여호와 하나님께서도 6일 동안 일하시고, 7일째는 안식하셨다는 것을 기억하라.

두 번째, 마음의 치유를 받으려무나. 엘리야도 하나님의 어루만짐과 먹고 마심의 음식물을 섭취하고 새힘을 얻었느니라.

세 번째, 영적인 충만함을 회복해야 한단다. 그러므로 영혼의 죄악과 마음의 상처, 육신의 질병에서 해방될 때 변화된 하나님의 사람이 되느니라. 이 세 가지를 실천하는 네가 되기를 응원하노라.

-네 영육의 힘

오늘의 기도

아멘! 제게 다시 결단의 새힘 주시니 주께 감사드립니다. 제 영혼육의 전인적인 강건함이 온전해지기를 소원합니다. 믿습니다! 예수님의 이름으로 기도합니다. 아멘.

249

여호와는 일을 행하시고 만들며 성취하시는도다

"일을 행하시는 여호와, 그것을 만들며 성취하시는 여호와, 그의 이름을 여호와라 하는 이가 이와 같이 이르시도다"(렘33:2).

내 사랑하는 제자야, 결국 이 새해에 너의 나이는 더 늘었지만, 한 가지 더 추가된 일들이 생겼더구나.

육신적인 노년의 연약함을 생각한다면 줄어들 것 같은 일인데 말이다. 이것이 바로 세상의 일과 다른 나의 영적인 일들이 아니겠느냐. 세상의 일과는 감히 비교도 할 수 없는 일이 여호와 하나님의 일이며 나의 일이 된다는 진리를 너는 깨달아 알려무나.

여호와는 일을 행하시고 만들며, 그 일을 성취하시는 살아 역사하시는 하나님이 되심을 믿으라. 너는 더욱 부르짖어 구하라. 내가 네 간절한 기도에 응답하리라. 내가 네게 맡겨준 새로운 직임에 감사로 섬기라. 네게 감당할 능력과 재능을 내가 채워주리라. 세상이 감당치 못할 크고 비밀한 은혜를 네가 맛보게 되리라. 나의 몸 된 성전에서 힘차게 외친 나의 목자처럼, 내 또한 네게도 넘치게 채워 안겨주리라.

-네 일의 성취자

오 늘 의 기 도

아멘! 주 예수님이시여! 제게 주의 일을 맡겨주시니 감사와 영광을 돌려 드립니다. 자격 없고 연약한 저를 선별하사 일하게 하셨사오니, 올 한 해 죽도록 충성케 하옵소서. 능력의 주 예수님 이름으로 기도합니다. 아멘.

250

경건은 범사에 유익하니 금생과 내생에 약속이 있다

"육체의 연단은 약간의 유익이 있으나 경건은 범사에 유익하니 금생과 내생에 약속이 있느니라"(딤전 4:8).

내 사랑하는 자녀야, 네가 그동안 얼마나 말씀 묵상의 시간을 경건되게 지켜가고 있는지 알고 싶구나. 매주 확인하는 교회의 주보는 어떻게 관리하고 있는지도 묻고 싶단다.

요즘에 보니 네가 예전의 모습과는 다른 태도로 변화하고 있다는 것을 내가 감지했지. 바로 성경 말씀을 가까이하려는 자세라 할까. 참으로 좋은 영적 습관이 됨을 내가 인정하노라.

지금까지도 네가 새벽의 말씀 묵상에 성실히 실천하고 있음을 잘 안다. 그러나 본 교회와의 거리가 먼 곳에 네가 살고 있지 않느냐. 네 작은 골방에서라도 주보의 '경건 일기' 난에 기록된 한 주간의 성경 말씀을 잘 읽으려무나. 매일 새벽 기도회 때 교회의 성전에서 전달하는 말씀이니라.

성전에서 새벽에 기도하고 예배드리는 심정으로 정독하며, 하나님의 음성 듣기에 힘쓰라. 그리고 영적 교훈을 찾기 위한 묵상을 하렴. 그 말씀을 실천하기 위해 간절히 기도하렴. 내가 진 십자가를 바라보는 관상의 시간도 가져라. 경건은 범사에 유익하니라.

-네 경건의 주

오 늘 의 기 도

아멘! 주께서 제게 주시는 말씀이 어찌 이리도 단지요. 말씀의 맛이 꿀 송이와 같습니다. 새벽마다 눈을 뜨고 조용히 읊조리며 듣겠나이다. 경건의 생활이 천국에 이르도록 계속되게 하소서, 예수님의 이름으로 기도합니다. 아멘.

251

너희 하나님이 구하는 자에게 성령을 주시지 않겠느냐

"너희가 악할지라도 좋은 것을 자식에게 줄 줄 알거든 하물며 너희 하늘 아버지께서 구하는 자에게 성령을 주시지 않겠느냐 하시니라"(눅 11:13).

애야, 참 믿음이란 하나님께서 원하시는 뜻을 바로 깨달아 알고, 그 뜻을 정하는 것을 의미한단다. 네 마음속에 주의 말씀을 새겨 지키는 삶이라 하겠다.

신앙에 있어서는 꺾이지 않는 마음이 최우선이란다. 사도바울을 생각해 보렴. 이방인들을 향한 영혼 구원의 열정이 얼마나 뜨거웠느냐. 세 차례에 걸친 전도여행에서의 갖은 고난과 핍박, 죽음의 위기 속에서도 오직 나의 십자가 은혜만을 감사로 외쳐 간증했던 사도였음을 기억하라. 바로 이 믿음의 신앙이 꺾이지 않는 마음이란다. 주 성령의 은혜와 권능, 그 능력이 이런 올곧은 믿음의 용사를 만들어 가는 것이리라.

내 사랑하는 자녀야, 악한 자라도 자식에게 좋은 것 주기를 원하는데, 하늘 아버지께서 구하는 자에게 성령을 주시지 않겠느냐.

너는 더욱 기도와 말씀 안에서 성령 충만으로 힘입으라. 네가 무엇을 구하든지 내가 행하리라. 내 이름으로 구하면 내가 행하여 응답하리라.

-네 안의 성령

오 늘 의 기 도

구하고 또 구하여도 부족한 것이 성령의 충만함인 것을 제가 믿습니다. 주 예수 그리스도의 이름 부르며 구하렵니다. 제게 꺾이지 않는 믿음을 심어 주소서. 감사하신 주 예수님의 이름으로 기도드립니다. 아멘.

252

내 이름을 위해 전부를 버린 자는 영생을 상속하리라

"또 내 이름을 위하여 집이나 형제나 자매나 부모나 자식이나 전토를 버린 자마다 여러 배를 받고 또 영생을 상속하리라"(마 19:29).

"잘 하였도다 충성된 종아."라는 칭찬을 네가 받고 싶다는 것을 내가 일찍부터 알고 있었단다. 계속 실천하려무나.

오늘 새벽에도 역시 정해진 시간에 일어나 성경읽기에 집중했더구나. 읽고 나니 네 속이 시원하더냐. 한 번밖에 없는 하루 시작의 새벽시간! 지금 너는 아주 값지고 소중하게 새벽의 3시간 이상을 보내고 있단다. 나를 위하여….

내 이름을 위해 전부를 버린 자는 영생을 상속하리라. 여기에서 버렸다는 의미는 배척이나 무시가 아니지. 여호와 하나님을 가장 최고, 최상으로 존귀히 여겨 먼저 사랑하라는 것이다.

하나님이 나를 통해 너를 구원한 십자가의 은혜를 잊지 말라는 것이리라. 그러므로 '예수 그리스도'인 나의 이름으로 시작하고 마무리도 하는 것이지. 얘야, 너는 하나님의 부르심에 응답하라. 엘리야가 엘리사에게 선지자의 직분을 맡겼을 때, 그는 즉시로 순종했다. 너도 순종하렴. 뒤가 아닌 앞만을 향해 전진해 나아가라.

-네 영생의 주인

오 늘 의 기 도

신실하신 아버지 하나님이시여! 주께서 허락하시는 하루 24시간의 소중함을 새벽부터 깨닫습니다. 주님을 위함이 곧 저를 위함인 줄 믿습니다. 이 골방의 영성훈련이 주님 나라에 이르도록 계속되게 하소서. 예수님의 이름으로 기도합니다. 아멘.

253

"주님 누구시니이까?" "나는 네가 박해하는 예수라"

"내가 대답하되 주님 누구시니이까 하니 이르시되 나는 네가 박해하는 나사렛 예수라 하시더라"(행 22:8).

내 사랑하는 자녀야, 새해를 맞아 설 명절도 벌써 지나갔구나. 한 겨울의 추위도 며칠 남지 않았는데, 네 자신의 모습을 묻고 싶단다. 네 안의 우선순위가 무엇인지….

어느 시인이 말했지. 새해의 시작은 덤으로 받는 선물이라고 말이야. 다메섹에 가까이 갔을 때 나를 만났던 자가 누구인지 너도 알리라. "사울아 사울아 네가 왜 나를 박해하느냐"라고 내가 빛 가운데 그에게 책망하지 않았더냐.

"주님 누구시니이까?"라고 사울이 말할 때, "나는 네가 박해하는 나사렛 예수라"라고 사울에게 말했지. 변화된 사울은 바울이라는 이름의 전도자가 된 것을 너도 능히 알고 있으리라. 그는 곧바로 내게 다시 질문했다. "주님. 무엇을 하리이까?라고 말이다.

나의 제자 환아, 네게도 묻고 싶구나. 너는 나의 존재와 내가 하는 일들 중에 무엇을 더 중요하다고 생각하느냐. 일보다 소중한 것이 존재란다. 너의 일하는 중심에 그리스도인 내가 먼저 있기를 원하노라.

-네 구원의 존재

오 늘 의 기 도

아멘! 주님은 살아계신 하나님의 아들이 되시는 그리스도이십니다. 시몬 베드로의 고백이 저의 고백이 됨을 믿습니다. 행여나 주님의 일을 한다면서 주님 자신을 잃지 않게 하소서, 깨닫게 하신 예수님의 이름으로 기도합니다. 아멘.

254

너는 그리스도의 은혜와 그를 아는 지식에서 자라가라

"오직 우리 주 곧 구주 예수 그리스도의 은혜와 그를 아는 지식에서 자라 가라 영광이 이제와 영원한 날까지 그에게 있을지어다"(벧후 3:18).

내 사랑하는 자야, 너는 항상 나를 아는 지식에서 자라가기를 원한다. 나의 영광이 이제와 영원한 날까지 네게 있기를 원하노라.

성령의 충만함이 네게 넘쳐나기를 바란다. 세상의 모든 유혹을 이기는 길이 성령의 충만함에 있기 때문이란다.

육의 사람이 아닌 자, 육신의 것에 만족하지 않는 자가 바로 영에 속한 영적인 사람이지. 그러므로 너는 마음의 근력을 키워가는 소통 능력자가 되기를 기대하마. 긍정적인 정서의 소유자가 되기를 바란다. 나의 영, 곧 성령이 네게 감당할 능력을 주리라.

하룻 밤사이에도 여러 가지 사건들이 일어나는 시대에 살고 있지 않느냐. 네 몸과 마음. 영의 건강을 위해 최선을 다하렴. 내가 너와 매 순간 함께 하리라. 내가 네 몸의 질병을 책임 지리라. 조금도 약해지지 말라. 너를 기적의 통로로 쓰임 받게 하리라. 어제와 오늘, 내일도 영원토록.

-너의 참 지식인

오 늘 의 기 도

주님의 은혜와 사랑을 아는 가장 고상한 영의 지식인으로 닮아가게 하소서. 성령이 충만한 자가 되어 육의 연약한 것들을 물리쳐 이기게 될 줄 믿습니다. 영원히 영광 받으실 예수님의 이름으로 기도합니다. 아멘.

255

다시는 사망이 없고, 애통의 눈물과 아픔이 없으리라

"모든 눈물을 그 눈에서 닦아 주시니 다시는 사망이 없고 애통하는 것이나 곡하는 것이나 아픈 것이 다시 있지 아니하리니 처음 것들이 다 지나갔음이러라" (계 21:4).

내 사랑하는 자야, 지난 한 주간은 네게 잊을 수 없는 은혜의 흔적으로 남았다고 말해주고 싶구나.

함께 찬양대에서 여호와 하나님을 찬양하던 믿음의 동료가 갑자기 운명을 달리했으니 말이다.

별세의 슬픔을 나도 인정한다. 그러나 불완전한 이 세상에서 아버지 하나님과 내가 있는 천국 본향의 새 땅으로 입주했다 여기려무나. 인간의 연령으로 계산한다면 아직 이르다고 하겠지. 사람의 생명이 주께 있음을 깨닫고 그저 범사에 감사하는 자로 살려무나.

너는 더욱 내게 죽도록 충성하고 깨어 있으라. 지금의 네 모습처럼 성경 말씀을 묵상하고, 그대로 준수하는 일에 전념하라. 가장 완전하고 안전한 곳이 주님의 품이라. 주님이 계시는 천국엔 다시는 사망이 없단다. 애통의 눈물과 아픔이 다시는 없으리라. 조가 찬양팀은 은혜였다. 늘 나의 신부로 예비하렴.

-너의 신랑

오 늘 의 기 도

신실하신 아버지 하나님의 섭리하심을 누가 측량하오리까. 머지않아 만나게 될 영원한 본향을 그리며, 제게 남겨주신 귀한 삶을 주 위해 충성케 하소서. 예수님의 이름으로 기도합니다. 아멘.

256

내가 이 물을 고쳤으니, 다시는 열매 맺지 못함이 없으리라

"엘리사가 물 근원으로 나아가서 소금을 그 가운데에 던지며 이르되 여호와의 말씀이 내가 이 물을 고쳤으니 이로부터 다시는 죽음이나 열매 맺지 못함이 없을지니라 하셨느니라 하니"(왕하 2:21).

오늘 새벽에 느헤미야의 말씀을 묵상하다가, 너의 눈시울이 뜨거워진 모습을 내가 보았노라. "백성이 율법의 말씀을 듣고 다 우는지라(느 8:9)."의 말씀에 그렇게도 목이 메었느냐.

그도 그럴 것이, 네가 성경 말씀 읽기에 주력하다 보니 더욱 말씀의 소중함을 깨달았다는 징조가 아니겠느냐. 얘야, 은혜의 눈물은 너의 영혼과 육신을 치료한단다. 메마른 땅과 같이 눈물이 없는 것이 문제이지 말이다.

엘리야에게 갑절의 영감받기를 소원했던 엘리사가 결국은 여호와 하나님께 응답을 받았고, 기적의 역사를 이루는 선지자가 된 것을 너도 능히 알고 있으리라. 나쁜 물이 좋은 물로 고침 받아 토산의 열매가 풍성해지는 하나님의 역사가 일어났느니라. 내 사랑하는 자야, 내가 너의 염려와 근심을 다 안다. 네 노년이 질병에서 해방되게 하리라. 나는 너를 치료하며 고치는 하나님이다. 너도 말씀으로 온전케 되리니, 풍성한 결실을 기대하라.

-너를 고치는 주

오 늘 의 기 도

주님의 말씀에 더욱 깊이 빠져들게 하소서, 그러므로 성경 말씀을 읽고 듣다가 주의 영으로 충만하게 하소서. 제게도 엘리사의 영감이 갑절로 임하기를 간구합니다. 고침 받아 열매 맺게 하소서. 예수님의 이름으로 기도합니다. 아멘.

257

하나님이여 불쌍히 여기소서 나는 죄인이로소이다

"세리는 멀리 서서 감히 눈을 들어 하늘을 쳐다보지도 못하고 다만 가슴을 치며 이르되 하나님이여 불쌍히 여기소서 나는 죄인이로소이다 하였느니라"(눅 18:13).

내 사랑하는 자야, 하나님 한 분만이 너희를 구원하심을 믿으라. 주께 너의 가난한 심령을 간구하려무나.

나는 너희의 중심이 바뀌어지기를 원한단다. 네 안에 성 삼위 하나님 외의 다른 무엇이 자리 잡고 있는지를 늘 점검하고 확인하라. 나보다 더 사랑하는 것은 우상이 됨이니라.

삭개오는 나를 만남으로 진리의 참 가치를 알게 되었지. 그는 자신의 소유가 문제 되지 않음을 깨달았느니라. 그는 소유의 절반을 가난한 자들에게 주겠다고 했다. 만일 누구의 것을 속여 빼앗은 일이 있으면 네 갑절이나 갚겠다고 약속했다. 내가 참 주님이 되신다는 생명의 구원자임을 확신한 그에게 재물은 우상이 될 수 없었단다.

얘야, 바리새인의 기도와 세리의 기도에서 너는 무엇을 발견하게 되느냐. 자기 자신을 높이는 자는 낮아지고, 자기 자신을 낮추는 자는 높아진다고 했다. 너는 온전히 세리의 겸손한 기도를 본받으렴. "나를 불쌍히 여기소서. 나는 죄인이로소이다."의 가난한 심령으로 살라.

-너의 구원자

오 늘 의 기 도

아멘이요 또 아멘이십니다. 주님의 십자가 은혜가 없었다면 제가 어찌 이 귀한 생명의 구원자 반열에 설 수가 있사오리이까. 이 사순절 기간에 주님 십자가의 사랑이 사무쳐 옵니다. 예수님의 이름으로 기도합니다. 아멘.

258

그의 몸에 엎드리니 아이의 살이 차차 따뜻하더라

"아이 위에 올라 엎드려 자기 입을 그의 입에, 자기 눈을 그의 눈에, 자기 손을 그의 손에 대고 그의 몸에 엎드리니 아이의 살이 차차 따뜻하더라"(왕하 4:34).

삶으로 본을 보이라. 기도로 삶의 본을 보이려무나. 내가 말하지 않았느냐. 겟세마네 동산에서 제자들과 함께 기도할 때를 너도 기억하리라.

"시험에 들지 않게 깨어 기도하라. 마음에는 원이로되 육신이 약하도다."라고 깨우쳤지. 또한 "너희가 나와 함께 한 시간도 이렇게 깨어 있을 수 없더냐."라고 베드로에게 말했단다. 이 사순절 기간에 너는 더욱더 깨어 기도할지니라.

내 사랑하는 나의 제자야! 너도 내가 제자 삼았다는 것을 인식하렴. 나의 뜻대로 살기를 소원하며, 내가 진 십자가의 좁을 길을 결단하는 자는 곧 나의 참 제자가 됨이라.

엘리사가 이미 숨진 아이를 위해 침상 곁에 앉아 간절히 여호와께 기도했다. 곧 아이 위에 올라 자기 입을 그의 입에, 자기 눈을 그의 눈에, 자기 손을 그의 손에 대고 그의 몸에 엎드렸다고 했다. 아이의 살이 차차 따뜻해졌다. 눈을 뜨고 아들이 살아났다. 너도 이처럼 사랑의 삶을 살라.

-너의 몸 나의 몸

오 늘 의 기 도

엘리사 선지자와 같이 기도하는 자, 사랑의 실천자, 인내하며 기다리는 열정의 신앙인으로 거듭나기를 소원합니다. 말보다 삶으로 본을 보이는 당신의 참 제자로 써주소서. 예수님의 이름으로 기도합니다. 아멘.

259

두 사람이면 맞설 수 있나니 세겹 줄은 쉽게 끊어지지 않는다

"한 사람이면 패하겠거니와 두 사람이면 맞설 수 있나니 세 겹줄은 쉽게 끊어지지 아니하느니라"(전 4:12).

얘야, 내 말을 들으라. 전도서에 보면, 두 사람이 한 사람보다 낫다고 했다. 그들이 수고함으로 좋은 상을 얻는다고 했다.

혹시 그들이 넘어지면 하나가 그 동무를 붙들어 일으킨다고 했다. 홀로 있어 넘어지면 붙들어 일으킬 자가 없기에 화가 있다고 했다.

또한 "두 사람이 함께 누우면 따뜻하거니와 한 사람이면 어찌 따뜻하랴"라고도 했다. 그러므로 "한 사람이면 패하겠거니와 두 사람이면 맞설 수 있나니 세겹 줄은 쉽게 끊어지지 아니하느니라"라고 전도자는 말했느니라. 온갖 시험과 방해, 핍박의 역경 속에서도 느헤미야는 오직 여호와 하나님께 깨어 기도했단다. 백성들과 함께 같은 말과 같은 마음, 같은 뜻을 가지고 무너진 성벽 공사에 매진했지 않느냐. 끝내 성벽 역사가 오십이일 만에 건축되는 기적을 이루었느니라.

세겹 줄은 쉽게 끊어지지 않는다. 너의 성 삼위일체 되시는 하나님 아버지와, 너의 구세주인 내게 의지하라. 보혜사 성령께 구하라. 내가 너를, 너의 두 자녀를 세워주리라.

-너의 성 삼위 주

오 늘 의 기 도

신실하신 성삼위 아버지 하나님께 영광과 경배, 찬양을 올려드립니다. 저의 가족도 한마음과 한뜻, 같은 말로 주님께 기도하며 섬기게 하소서. 주님의 때를 기다리나이다. 예수님의 이름으로 기도합니다. 아멘.

260

율법을 지키는 자는 복이 있나니 비전이 없으면 방자히 행한다

"묵시가 없으면 백성이 방자히 행하거니와 율법을 지키는 자는 복이 있느니라" (잠 29:18).

내 사랑하는 자야, 인생의 기근이 닥칠 때, 너는 먼저 무엇을 하게 되는지 묻고 싶구나. "환난 날에 나를 부르라 내가 너를 건지리니 네가 나를 영화롭게 하리로다(시 50:15)"의 말씀을 믿으라.

그러므로 오늘날의 이 시대와 같이 살아가기가 힘든 경우에는, 가장 먼저 행할 일이 살아계신 하나님께 부르짖어 기도하는 일이란다. 요즘 네가 교회 기도실에서 행하는 릴레이 기도는 너무 잘한 일이란다. 목도 아프고 힘이 들긴 하겠지만 잘 감당하려무나.

찬양대의 자리에서 찬송할 때 네 목소리가 변질될까 싶어 염려하지만, 내가 너의 성대를 책임지리라. 감당할 만한 좋은 소리로 힘내어 기도하렴. 기도 외에는 어떤 능력도 나타날 수 없으리라. 그리고 오직 주의 말씀에 순종하라. 네가 시시 때때로 묵상하는 성경 말씀이 삶에 온전히 적용되기를 바란다. 기적의 역사는 오늘날에도 말씀대로 믿고 순종하는 자에게 일어나느니라. 묵시가 없으면 백성이 망한다고 했다. 믿음의 비전 실천자로, 복을 받는 주인공으로 살라.

-네 꿈의 완성자

오 늘 의 기 도

말세지말의 이 때에, 주께서 주시는 말씀에 귀 기울이나이다. 먼저 부르짖어 기도하게 하소서. 말씀대로 순종하게 하소서. 꿈의 비전을 지니고 믿음으로 실천하게 하소서. 소원의 복을 주시는 예수님의 이름으로 기도합니다. 아멘.

261

아버지께서 내게 주신 일을 이루어 아버지를 영화롭게 하였노라

"아버지께서 내게 하라고 주신 일을 내가 이루어 아버지를 이 세상에서 영화롭게 하였사오니"(요 17:4).

내 사랑하는 자야, 사도바울은 어떠한 경우에도 복음을 부끄러워하지 않았다고 당당하게 세상을 향해 외쳤노라.

바울은 복음의 능력을 믿었으며, 이 복음이 반드시 구원의 능력이 있다는 사실을 선포한 증인이 됨을 너는 믿으라.

그러므로 네가 세상에서는 환난을 당하나 담대하렴. 내가 세상을 이겼기 때문이다. 내가 십자가에 달리기 직전에 하나님 아버지께 간절히 기도한 것(요 17)을 너도 알고 있으리라. "아버지께서 내게 하라고 주신 일을 내가 이루어 아버지를 이 세상에서 영화롭게 하였사오니"라고 간구하였노라.

얘야, 여호와 하나님 아버지를 영화롭게 해드리는 네 남은 삶이 되기를 소원하고 기도하라. 이러한 사람이 곧 복음에 참여하는 인생이 됨이라. 내가 네게 맡긴 달란트의 은사를 헛되이 여기지 말라. 너를 오라고 부르는 그 순간까지, 너는 사도바울처럼 너의 귀한 사명에 즐거움으로 참여하라. 그것이 곧 너의 복이라.

-네 일의 완성자

오 늘 의 기 도

제게 맡기신 주님의 일에 감사로 순종하기를 소원합니다. 주님 품에 안기는 그 순간까지 주의 성령님의 안위 속에서 평강을 누리게 하소서. 복음에 참여하는 자로 충성케 하소서. 예수님의 이름으로 기도합니다. 아멘.

262

복음을 전하지 아니하면 내게 화가 있을 것이로다

"내가 복음을 전할지라도 자랑할 것이 없음은 내가 부득불 할 일임이라 만일 복음을 전하지 아니하면 내게 화가 있을 것이로다"(고전 9:16).

전도하는 일은 삶으로 하는 일이란다. 이 세상의 지혜로는 여호와 하나님을 알지 못한다. 그러므로 하나님께서 전도의 미련한 것으로 믿는 자들을 구원하시기를 기뻐하셨단다. 노방전도나 관계 전도, 설교하는 일 모두가 전도하는 일이란다.

그리스도인은 십자가에 못 박힌 그리스도, 곧 나를 전하는 것이리라. 이방인에게는 미련한 것으로 보이리라.

그리스도, 곧 나는 하나님의 능력이요 하나님의 지혜이리라. 하나님의 어리석음이 사람보다 지혜롭고 하나님의 약하심이 사람보다 강한 것임을 알라. 십자가의 도가 멸망하는 자들에게는 미련한 것이요 구원을 받는 너희에게는 하나님의 능력이 됨을 재차 강조하노라.

내 사랑하는 제자야, 너는 너의 삶으로 전도한다고 말할 수 있느냐. 네 경건한 삶의 행동과 말, 마음의 씀씀이가 보는 사람들에게 본이 되기를 바란다. 사도바울은 복음을 전하지 아니하면 자신에게 화가 임한다고 했다. 너는 기적의 치유를 경험하고 치유의 복음을 전하라.

-네 복음의 치유자

오 늘 의 기 도

주여! 평생토록 사랑으로 섬기게 하소서. 전도의 미련한 것으로 전도하게 하소서. 이 미련한 것이 하나님의 능력과 지혜, 치유가 됨을 제가 믿습니다. 포괄적인 전도 방법으로 주님을 전하게 하소서. 예수님의 이름으로 기도합니다. 아멘.

263

너는 구제할 때에 오른손이 하는 것을 왼손이 모르게 하라

"너는 구제할 때에 오른손이 하는 것을 왼손이 모르게 하여"(마 6:3).

얘야, 너는 사람에게 보이려고 의를 행하지 않도록 주의 하려무나. 너의 하나님 아버지께 상을 받기 위해서는 외식적인 행위를 버려야 한단다.그러므로 구제할 때엔 오른손이 하는 것을 왼손이 모르게 하는 은밀함을 보여야 하리라. 그렇게 할 때 너의 아버지께서 갚아주신다는 진실을 명심하려무나.

사람에게만 인정받고 잘 보이려는 자는 이미 자기 상을 받았느니라. 기도할 때에도 골방에 들어가 문을 닫고, 은밀한 중에 보시는 하나님 아버지께 기도하렴. 중심을 보시는 네 아버지께서 후하게 갚아주시리라. 금식할 때도 슬픈 기색을 하지 말라고 했다. 아버지께서 갚아주시기 때문이다.

내 사랑하는 자녀야, 너는 나와 사람들 중에 누구를 더 의식하며 생활하는지 묻고 싶구나. 네 마음을 알아달라는 그 눈빛! 내가 알고 있노라. 너의 은밀함을….

-네 은밀한 주

오 늘 의 기 도

저의 양심을 헤아리시는 주님께 고백합니다. 선한 양심의 주인공으로 살아가게 하소서. 어떠한 상황에서도 사람보다 주님을 의식하고 은밀히 행하게 하소서. 예수님의 이름으로 기도합니다. 아멘.

264

예수를 잡아 끌고 들어갈새 베드로가 멀찍이 따라가니라

"예수를 잡아 끌고 대제사장의 집으로 들어갈새 베드로가 멀찍이 따라가니라" (눅 22:54).

성 금요일! 나무 십자가에 매어 달렸던 나의 모습을 네가 생각했더구나. 6시간 동안 나의 두 발과 두 팔의 손목은 대못에 박 힌 채 핏물로 얼룩져 있었지.

내 머리엔 가시 면류관으로 짓눌려 피멍 져 있었단다. 나의 등과 허리, 옆구리마다 채찍에 맞은 흔적이 서려 있었으니 말이다. 이 모두가 곧 너를 위한 속죄의 대가가 아니겠느냐.

내 사랑하는 자야, 나를 진정으로 사랑한다고 고백했던 수제자 베드로의 행동을 너는 잘 알고 있으리라. 내가 잡혀서 끌려갔을 그때에, 베드로는 두려워서 멀찍이 따라갔느니라. 행여나 목숨이 위협받을까 겁이 나서 한순간 나를 모른다고 부인했겠지. 그가 나를 모른다고 세 번 부인했을 때 닭이 곧 울었고, 밖에 나가서 심히 통곡한 베드로를 너도 잘 알고 있으리라.

금식하며 성만찬 금요집회도 참석한 너였더구나. 앞으론 멀찍이가 아닌 나와 가까이하는 자로 살렴.

-네 사랑의 은인

오 늘 의 기 도

베드로의 멀찍이 신앙이 곧 제 신앙의 행실이었다는 것을 이제야 주님께 고백합니다. 제 허물을 용서하소서. 베드로가 크게 뉘우치고 자복하며 거꾸로 십자가에 달린 것처럼, 제 남은 삶도 주 바라기로 살게 하소서. 예수님의 이름으로 기도합니다. 아멘.

265

확신한 것을 끝까지 견고히 잡고 있으라

"우리가 시작할 때에 확신한 것을 끝까지 견고히 잡고 있으면 그리스도와 함께 참여한 자가 되리라"(히 3:14).

성화의 삶엔 언제나 내면으로의 떨림과 두려운 마음이 있어야 하리라. 신앙생활의 여정이 어찌 평탄하기만 하랴.

두렵고 떨림으로 너의 구원을 이루라. 그러므로 확신한 것을 끝까지 견고히 잡고 있어야 하리라.

매일 매일의 하루 24시간은 그냥 시간만 보내라고 주어진 시간이 아님을 알라. 이제 네가 천국 문에 이르기까지의 성화 과정을 아름답게 채워나가길 기대하겠다. 성경에 나오는 믿음의 선조들을 기억하고, 하루의 삶을 영생의 복된 삶으로 저축해 놓으렴. 그것들이 쌓이고 쌓이면 큰 산과 같은 상급의 보화가 됨을 잊지 말려무나.

요즘 더욱더 네가 시간과의 자기 싸움을 하는 것이 보이더구나. 잠자는 시간까지 아껴가며 전진하는 네 모습이 신기하단다. 그러나 너의 행동 하나하나에 내가 개입하고 있다는 사실을 염두에 두렴. 내가 너와 함께 하리라. 확신으로 시작하는 일을 멈추지 말라. 네 연약한 심신을 내가 치유하리라.

-너의 동행자

오 늘 의 기 도

제 힘으로 되는 것은 아무것도 없다는 것을 제가 믿습니다. 주 성령께서 제 안에 역사하심을 믿습니다. 저로 하여금 이제는 주의 말씀 읽기의 달인으로 써 주소서. 주 안에서 저는 할 수 있습니다. 예수님의 이름으로 기도합니다. 아멘.

266

나를 생각하시고 응답하시고 나의 눈을 밝히소서

"여호와 내 하나님이여 나를 생각하사 응답하시고 나의 눈을 밝히소서 두렵건대 내가 사망의 잠을 잘까 하오며"(시 13:3)

내 사랑하는 제자야, 네가 현재 싸우고 있는 싸움은 선한 싸움이란다. 인생은 마치 바다를 건너는 것과도 같지. 잔잔한 바다가 한순간에 거친 파도가 넘실대는 바다로 돌변한다는 것을 잊지 말려무나.

승부를 보기 위해서는 믿음의 경주에서 뒤처지면 안 된단다. 네 눈을 열어 영안으로 보게 되기를 기도하라. 너의 생각보다 성령님의 생각이 앞서야 하리라.

어떠한 문제를 제거해달라고 기도하기 보다, 그 문제를 이길 수 있는 하나님의 능력을 달라고 기도하렴. 참 믿음은 흔들려도 다시 일어나는 것이다. 오뚝이의 신앙을 배우라. 오뚝이는 중심의 추가 있어서 넘어져도 다시 일어난단다. 네 믿음의 중심으로 너는 분명 일어서서 더욱 앞으로 도전해 나아가리라.

너는 두려워 말고 잠잠히 나만 의지하라. 주 하나님만 바라보라. 다윗은 "나의 눈을 밝히소서 내가 사망의 잠을 잘까 하오며"라고 고백했다. 너도 이와 같이 내게 구하라. 내가 필경 네 영의 눈을 밝히리라.

-네 영의 눈

오 늘 의 기 도

어제나 오늘이나 영원토록 동일하신 주 하나님을 찬양합니다. 저를 생각하사 응답하시고 저의 눈을 밝히소서. 사망의 잠에서 깨어나 주만 바라보게 하소서. 예수님의 이름으로 기도합니다. 아멘.

267

"네 손을 내밀라"하시니 내밀매 그 손이 회복되었더라

"그들의 마음이 완악함을 탄식하사 노하심으로 그들을 둘러 보시고 그 사람에게 이르시되 네 손을 내밀라 하시니 내밀매 그 손이 회복되었더라"(막 3:5).

말라리아에 여섯 번씩이나 걸려 두 번 죽다 살아났다는 강사님의 선교 간증에, 네 마음은 어떤 생각으로 동요가 되었느냐.

인생의 삶에 있어서 선택의 기준을 어떻게 세워 나가느냐에 따라, 그 사람의 삶도 달라지겠지.

어떠한 사건과 사고에 접했을 때, '예수님이라면 어떻게 하실까?'라는 물음표를 자신에게 던진다는 아프리카 선교사님의 고백에 내 마음이 얼마나 찡했는지 모른단다. 내 모습을 닮아가려는 자야 말로 진정한 나의 제자이리라.

바리새인들이나 헤롯당처럼 나를 죽일 음모로 마음이 완악한 자들을 보고 얼마나 탄식했는지. 한 쪽 손 마른 사람에게 "네 손을 내밀라." 말했을 때, 그가 순종하여 내밀매 그 손이 회복되었지 않느냐. 너는 세상 끝날까지 내 말에 절대 순종하는 참 제자로 살려무나.

-네 손의 치유자

오 늘 의 기 도

주여! 아프리카의 말라리아 질병으로 죽다 살아나신 선교사님의 간증에, 제가 얼마나 충격을 받았는지요. 제 삶의 기준도 주님을 의식하며 사는 순종의 제자로 살게 하소서. 예수님의 이름으로 기도합니다. 아멘.

268

하나님이 독생자를 주셨으니 믿는 자는 영생을 얻으리라

"하나님이 세상을 이처럼 사랑하사 독생자를 주셨으니 이는 그를 믿는 자마다 멸망하지 않고 영생을 얻게 하려 하심이라"(요 3:16)

내 사랑하는 자야, 하나님 아버지께서는 너를 얼마나 뜨겁게 사랑하는지, 그 마음을 얼마나 헤아릴까.

독생자로 낳으신 나를 죽이시면서까지 너희를 사랑하셨으니 말이다. 이 사실을 순전하게 마음으로 믿는 자마다 멸망치 않고 영생을 얻게 하셨느니라.

그럼에도 불구하고 아버지 하나님께 기도할 때마다 "주시옵소서"라고 달라는 기도만 할 때가 많으니 말이다. 얘야, 나를 보내신 하나님의 사랑은 다 주신 사랑, 다 주신 은혜의 주님이심을 믿으렴.

세상적인 손해가 오더라도 내가 너희를 영원히 살리기 위해 십자가를 진 사랑의 은혜를 잊지 말려무나. 매 순간 나를 구주로 영접하여 고백하는 네 자신이 되기를 원하노라. 이 땅에서부터 영원히 하나님 아버지 안에 있는 나와 함께, 영생 복락을 누리는 자로 승리하렴.

-네 하나님의 독생자

오 늘 의 기 도

독생자로 오신 주 예수 그리스도시여! 당신은 진정 살아계신 하나님이십니다. 제 안에 계신 성령님이십니다. 영생의 자녀로 살게 해주시는 예수님의 이름으로 기도합니다. 아멘.

269

우리 죄를 자백하면 우리 죄를 사하시며 깨끗하게 하시리라

"만일 우리가 우리 죄를 자백하면 그는 미쁘시고 의로우사 우리 죄를 사하시며 우리를 모든 불의에서 깨끗하게 하실 것이요"(요일 1:9).

만일 우리가 죄가 없다고 말하면 스스로 속이는 자가 된단다. 그것은 진리가 우리 속에 있지 아니하기 때문이리라.

그런데 만일 우리가 우리 죄를 자백하면, 아버지 하나님께서 우리 죄를 사하시고 모든 불의에서 깨끗하게 하시리라.

내 사랑하는 자야, 세리의 기도하는 자세를 배우렴.

"나를 불쌍히 여기소서. 나는 죄인이로소이다"로 새벽마다 간구하는 겸손의 목회자, 네가 섬기는 교회의 목사님을 본받으려무나. 나는 교만한 자를 멀리한다. 그러므로 애야, 은혜를 체험한 이후의 삶은 분명 달라져야 한단다. 은혜의 감사를 잊지 말며, 하나님께 진정으로 헌신된 삶을 살아야 하겠지. 너의 몸을 주께 드리는 산 제물이 되어야 하리라. 그리고 고백적인 참회의 삶을 살아가렴. 죄를 자백하면 깨끗하게 하리라.

-네 죄의 성결자

오 늘 의 기 도

추호라도 교만한 자로 살지 말게 하소서. 주님의 겸손과 온유로 옷 입기를 소원합니다. 매 순간 저의 죄를 주께 자백하여 사함 받게 하소서. 깨끗케 하시는 예수님의 이름으로 기도합니다. 아멘.

270

사람의 생명이 그 소유에 있지 않으니 탐심을 물리치라

"그들에게 이르시되 삼가 모든 탐심을 물리치라 사람의 생명이 그 소유의 넉넉한 데 있지 아니하니라 하시고"(눅 12:15).

네가 살아가는 삶에 있어서 물리쳐야 할 세 가지를 다시 각인시키고 싶구나.

가장 먼저 주목할 것이 있는데, 바로 탐심을 물리치라는 것이다.

그리고 두 번째로 거짓을 물리쳐야 한단다. 더러운 말은 입 밖에도 내지 말고, 선한 말을 하여 듣는 자들에게 은혜를 끼쳐야 하리라.

세 번째로 이기심을 물리치려무나. 오직 너는 그의 나라와 그의 의를 이루며 살아가라. 하나님 아버지의 신실하신 통치 아래서 사는 자는 세상에 가장 행복한 자요, 세상에 더이상 부러울 것이 없느니라.

내 앞에서 되도록 정직하고 진실하게 살려 하는 너의 진심을 내가 아노라. 사람의 생명이 그 소유의 넉넉한 데 있지 않단다. 그러므로 내 사랑하는 자야, 너는 탐심과 거짓, 이기심을 물리치고 복되게 살라.

-네 생명의 주

오 늘 의 기 도

생명의 말씀으로 때마다 저를 인도해 주시는 주 예수님께 무한 감사를 드립니다. 제게 있는 것을 족하게 여겨 범사에 감사하며 살게 하소서. 예수님의 이름으로 기도합니다. 아멘.

271

자식들은 여호와의 기업이요 태의 열매는 상급이라

"보라 자식들은 여호와의 기업이요 태의 열매는 그의 상급이로다"(시 127:3).

내 사랑하는 자야, 내가 네게 허락한 두 자녀에 대해 더욱 내게 감사하는 네 심중을 헤아렸단다.

요즘 매사에 관심과 보살핌을 받는 너의 마음에서, 네게 맡겨준 자녀들이 상급이 된다는 것을 나도 알아차렸단다. 내 마음도 기쁘단다.

자식들은 여호와의 기업이라 했다. 태의 열매는 그의 상급이라 했지. 어머니를 위해 효도하고 섬기는 자녀들을 위해 밤낮 기도하며 잘 되기를 소원하는 네 간절함이 상달되리라. 응답의 역사로 열매 맺히리라. 살아 역사하시는 아버지 하나님께 감사하는 너의 삶이 되기를 바라노라. 너의 영원하신 기업이 되시는 분이 곧 하나님 아버지시라.

-네 삶의 기업

오 늘 의 기 도

가정의 달 5월을 맞이하여, 제게 귀한 가정과 자녀를 선물로 주신 주님께 무한 감사드립니다. 저 또한 삼위일체 아버지께 공경하며 살게 하소서. 예수님의 이름으로 기도합니다. 아멘.

272

돈을 사랑함이 일만 악의 뿌리니 오직 믿음을 지키라

"돈을 사랑함이 일만 악의 뿌리가 되나니 이것을 탐내는 자들은 미혹을 받아 믿음에서 떠나 많은 근심으로써 자기를 찔렀도다"(딤전 6:10).

애야, 너는 혹시 너의 부족한 것을 더 채우기 위해 하나님을 뒷전으로 여기며 살아가지는 않는지 묻고 싶구나. 그렇게 되지 않도록 다수의 사람들이 꿈꾸는 재물에 소망을 두지 않기 위해 믿음의 훈련을 쌓아가려무나.

돈을 사랑함이 일만 악의 뿌리가 된다는 것을 명심하렴. 믿음의 사람들조차도 때로는 물질에 탐심이 생겨, 소중한 믿음을 헌신짝 버리듯이 나 몰라라 하기도 하니 말이다.

지킬만한 것 중에 네 마음을 지키려무나. 생명의 근원이 여기에 있느니라. 너는 몸의 질병으로 약을 복용하고, 의사의 진료를 받기도 하기만 그보다 더 먼저 할 일을 잊지 말라. 나의 이름을 의지하여 내게 기도하렴. 내가 너를 고치리라.

-네 믿음의 주

오 늘 의 기 도

아멘이십니다. 주님의 이름을 부르며 제 오른손을 얹고 주께 기도합니다. 주의 말씀 붙잡고 먼저 기도할 때 치유해 주심을 믿습니다. 예수님의 이름으로 기도합니다. 아멘.

273

제사장은 아침마다 나무로 불을 피워 꺼지지 않게 하라

"제단 위의 불은 항상 피워 꺼지지 않게 할지니 제사장은 아침마다 나무를 그 위에서 태우고 번제물을 그 위에 벌여 놓고 화목제의 기름을 그 위에서 불사르지며"(레 6:12).

제사장의 사명은 아침마다 나무를 태워 불을 피우는 일이란다. 그다음엔 번제물을 그 위에 놓아 화목제의 기름을 불사르는 것이리라. 그러므로 제단 위의 불은 꺼지지 않게 해야 하리라.

내 사랑하는 자야, 네 인생의 제사장은 영적인 의미에서 볼 때 과연 누구라고 생각하느냐. 바로 네 자신이 너의 제사장이 아니냐. 그렇다면 매일 맞이하는 새벽과 아침에 기도하는 성실함이 보여져야 하리라.

네가 한순간도 호흡하지 않으면 살 수 없듯이, 기도생활도 쉬지 말고 해야 하겠지. 기도는 곧 영적인 호흡이 되기 때문이란다. 네 안에 나의 영이 가득한 성령의 충만한 임재가 간절히 타오르기를 소망하노라.

죄악에 가득한 육적인 욕심이나 습관들을, 말씀 붙잡고 내게 토하려무나. 내 안에 계신 아버지 하나님의 성령이 너의 죄성을 불태워 사하여 주시리라. 너는 왕 같은 제사장이라.

-네 성령의 불

오 늘 의 기 도

신실하신 아버지 하나님께 감사드립니다. 성령 하나님께 영광을 올려 드립니다. 구주 예수님을 십자가를 지게 하사 죄악을 구속하심으로 제사장 삼으셨나이다. 성령의 불로 임하신 예수님의 이름으로 기도합니다. 아멘.

274

네가 행한 일에 보답하고 상 주시기를 원하노라

"여호와께서 네가 행한 일에 보답하시기를 원하며 이스라엘의 하나님 여호와께서 그의 날개 아래에 보호를 받으러 온 네게 온전한 상 주시기를 원하노라 하는지라"(룻 2:12).

내 사랑하는 자야, 너의 몸 상태가 어떠한지를 이번 기회에 새롭게 발견했더구나. 검사받고 나니 한편 개운한 마음도 있으리라.

그래. 병원이나 의사도 너희의 건강을 위해 필요하고, 모든 약들도, 주사나 침을 놓는 행위도 다 온전한 건강을 위해 요구되는 것이란다. 증세를 알기 위한 검사들도 많지.

너는 그동안 얼마나 겁이 많았는지, 네 자신이 먼저 잘 알리라. 그런데 막다른 골목에 들어서자 너는 이내 반전의 행동에 돌입했더구나. 비록 결과가 어떠하든 간에 결단을 내린 너의 용기에 칭찬해 주고 싶단다.

이젠 룻과 같이 똑같은 삶이 아닌 변화의 삶을 추구하려무나. 여호와께서 룻을 위해 이미 보아스라는 기회의 길을 예비해 놓으셨지 않느냐. 보아스는 하나님의 마음으로 살아가는 자이리라. 얘야, 내가 너의 영혼과 육신의 모든 것을 다 안다. 걱정 말라. 내가 너를 치료하리라. 네가 행한 일에 보상받게 하리라.

-너의 참 보상

오 늘 의 기 도

주의 뜻대로 순종한 자에게 보답하시기를 원하심이여! 여호와의 날개 아래 사는 자에게 상 주심을 믿습니다. 저를 다 아시오니, 주 뜻대로 치료하소서. 응답 주시는 예수님의 이름으로 기도합니다. 아멘.

275

세상을 이기는 승리는 우리의 믿음이니라

"무릇 하나님께로부터 난 자마다 세상을 이기느니라 세상을 이기는 승리는 이것이니 우리의 믿음이니라"(요일 5:4).

"주 믿는 사람 일어나 다 힘을 합하여 이 세상 모든 마귀를 다 쳐서 멸하세. 저 앞에 오는 적군을 다 싸워 이겨라. / 주 예수 믿는 힘으로 온 세상 이기네. 믿음이 이기네 믿음이 이기네. 주 예수를 믿음이 온 세상 이기네."

- 찬송가 357장

세상이 이기지 못하는 사람들이 있느니라. 세상이 감당하지 못하는 믿음의 위인들의 이름이 기록되어 있는 히브리서의 말씀을 너도 자주 읽었으리라.

내 사랑하는 자야, 하나님 앞에 연약한 자는 세상이 이길 수 없단다. 기드온, 바락, 삼손, 입다, 다윗, 사무엘과 선지자들의 일을 말하려면 끝이 없으리라. 또한 하나님 앞에 순종하는 자는 세상이 이길 수 없느니라. 광야와 산과 동굴과 토굴에 유리하면서까지 믿음을 지켰느니라.

너는 세상에 속한 자가 아니고, 도리어 내가 너를 세상에서 택하였다는 사실을 믿으라. 그러므로 세상이 너희를 미워함이라. 나와 함께 하는 자는 세상이 감당할 수 없단다. 찬송가의 가사처럼 나의 이름인 주 예수를 믿는 힘으로 온 세상을 이기려무나.

-네 믿음의 주

오 늘 의 기 도

주여, 오직 주 예수님을 믿는 믿음의 힘으로 세상을 이기게 되는 줄 믿습니다. 순간마다 유혹하는 마귀의 계략에서 믿음으로 승리케 하소서. 말씀과 기도, 찬송으로 이기게 하시는 예수님의 이름으로 기도합니다. 아멘.

276

십자가의 도가 구원을 받는 우리에겐 하나님의 능력이라

"십자가의 도가 멸망하는 자들에게는 미련한 것이요 구원을 받는 우리에게는 하나님의 능력이라"(고전 1:18).

내가 너희를 위해 짊어진 십자가의 은혜는, 쓰디쓴 인생을 단 인생으로 변화시키는 능력이 있단다.

십자가의 도가 멸망하는 자들에게 미련한 것이 되지만, 구원을 받는 너희에겐 하나님의 능력이 됨을 믿으렴.

내 사랑하는 자야, 이 험한 세상에 살면서 너는 어떻게 살아가야 온전한 믿음을 이어갈 수 있는지 생각해 보았느냐. 가장 먼저는 가정의 부모로부터 받게 되는 신앙교육이 중요하단다. 바른 성품의 인격적인 모습, 그리고 영적인 지도를 잘 받아야 하겠지.

또한 소리 내어 부르짖는 기도의 중요함도 깨달아야 하리라. 함께 기도하는 합심 기도의 훈련도 매우 중요하단다.

두 사람 이상이 모여 합심하여 기도할 때, 아버지 하나님께서 들어 응답하시리라. 그러므로 무엇보다 믿음을 지켜나가기 위해선 십자가의 능력을 확실히 믿어야 하리라. 내가 너를 믿는다.

-네 구원의 주

오 늘 의 기 도

아멘이십니다. 주님의 십자가 없이는 제게 아무것도 없음을 믿습니다. 영광으로 가는 주님의 지신 십자가를 저도 지고 감사하며 살게 하소서. 예수님의 이름으로 기도드립니다. 아멘.

277

할 수 있거든 모든 사람과 더불어 화목하라

"할 수 있거든 너희로서는 모든 사람과 더불어 화목하라"(롬 12:18).

사람의 인물을 네 가지로 분류해 본다면, 너는 어느 편에 있는 인물이라고 당당하게 고백할 수 있는지 생각해 보는 계기가 되기를 바라노라.

첫째, 선을 악으로 갚으려는 자가 있다. 이런 자는 참으로 악한 자라 하겠다.

둘째, 악을 악으로 갚으려는 자가 있지. 이런 사랑은 짐승적인 사람이리라.

셋째, 선을 선으로 갚으려는 자가 있다. 이런 사람이야말로 인간적인 사람이라 할 수 있겠다. 그리고 마지막으로 넷째, 악을 선으로 갚는 자가 있단다. 이 사람이 바로 하나님의 사람임을 명심하려무나.

얘야, 너는 이 네 사람의 분류 중에 어느 편에 소속되어 있는지 묻고 싶구나. 악을 선으로 갚는 자의 반열에 서기 위해 애쓰고 기도한다는 눈빛이구나.

네 마음의 중심을 내가 다 안다. 너는 할 수 있거든 모든 사람과 더불어 화목하라. 이 길이 곧 위기를 극복하는 길이란다.

-네 화목의 주

오 늘 의 기 도

화목의 주님으로 오신 주 예수 그리스도시여! 제가 주님의 십자가를 믿고 의지합니다. 모든 사람과 더불어 화목하게 하소서. 악을 선으로 갚게 하소서. 예수님의 이름으로 기도합니다. 아멘.

278

아브라함은 시험을 받을 때에 믿음으로 이삭을 드렸노라

"아브라함은 시험을 받을 때에 믿음으로 이삭을 드렸으니 그는 약속들을 받은 자로되 그 외아들을 드렸느니라"(히 11:17).

기꺼이 드리는 믿음의 소유자가 누구이겠느냐. 믿음의 조상이라 부르는 아브라함이 아니고 그 누구이겠느냐.

아브라함은 시험을 받을 때에 믿음으로 이삭을 드렸다고 했다. 하나 밖에 없는 외아들을 드렸느니라.

하나님은 간혹 비상식적이거나 비정상적인 것을 요구하실 경우도 있음을 알라. 그런 의미에서 볼 때 너희는 하나님의 준비하신 희망을 바라보아야 한단다.

너의 삶에 있어서 시험이 있음을 늘 염두에 두려무나. 너희는 하나님 아버지와의 약속이 있는 관계이니라. 지금은 감추어져 있을 뿐, 하나님의 약속대로 성취되어가고 있단다. 상식을 초월하는 믿음의 소유자로 네가 살아가기를 기대하노라. 이삭을 살리실 여호와 하나님을 순전하게 믿고 실천하는 아브라함의 믿음을 본받으려무나. 너도 시험에서 승리로 응답받길 기대하노라.

-네 승리의 주

오늘의 기도

최후 승리에 이르도록 오직 주님께서 가신 길로만 따라가길 소원합니다. 아브라함처럼 온전한 믿음의 주인공으로 살게 하소서. 시험을 이기게 하시는 예수님의 이름으로 기도합니다. 아멘.

279

금식한 후에 왕에게 나아가리니 죽으면 죽으리이다

"당신은 가서 수산에 있는 유다인을 다 모으고 나를 위하여 금식하되 밤낮 삼 일을 먹지도 말고 마시지도 마소서 나도 나의 시녀와 더불어 이렇게 금식한 후에 규례를 어기고 왕에게 나아가리니 죽으면 죽으리이다 하니라"(에 4:16)

유다인을 향한 음모 앞에서 모르드개와 에스더를 통해 말씀하시는 하나님의 역사를 보라.

"죽으면 죽으리이다"의 고백으로 금식한 후에 왕 앞에 나아간 에스더의 신앙적 결단을 본받으라.

끝내 응답의 결실을 맺은 유다 사람들의 구원 앞에서, 너는 어떠한 생각이 들고, 어떻게 반응할 수 있는지 묻고 싶구나.

합심하여 기도한다는 것, 그것도 먹거나 마시지도 않는 온전한 금식으로 죽기를 각오하고 하나님 아버지께 기도한다는 것은 위기를 극복하는 첫 번째 지름길이 아닐 수 없단다. 너는 죽을 각오로 하나님께 부르짖어 간구해 보았느냐. 한 알의 밀알이 땅에 떨어져 죽으면 많은 열매를 맺는다고 했다. 지금의 네가 당면한 문제를 다른 방법으로 해결하려 말라. 오직 내 앞에서 구하라.

-너의 구세주

오 늘 의 기 도

에스더의 위대한 신앙의 결단을 본받게 하소서. "죽으면 죽으리이다!"의 신앙으로 죽도록 충성하게 하소서. 그리하여 영과 육이 강건케 하소서. 예수님의 이름으로 기도합니다. 아멘.

280

생육하고 번성하여 땅에 충만하라, 땅을 정복하라

"하나님이 그들에게 복을 주시며 하나님이 그들에게 이르시되 생육하고 번성하여 땅에 충만하라, 땅을 정복하라, 바다의 물고기와 하늘의 새와 땅에 움직이는 모든 생물을 다스리라 하시니라"(창 1:28)

여호와 하나님께서는 하나님의 형상대로 사람을 창조하시되 남자와 여자를 창조하셨다. 그 후에 그들에게 복을 주시며, 생육하고 번성하여 땅에 충만하라 말씀하셨다.

얘야, 이 말씀은 사람의 가치가 얼마나 귀한가를 알려주는 인간 생명 존중의 말씀임을 잊지 말려무나.

땅을 정복하고 모든 생물을 다스리라는 말씀도 하셨다. 만물의 통치자이며 주인 되시는 하나님 안에서 살라. 사람은 영으로 하나님과 교통하며, 또한 육으로 세상과 고통하는 자가 됨을 명심하려무나.

그러므로 영이신 하나님과 교통하여 육을 입은 세상을 다스려야 하는 사명이 주어진 것임을 너는 알라. 아버지 하나님께서 나를 보내신 것은, 바로 하나님 아버지의 말씀대로 순종하여 너희가 복을 받게 하려 하심이란다. 다시 말하노라. 너는 하나님의 형상을 입은 복의 사람이노라.

-네 안의 충만자

오 늘 의 　기 도

제 자신이 얼마나 복된 존재인지를 깨달았나이다. 주의 형상대로 저를 창조하심이여! 그 은혜와 사랑을 힘입어 주의 뜻대로 사는 복의 주인공으로 살게 하소서. 예수님의 이름으로 기도합니다. 아멘.

281

너희가 하나님과 재물을 겸하여 섬기지 못한다

"한 사람이 두 주인을 섬기지 못할 것이니 혹 이를 미워하고 저를 사랑하거나 혹 이를 중히 여기고 저를 경히 여김이라 너희가 하나님과 재물을 겸하여 섬기지 못하느니라"(마 6:24).

네 삶의 자리에서 너의 눈과 너의 시선이 집중되는 것이 무엇인가를 생각해 보았느냐.

너는 가장 먼저 여호와 하나님만을 네 마음의 중심에 두려무나. 다른 어떤 것도 하나님의 대안으로 삼지 않는 무타협의 신앙인으로 살라.

네 보물이 있는 그곳에는 네 마음도 있느니라. 한 사람이 두 주인을 섬길 수 없느니라. 적당한 신뢰가 아닌 절대적인 하나님으로 섬기라. 그러므로 너희가 하나님과 재물을 겸하여 섬기지 못한다.

내가 네게 다시 말하노니, 너는 하나님께 예배하되 전심으로 예배하라. 참된 예배란, 하나님이 주신 은총과 예수 그리스도, 곧 나를 통하여 받은 구원의 은혜를 깨닫고 감격해서 드리는 응답의 행위란다. 너는 끝까지 하나님만을 의지하렴. 목자 되시는 주께서 너와 함께하리라.

-너의 1순위

오 늘 의 기 도

아멘! 주 하나님의 말씀에 명심하여 순종하기를 기도합니다. 저의 보물은 주님이십니다. 주님 없이 어떤 타협도 하지 말게 하소서. 예수님의 이름으로 기도합니다. 아멘.

282

말씀을 보내어 고치시고 그들을 위험에서 건지신다

"그가 그의 말씀을 보내어 그들을 고치시고 위험한 지경에서 건지시는도다" (시 107:20).

내 사랑하는 자야, 내가 봐도 너의 일생에서 요즘같이 네가 성경 말씀에 심취해서 묵상한 때가 없었다는 것을 말해 주고 싶구나. 계속 전진해 나아가렴.

비록 정독으로 한 자 한 자 읽어 내려가는 성경 읽기는 아니지만, 신구약 성경 전체의 흐름과 주제를 파악하기 위해 속독으로 읽는 너의 성경 읽기 습관에 박수를 보내마. 새벽의 큐티 묵상 시간엔 정독으로도 읽더구나.

여호와께서는 말씀을 보내어 고치신다 했다. 위험한 지경에서 건지신다고도 했다. 네가 말씀과 함께 있는 한 나는 너를 어떠한 위험에서도 지켜준다는 것을 명심하렴. 좀 더 이해를 하기 위해 성경의 장에 기록된 주제마다, 밑줄에 빨간색 펜으로 밑줄을 쳤더구나. 한 번에 다 하려 말고 꾸준히 천천히 쉬지 말고 계속하려무나. 매일의 말씀 묵상이 네 영의 일용할 양식이 되느니라. 내가 너와 함께 하리라.

-너를 고치는 이

오 늘 의 기 도

신실하신 아버지 하나님께 감사와 영광을 돌립니다. 지나온 많은 날들 동안에 제가 너무 성경 읽기에 무심했나이다. 이제라도 시작하오니 중단치 말게 하소서. 예수님의 이름으로 기도합니다. 아멘.

여섯

2023.7 ~ 2023.12

주의 여종이오니 말씀대로 내게 이루어지이다

"마리아가 이르되 주의 여종이오니
말씀대로 내게 이루어지이다 하매 천사가 떠나가니라"(눅 1:38).

283

여호와께 감사하라 그 인자하심이 영원함이로다

"여호와께 감사하라 그는 선하시며 그 인자하심이 영원함이로다"(시 136:1).

너는 여호와 하나님을 의뢰하고 선을 행하라. 네가 땅에 머물러 사는 동안 성실함을 먹을거리로 삼으렴.

세상 끝 날까지 여호와께 감사하라. 하나님 아버지는 선하시며 그 인자하심이 영원함이로다.

너는 가만히 있어 나의 구원을 보라. 여호와께서 너 대신 싸워 이기게 하시느니라. 일마다 때마다 내가 너의 쓸 것을 채우느니라.

네가 섬기는 교회의 창립 기념일이 54년을 맞이했더구나. 기쁨의 떡을 성도들과 함께 나누며 감사의 예배를 드리는 모습이 아름답구나. 맘껏 즐기렴. 지난날 하나님이 행하신 일들을 감사하렴. 그리고 어려움 가운데서도 부르짖는 기도로 오늘의 교회가 세워지게 됨도 감사하렴. 가장 좋은 것으로 응답하시는 하나님 되심을 체험하렴. 나의 몸 된 교회를 내가 사랑하노라.

- 네 영원한 주인

오 늘 의 기 도

은혜로우시며 자비로우신 여호와 하나님이시여! 주님의 몸 된 교회로 저를 부르신지도 15년째를 맞이했나이다. 모든 것이 주님의 은혜입니다. 주만 영광 받으소서. 예수님의 이름으로 기도합니다. 아멘.

284

갇힌 자의 탄식을 들으시며 죽이기로 정한 자를 해방하사

"이는 갇힌 자의 탄식을 들으시며 죽이기로 정한 자를 해방하사"(시 102:20).

갇힌 자의 탄식을 아느냐 묻고 싶구나. 죽임 받을 수밖에 없는 상황에서 생존의 길을 만났다는 그 간증을 들었을 때, 네 마음도 오싹함을 느끼지 않았느냐. 하나님은 분명히 살아 역사하시는 분이시다.

그렇단다. 사명이 있는 믿음의 사람은 여호와 하나님께서 위험의 고지에서도 죽음을 해방시키사, 살리는 은혜를 입게 하시는 것이리라.

네가 편히 쉬고 잘 먹으며 좋은 집에서 안락하게 잠들 수 있다고 나태할 수 있겠느냐. 남과 북이 분리된 한 민족의 근본적인 아픔을 안고 밤낮없이 깨어 기도하려무나. 분노하고 비판하기 이전에 주 성령님 앞에 나아와 간구하려무나. 이스라엘 백성이 바벨론에서 해방된 역사를 떠올리며 묵묵히 기도하라. 때가 되면 이루리라.

- 너의 참 해방인

오 늘 의 기 도

아멘이십니다. 꼭 그렇게 될 줄 믿습니다. 생사의 갈림길에서 구원함을 입은 강사 목사님의 간증이, 곧 주님의 음성인줄 믿습니다. 복음으로 통일을 맞는 이 민족이 되게 하소서. 예수님의 이름으로 기도합니다. 아멘.

285

선을 행하다 낙심 말라 때가 되면 거두리라

"우리가 선을 행하되 낙심하지 말지니 포기하지 아니하면 때가 이르매 거두리라" (갈 6:9)

얘야, 요즘 너의 심사가 온전치 않음을 감지하고 있지. 선을 행하되 낙심하지 말라 했다. 포기하지 않으면 좋은 결실의 때를 만나 거두게 되느니라. 조금만 인내하렴. 날씨도 덥지만 범사에 감사할 수 있는 심령의 평강이 유지되도록, 더욱 네 자신을 지켜 나가기를 부탁하노라. 대적 마귀는 호시탐탐 너를 낙심케 하려 유혹한단다.

내 사랑하는 자야, 사람이 너를 인정하거나 알아주지 않는다고 서운해 해선 안되지. 설령 무시한다 해도 말이야. 내가 너를 눈동자같이 지켜 보호, 사랑하고 있기 때문이란다. 네가 칠십이 넘어 팔십 세 이상의 노년이 되어도, 내 눈엔 항상 네가 어린아이같이 귀엽고 천진난만하게 보이는 것을 어찌하겠니. 매 순간 나를 응시하며 살렴. 나의 임재를 느끼며 성령의 세미한 음성을 들으려무나. 내 사랑 안에 거하라.

- 너의 추수인

오 늘 의 기 도

주여, 맞습니다. 주의 말씀을 묵상하며, 그 말씀대로 순종한다 하면서도, 때때로 사람을 더 의지했나이다. 용서하소서. 사람과 환경, 조건보다 주님을 더욱 의지하게 하소서. 예수님의 이름으로 기도합니다. 아멘.

286

형제를 미워하는 자마다 살인하는 자로 영생이 없다

"그 형제를 미워하는 자마다 살인하는 자니 살인하는 자마다 영생이 그 속에 거하지 아니하는 것을 너희가 아는 바라"(요일 3:15).

이 세상을 살아가는 데 있어서, 너희 그리스도인이 행하지 말아야 할 것 세 가지가 있다는 것을 내가 네게 당부하려고 한다. 지금까지도 선하게 살려 하지만, 행여라도 더욱 주의하라는 뜻이다. 남이 하는 일이라고 따라 해선 안 되는 것이 있단다.

첫째, 결단코 폭력만큼은 행하지 말아야 한다. 형제에게 노하는 자마다 심판을 받게 됨을 알라. 미움이 살인의 씨앗이다.

둘째, 결코 위선 된 행동을 삼가라. 자기가 의롭다고 착각하는 자는 영적 교만의 사람이니라. 바리새인의 기도가 이러하였단다. 너는 겸손히 엎드려 가슴을 치며 "하나님이여 불쌍히 여기소서 나는 죄인이로소이다." 라고 간절히 기도한 세리의 기도를 본받으렴.

셋째, 절대로 남을 해쳐선 안된다. 칼을 쓰는 자는 칼로 망하느니라. 내 사랑하는 자야, 너는 오직 선을 행하되 진실함으로 사랑하라. 네 가족이나 이웃, 교회 안의 성도가 그냥 네 옆에 있어주는 것만으로도 고맙게 여기라. 형제를 미워하면 영생이 없느니라.

- 네 속의 영생인

오 늘 의 기 도

아멘! 주 예수 그리스도시여! 행여 저를 해치고 미워하는 사람에게라도 악심을 품지 말게 하소서. 세리의 겸손한 기도를 본받아, 사랑 외의 아무 빚도 지지 말게 하소서. 예수님의 이름으로 기도합니다. 아멘.

287

푯대를 향해 하나님이 부르신 부름의 상을 소망하라

"푯대를 향하여 그리스도 예수 안에서 하나님이 위에서 부르신 부름의 상을 위하여 달려가노라"(빌 3:14).

내 사랑하는 나의 제자야, 내가 너의 생명을 붙들고 있는 한 너의 주어진 사명에 충실해야 하겠지. 지금 이 시대의 급변하는 동서남북을 살펴보라. 무엇 하나 제대로 온전한 것이 없지 않느냐. 온갖 크고 작은 사건사고들, 자연재해들, 그 모습들을 바라보며 느끼는 너의 생각은 어떤지 묻고 싶구나.

"주 예수님, 진정 다시 오시겠다고 재림의 약속을 하셨잖아요. 말세지말의 이때에 주께서 오실 때가 되었나 봅니다." 얘야, 내 귀에는 네가 겁먹은 소리로 속삭이는 음성이 생생하게 들린단다. 여호와 하나님을 향한 단독자 신앙의 열심을 강조한 쇠렌 키르케고르의 사상처럼, 그 누가 너를 알아주지 않고 외면한다 해도, 오직 하나님을 위한 열심으로 살아갈 수 있느냐 말이다. 이것이 네 자신을 개혁하는 첫 번째 사명임을 알라. 그리고 지혜롭고 순결하려무나. 계속 자신의 부족함을 채워나가렴. 그러므로 푯대를 향해 하나님의 부르신 부름의 상을 위해 달려가기를 소망하라.

- 너의 참 푯대

오 늘 의 기 도

주님, 오늘따라 강단에 서신 위임 목사님의 설교 말씀이, 잘 박힌 못처럼 제 심령에 젖어옵니다. 그동안 사람을 많이도 의지했나 봅니다. 이제는 주 앞에 선 단독자 신앙의 사람으로 개혁시켜 주소서. 예수님의 이름으로 기도합니다. 아멘.

288

여호와를 알자 힘써 여호와를 알자

"그러므로 우리가 여호와를 알자 힘써 여호와를 알자 그의 나타나심은 새벽빛 같이 어김없나니 비와 같이, 땅을 적시는 늦은 비와 같이 우리에게 임하시리라 하니라"(호 6:3).

내 사랑하는 자야, 내가 너에게 다시 묻고 싶구나. 너는 나를 얼마나 안다고 생각하느냐. 살아계신 하나님을 얼마나 사모하며 기다리는지 알고 싶단다.

네가 이른 새벽 4시에 기상하여 몸을 단장하고, 생수로 목을 축인 후 정신을 가다듬는 모습을 내가 안다. 자리를 고쳐 앉고 가장 먼저 기도하며 성경 묵상의 시간을 갖지. 내가 한 가지 네게 조심할 부분을 알려주마. 실적을 올리는 것도 중요하지만, 감동과 감격이 없는 습관에 치우치지 않기를 부탁한다. 매 순간 말씀과 기도, 찬송에 성령의 충만함을 덧입혀라. 여호와를 기다리는 자의 참 자세를 알려주노라.

첫째, 힘써 하나님을 알아가렴. 둘째, 하나님께 온전히 집중하렴. 셋째, 끝까지 믿음으로 나아가렴. 네 평생 사는 동안에, 네 영혼이 주님을 찬양하라. 여호와를 알되 힘써 여호와를 알자. 다윗처럼 네가 살아있는 동안에….

- 네 안의 새벽빛

오 늘 의 기 도

신실하신 여호와 하나님을 찬양합니다. 제 심령에 오셔서 생수의 성령으로 채워주소서. 주야로 묵상하는 주의 말씀이 저의 생명이요 능력이 됨을 믿습니다. 우리 주 예수님의 이름으로 기도합니다. 아멘.

289

모세가 바다 위로 손을 내밀매 바다가 마른 땅이 된지라

"모세가 바다 위로 손을 내밀매 여호와께서 큰 동풍이 밤새도록 바닷물을 물러가게 하시니 물이 갈라져 바다가 마른 땅이 된지라"(출 14:21).

내 사랑하는 자야, 한여름의 폭염도 이제 서서히 사라져갈 채비를 하는 것 같구나. 그럼에도 불구하고 가을은 시원한 바람과 함께 곧 노크하게 되겠지. 이 모두가 살아계신 하나님 아버지께서 운행하시는 만물의 이치가 아니겠니. 기적은 매 순간순간마다 일어난단다. 너의 인생 자체가 하나님의 놀라운 기적 속에서 살아가고 있음을 깨달으렴.

모세가 홍해 바다 위로 손을 내밀었을 때, 여호와께서 큰 동풍으로 바닷물이 물러갔고, 물이 갈라져 바다가 마른 땅이 된 기적의 사건을 너는 생생하게 기억하리라. 이처럼 하나님의 기적은 인간의 우상인 바로의 속성을 알게 한단다.

그리고 하나님의 기적은 인간의 내면에 자리 잡은 자기 사랑의 속성도 깨닫게 하지. 그러므로 하나님의 참된 기적은 네 자신을 통해 시작됨을 깨우치라. 홍해의 기적은 계속 일어나느니라.

- 네 안의 기적인

오 늘 의 기 도

신실하신 주 하나님의 은혜를 찬양합니다. 온 우주 만물을 통해서 주님의 기적을 깨닫습니다. 제 자신의 모습 속에서도 기적의 사건을 주시는 주님의 은혜를 감사드립니다. 예수님의 이름으로 기도합니다. 아멘.

290

말씀이 지혜로 피차 가르치며 감사로 주를 찬양하라

"그리스도의 말씀이 너희 속에 풍성히 거하여 모든 지혜로 피차 가르치며 권면하고 시와 찬송과 신령한 노래를 부르며 감사하는 마음으로 하나님을 찬양하고" (골 3:16).

막바지의 더위로 가는 계절을 맞으니, 이제 조석으로 시원한 공기가 창 너머로 흘러 들어올 것이다. 얘야, 조금만 참으렴. 그래도 사철의 변화가 있어서 새로운 계절을 기다리는 즐거움이 있음을 감사히 여기렴. 이 지구촌엔 계속 춥거나 더위로만 일상을 보내야만 하는 나라도 있음을 너도 알고 있으리라. 주어진 환경에 감사할 때 더욱 범사에 감사하는 일이 생긴단다.

말씀의 지혜로 피차 가르치며 감사로 주를 찬양하라. 능력이란 하나님의 말씀 앞에 네가 죽어지는 것이다. 그러므로 네 마음의 주인을 그리스도인 나에게로 바꾸어 나가야 하리라.

또 한 가지 전환시킬 것은, 지성의 인격에서 영성의 인격으로 바꾸어 나가려무나. 자기 파괴를 경험해야 영성으로 나갈 수 있단다. 주의 말씀으로 평안하라.

- 네 안의 참 지혜자

오늘의 기도

주의 말씀을 묵상할 때 레마의 말씀으로 들려지게 하소서, 제 영이 살아나게 하시고, 오직 주 예수님만 저의 참 주인으로 모셔 살게 하소서. 예수님의 이름으로 기도합니다. 아멘.

291

내가 네게 무엇을 줄꼬 너는 구하라

"기브온에서 밤에 여호와께서 솔로몬의 꿈에 나타나시니라 하나님이 이르시되 내가 네게 무엇을 줄꼬 너는 구하라"(왕상 3:5)

'초심을 잃지 말라'는 것은 언제나의 마음으로 살라는 의미가 아니겠느냐. 첫 마음, 첫사랑의 진실된 행동이나 언어, 마음의 씀씀이를 두고 하는 말이라 여겨진다.

시인 목회자의 글에 "만나면 좋고 함께 있으면 더 좋고 헤어지면 늘 그리운 사람이 되자."가 맘에 든다고 공감하는 네 모습을 보았단다. 내 사랑하는 자야, 너는 그런 사람이 있는지 묻고 싶구나.

솔로몬은 여호와를 사랑하여 제단에 일천 번제를 드렸다고 했다. 기브온에서의 그 밤에 여호와께서 솔로몬의 꿈에 나타나셨지. "내가 네게 무엇을 줄꼬 너는 구하라." 자기를 위한 장수나 부도 구하지 아니하고 오직 지혜만을 구한 솔로몬! 그는 끝내 지혜와 총명, 부귀와 영광까지 부여받은 왕이 되었노라.

내가 너를 위해 십자가에서 죽었노라. 또한 너를 위해 부활했단다. 너를 위해 다시 올 나를 위해, 너는 무엇을 준비하느냐.

- 네 안의 상급

오늘의 기도

주일 설교 말씀에 은혜받게 하심을 주께 감사드립니다. 드리기보다 달라고만 했던 저를 용서하소서. 사람이나 환경에 따라 마음이 요동쳤던 저를 뉘우칩니다. 초심의 사람이 되게 하소서. 예수님의 이름으로 기도합니다. 아멘.

292

분과 노를 버리라 오히려 악을 만들 뿐이라

"분을 그치고 노를 버리며 불평하지 말라 오히려 악을 만들 뿐이라"(시 37:8).

그리스도인은 오직 하나님의 은혜로 살아가는 자란다. 그래서 그리스도인의 말이나 행동, 그의 모든 인생이 이방인들과 구별되어야 하겠지. 상대방이 이유 없이 찌르고 허물을 들춰내어도 은혜로 잘 걸러진 말이 나와야 하리라. 바로 이것이 선으로 악을 이기는 삶이란다.

내 사랑하는 자야, 믿음을 주시는 주체는 하나님 아버지시란다. 그러므로 은혜는 하나님께로부터 받은 구원의 선물이 됨을 알라.

분과 노를 버리렴. 불평하는 것은 더욱 악을 만들 뿐이라. 이스라엘 백성의 모세를 향한 불평은 곧 하나님을 향한 불평이었음을 알라. 은혜는 받는 것이 중요하지만 보존, 유지하는 것이 매우 중요하단다. 너는 성령을 소멸치 말라. 인생의 광야의 길에서 늘 기뻐하고 범사에 감사하며 깨어 기도하렴. 여호와 닛시의 승리 깃발이 너와 함께 거하리라.

- 네 안의 평안

오 늘 의　기 도

저의 힘이 되시는 여호와 하나님을 찬양합니다. 주의 말씀이 제 인생의 나침반이 되어, 좌우로 치우치지 않도록 이끌어 주심을 감사드립니다. 오늘도 성령 충만케 하소서. 예수님의 이름으로 기도합니다. 아멘.

293

허리의 띠와 발에 신을 신고 지팡이를 잡고 급히 먹으라

"너희는 그것을 이렇게 먹을지니 허리에 띠를 띠고 발에 신을 신고 손에 지팡이를 잡고 급히 먹으라 이것이 여호와의 유월절이니라"(출 12:11).

내 사랑하는 자야, 유월절에 대해서 깊이 생각을 해 보았느냐. 여호와의 유월절엔 불에 구운 고기나 무교병, 쓴 나물을 아울러 먹되, 아침까지 남겨두지 말라 했느니라. 또한 그것을 먹는 자세에 대해서도 알렸느니라. "허리에 띠를 띠고 발에 신을 신고 손에 지팡이를 잡고 급히 먹으라." 이것이 유월절이라고 했다.

유월절의 진정한 의미는 믿음으로 구원받는다는 것이란다. 그러기에 구원은 죽음을 넘어간다는 뜻이지. 하나님의 아들인 나를 믿는 믿음 안에서 살아가는 자는, 곧 죽음의 재앙을 넘어가는 유월절 어린 양의 신앙인으로 거듭나는 것이리라.

얘야, 십자가와 피뢰침을 생각해 보렴. 네 자신이 벼락 맞을 것을 피뢰침이 먼저 맞음으로 네 생명이 보존된 것이다. 다시 말해서 네가 죄값으로 죽어야 했는데, 내가 네 대신 십자가로 죽어주었다. 십자가가 곧 영수증이다.

- 네 유월절

오 늘 의 기 도

주 예수님, 그렇습니다. '십자가와 피뢰침'을 떠올리니 눈물이 흘러내립니다. 영벌에 처했을 제가 이렇게 지금도 시퍼렇게 살아 있음이 주의 은혜입니다. 저의 유월절 어린양 되시는 예수님의 이름으로 기도합니다. 아멘.

294

그에게서 하나님이 하시는 일을 나타내고자 함이라

"예수께서 대답하시되 이 사람이나 그 부모의 죄로 인한 것이 아니라 그에게서 하나님이 하시는 일을 나타내고자 하심이라"(요 9:3)

내 사랑하는 자야, 오늘 새벽의 네 자세는 집중력이 최상이었단다. 방언 기도를 활용해서 성경 읽기를 시작할 때도 여러 달이 되었구나. 이젠 날씨까지 조석으로 시원해졌으니 한결 상쾌하지 않느냐.

육의 눈뿐만 아니라 영의 눈도 열어달라고 내게 간구하려무나. 요절의 말씀이 너의 풍성한 레마의 말씀이 되어, 실생활에 30배, 60배, 100배의 결실로 나타나게 하렴. 이 또한 내가 네게서 하나님이 하시는 일을 나타내고자 함이라. 날 때부터 맹인 된 사람을 고친 나의 일에 대해서 제자들이 내게 물었지. "랍비여 이 사람이 맹인으로 난 것이 누구의 죄로 인함이니이까. 자기니이까, 그의 부모니이까."

이 사람이나 그 부모의 죄로 인한 것이 아니라고 내가 말했지. 그 맹인을 통해서 하나님의 하시는 일을 나타내고자 함이라고 했다. 그러니 내 사람아, 사람의 생사는 내게 있으니 함부로 말을 쉽게 해서는 안 되겠지. 너는 오직 살아있는 동안 전도하고 기도하라. 나의 일이 너의 일이다.

- 내 구주

오 늘 의 기 도

지난 주의 예상치 못했던 고통의 시간을 경험케 하심이여! 이젠 함부로 자고하지 말게 하시고, 말하는 저의 입술도 온전히 제어하게 하소서. 이젠 주의 일만 나타나게 하소서. 예수님의 이름으로 기도합니다. 아멘.

295

모든 병과 모든 약한 것을 고치는 권능을 주시니라

"예수께서 그의 열두 제자를 부르사 더러운 귀신을 쫓아내며 모든 병과 모든 약한 것을 고치는 권능을 주시니라"(마 10:1)

내 사랑하는 제자야! 내가 진정 너를 제자 삼았느니라. 너의 칠십 평생에 내가 너를 사랑하는 깊이만큼, 너를 끔찍이 사랑한 그 누구도, 무엇도 없음을 네가 알리라.

내가 나의 제자 된 너를 불러 내가 행한 성령의 권능을 네게도 주었다는 사실을 믿으렴. 더러운 귀신을 쫓아내며 모든 병과 모든 약한 것을 고치는 권능을 네게 주었노라. 어제 새벽의 기도 시간에 네가 응답받았다는 기쁨을 시로 노래하지 않았느냐.

내가 너를 이 시대에 꼭 필요한 일꾼으로 보내었노라. 일꾼은 남자나 여자나, 나이가 많고 적음에 있지 않다. 나의 방법대로 가르치고 전파하며 고치면 되느니라. 그리고 모든 사람을 불쌍히 여기는 긍휼의 마음, 온유와 겸손을 배우라. 나의 능력을 갖춘 자로 성령의 충만을 입으라. 내가 네 병을 치유한 것 같이, 너도 치유하는 간증자로 바로 서라.

- 네 안의 권능자

오 늘 의 기 도

신실하신 주 예수 그리스도시여! 제게 병을 고치는 권능, 모든 약한 것을 고치는 권능 주셨음을 믿고 감사와 영광을 돌립니다. 저희 두 딸의 도움으로 유튜브 채널도 만들어 주셨네요. 고마우신 주 예수님의 은혜를 감성의 신앙시로 전하는 <한나 글방>을 널리 전파하리이다. 예수님의 이름으로 기도합니다. 아멘.

296

나의 영혼아 잠잠히 하나님만 바라라

“나의 영혼아 잠잠히 하나님만 바라라 무릇 나의 소망이 그로부터 나오는도다”
(시 62:5)

“이 세상을 살아가는 동안에 나의 힘을 의지할 수 없으니
기도하고 낙심하지 말 것은 주께서 참 소망이 되심이라
주의 길을 걸어가는 동안에 세상의 것 의지할 수 없으니
감사하고 낙심하지 말 것은 주께서 참 기쁨이 되심이라
하나님의 꿈이 나의 비전이 되고 예수님의 성품이 나의 인격이 되고
성령님의 권능이 나의 능력이 되길 원하고 바라고 기도합니다.”

- 복음성가 〈원하고 바라고 기도합니다〉

내 사랑하는 자야, 너는 오직 잠잠히 하나님만 바라라. 너의 구원과 소망, 기쁨이 아버지 하나님에게서 샘솟듯 흘러넘치리라. 시편의 말씀이 주제가 된 복음성가의 가사가 너의 기도 제목이 되길 원한다. 그러므로 하나님의 꿈이 너의 비전이 되게 하려무나.

그리고 예수 그리스도인 나의 성품이 너의 인격이 되게 하렴. 성령님의 권능이 너의 능력이 되길 원하고 바라고 기도하려무나.

- 네 복음의 유산

오 늘 의 기 도

복음성가의 가사가 어찌 이리도 제게 은혜가 되는지요. 곡조 있는 기도가 되어 제 영혼을 감싸줍니다. 주여! 원하고 바라고 기도하오니, 주님의 꿈과 성품, 성령의 권능이 주만 바라봄으로 응답 될 줄 믿고 감사드립니다. 예수님의 이름으로 기도합니다. 아멘.

297

생기가 들어가매 그들이 살아나 큰 군대더라

"이에 내가 그 명령대로 대언하였더니 생기가 그들에게 들어가매 그들이 곧 살아나서 일어나 서는데 극히 큰 군대더라"(겔 37:10).

얘야, 주변에 아무 사람도 없고 혼자일 때, 그 사람이 무슨 생각, 무슨 일을 하고 있느냐가 매우 중요하단다. 특히 너와 같은 믿음의 사람이라면 더욱 신앙적 인격의 평가가 나타나겠지. 길고 오랜 신앙생활이 다가 아님을 알라. 나는 불꽃 같은 눈으로 모든 사람들, 무엇보다 나를 영접하고 나의 길을 따르는 그리스도인에게 관심이 많단다.

교회 생활은 마치 광야 생활과도 같지. 이스라엘 백성이 출애굽 했다고 바로 마하나임, 하나님의 군대가 되는 것은 아니란다. 에스겔의 말씀을 보면, "그 뼈에 힘줄이 생기고 살이 오르며 그 위에 가죽이 덮이나 그 속에 생기는 없더라."라고 했다. 주 여호와께서 "생기야 사방에서부터 와서 이 죽음을 당한 자에게 불어서 살아나게 하라."라고 말씀하셨을 때, 생기가 그들에게 들어가매 그들이 살아나 큰 군대가 되었느니라.

교회 안의 직분은 명칭이고 하나님의 영이 있어야 한다. 너는 생기 넘치는 영적 발돋움의 사람이 되어라.

- 너의 큰 군대

오 늘 의 기 도

"우리의 신앙 원점을 회복하게 하소서"란 주제로 귀한 강사 목사님을 모시고 가을 부흥 성회로 은혜받게 하심을 감사드립니다. 겉사람에서 벗어나 속사람이 강건해지는 생기의 신앙인이 되게 하소서. 주 예수님의 이름으로 기도합니다. 아멘.

298

천하 사람 중에 구원받을 만한 다른 이름이 없다

"다른 이로써는 구원을 받을 수 없나니 천하 사람 중에 구원을 받을 만한 다른 이름을 우리에게 주신 일이 없음이라 하였더라"(행 4:12).

"깊은 슬픔 가운데 홀로 방황할 때에, 주님은 나를 위로하셨네 힘든 세상 일속에 지쳐 쓰러질 때도, 주님은 나를 인도하셨네. / 깊은 수렁 속에서 혼자 울부짖을 때, 주님은 나를 건져내셨고 죄악된 세상으로 다시 달려갈 때에, 주님은 돌아오라 하셨네. / 거친 풍랑 일어도 잔잔하게 하시니, 주님은 나의 피난처시요 푸른 초장 물가로 항상 인도하시니, 주님은 나의 안식처로다. / 나는 믿노라 하나님이 함께 하심을, 나는 믿노라 하나님이 함께 하심을 나는 믿노라 하나님이 나와 함께 하심을 나는 믿노라."

- 복음성가 〈나는 믿노라〉

내 사랑하는 자 환아. 주의 말씀을 듣고 결단하는 복음성가의 찬양을 부르며 눈물을 쏟는 너의 흐느낌을 보았노라. 지나간 여름의 어느 날에 네가 듣게 된 질병의 소식! 앞이 캄캄하여 새벽마다 내게 부르짖던 네 모습이 안타까웠지. 지금은 사라진 너의 부드러운 안면에 그렇게도 감사해서 울었더구나. 천하 사람 중에 구원받을 만한 다른 이름이 있더냐. 하나님께서 나를 네게로 보내사, 오직 말씀을 믿는 믿음의 사람에게 구원의 선물을 주었노라. 나의 이름 예수 그리스도로 평생 행복하렴.

- 너의 구원 예수

오 늘 의 기 도

아멘! 아멘! 아멘뿐이옵니다. 예수 그리스도의 그 이름 외에 다른 구원은 없습니다. 오늘의 말씀이 담긴 복음성가의 가사가 제 심금을 녹였습니다. 주의 말씀만이 최상이 되십니다. 믿사오며 예수님의 이름으로 기도합니다. 아멘.

299

나와 복음을 위해 자기 목숨을 잃으면 구원하리라

"누구든지 자기 목숨을 구원하고자 하면 잃을 것이요 누구든지 나와 복음을 위하여 자기 목숨을 잃으면 구원하리라"(막 8:35).

사람에게 있어서 가장 귀한 자산은 영혼임을 너는 알라. 나의 이름인 예수를 구주로 고백하는 자마다 구원이 임한단다. 그러므로 새롭게 결단하는 기도가 있는데, "주님 저는 죄인입니다. 예수님을 구주로 고백합니다"라고 초청할 때, 나를 진정으로 영접하는 성도가 되는 것이란다.

누구든지 자기 목숨을 구원하려는 자는 끝내 그 목숨을 잃게 되지. 누구든지 나와 복음을 위해 자기 목숨을 잃으면 구원받게 됨이라.

언젠가는 이 땅의 모든 인간, 한 사람 한 사람의 몸이 땅에 묻어지게 되지. 그러나 그리스도를 영접한 그리스도인은 그 영혼이 죽지 않고 살아있되, 천국에서 영원한 삶을 나와 함께 누린다는 사실을 잊지말렴. 내가 온 것은 너희를 구원하기 위함이라. 너의 참 복음은 내 안에 있다.

- 너의 참 복음

오 늘 의 기 도

주 예수님과 복음을 위해 자기 목숨을 잃으면 구원받게 됨을 제가 믿습니다. 우리의 가장 귀한 자산이 영혼의 구원임을 제가 믿고 감사드립니다. 주의 전도자로 써주소서. 예수님의 이름으로 기도합니다. 아멘.

300

우리날 계수함을 가르치사 지혜로운 마음을 주소서

"우리에게 우리 날 계수함을 가르치사 지혜로운 마음을 얻게 하소서"(시 90:12).

내 사랑하는 자야, 시편 90편의 말씀을 보라. "우리에게 우리 날 계수함을 가르치사 지혜로운 마음을 얻게 하소서."라고 기도한, 하나님의 사람 모세의 기도문을 묵상할 수가 있다. "영원부터 영원까지 주는 하나님이시니이다."라고 기도했다.

모세가 교훈하고 있는 기도의 의미를 살펴보고자 한다.

첫째로, 우리의 피할 곳을 알고 있어야 한다는 것이다. 우리 삶의 주권은 하나님의 손에 있음을 알라. 인간은 흙으로 빚어진 존재이다. 이 땅에서의 우리 모든 인간은 내 안에서 누리는 평안으로 참 만족의 행복을 성취하게 되는 것이리라.

둘째로, 우리를 인도하시는 분을 알아야 한다. 모든 인생은 풀과 같기에, 인간의 생각을 뛰어넘는 하나님께 지혜를 구해야 하리라. 사람이 한 번 죽는 것은 정한 이치이다. 그러므로 모세는 "주는 대대에 우리의 거처가 되셨나이다"라고 고백했다. 우리의 날을 계수한다는 의미는, 겸손히 하나님의 지혜로운 마음을 달라는 것이다. 인생의 후반전을 준비하는 자로 살라.

-네 지혜의 근본

오 늘 의 　기 도

기회를 잘 포착하여 세월을 아끼라는 주님의 말씀을 생각나게 하심을 감사드립니다. 하나님의 영적인 시간을 잘 계수함으로 주께 인정받는 지혜의 사람이 되게 하소서. 예수님의 이름으로 기도합니다. 아멘.

301

마땅히 할 말을 성령이 너희에게 가르치시리라

"마땅히 할 말을 성령이 곧 그때에 너희에게 가르치시리라 하시니라"(눅 12:12).

내가 네게 간절히 부탁하마. 너는 바리새인들과 같은 외식을 주의하라. 위선이란 겉으로만 착한 척하는 것이다. 내가 네게 말하노라. 누구든지 사람 앞에서 나를 시인하면 인자도 하나님의 사자들 앞에서 그를 시인하리라.

또한 누구든지 말로 인자를 거역하면 사하심을 받으려니와 성령을 모독하는 자는 사하심을 받지 못하리라. 그리고 사람이 너를 권세 있는 자 앞에 끌고 가거든, 무엇으로 말할까 염려하지 말라. 마땅히 할 말을 성령이 너에게 가르치시리라.

하나님 앞에서의 증인은 예수 그리스도인 나, 오직 그리스도인 나 밖에 없음을 알렴. 그러므로 너는 내 안에서 아무것도 염려하지 말라. 온유와 겸손으로 낮아지는 하나님의 사람으로 살렴. 세상이 험악할수록 너는 더욱 나를 의지하렴. 내가 너를 세상 끝까지 지키리라.

- 네 말의 증인

오 늘 의 기 도

주님의 말씀은 아멘이십니다. 추호라도 성령을 모독하는 죄를 범치 말게 하소서. 외식의 위선을 버리고 온유와 겸손의 옷을 입게 하소서. 예수님의 이름으로 기도합니다. 아멘.

302

경건의 모양에서 벗어나 경건의 능력을 지닌 자로 살라

"경건의 모양은 있으나 경건의 능력은 부인하니 이 같은 자들에게서 네가 돌아서라"(딤후 3:5)

경건이란 하나님을 더 잘 믿고 섬기기 위함이기에, 하나님을 공감하는 일과 이웃을 공감하는 일을 성실하게 실천해야 하리라. 이것이 온전한 경건 됨을 알라.

경건의 능력이란 하나님과 이웃을 잘 섬길 때 주어지는 이름, 곧 경건의 능력이 있는 자가 되는 것이다.

내 사랑하는 자야, 경건의 모양은 있으나 경건의 능력을 부인하는 자들에게서 돌아서라. 이 세상은 점점 공감을 잃어가고 있단다. 이 시대의 분위기에 휩쓸리지 말려무나.

너는 배우고 확신하는 일에 거하라. 하나님의 말씀과 그 뜻대로 사는 삶이 경건의 능력임을 깨우치라. 아무리 성경을 많이 묵상하여 읽고 기도를 많이 한다 해도, 아무리 각종 은사와 방언을 잘한다 해도, 경건의 모양만 있고 경건의 능력이 없으면 헛것이 됨을 너는 알라. 진정 하나님을 공감하고 이웃을 공감하는 주인공으로 살려무나.

- 네 경건의 능력자

오 늘 의 기 도

제 자신을 점검해 봅니다. 행여 제가 경건의 모양만 있는 자가 아닌지요. 주여! 하나님을 공감하고 이웃을 공감하는 경건의 능력자로 써 주소서. 예수님의 이름으로 기도합니다. 아멘.

303

옥토에 떨어진 씨앗 결실로 삼십 배 육십 배 백배가 되게 하라

"더러는 좋은 땅에 떨어지매 자라 무성하여 결실하였으니 삼십 배나 육십 배나 백 배가 되었느니라 하시고"(막 4:8)

얘야, 너에게 묻고 싶구나. 너는 진정 네 자신의 삶이 옥토와 같은 좋은 땅의 심령으로 살아가고 있는지를 점검하며 생활하고 있느냐?

말씀의 뿌리를 내리시는 분은 하나님이시다. 너의 사명은 좋은 땅이 되는 것이리라. 그렇게 될 때 좋은 심령에 떨어진 말씀의 씨앗이 자라, 삼십 배나 육십 배나 백 배가 되는 결실의 열매를 맺게 되느니라. 주 성령님께서 너의 마음을 운행하시도록, 날마다 은혜 속에 사는 삶의 주인공이 되기를 응원하노라.

나는 네가 세상 끝 날까지 삼위일체 되시는 하나님의 뜻 안에서 풍성히 살아가길 소망한단다. 노력하는 자는 즐기는 자를 이길 수 없단다. 그러나 한 단계 더 나아가서, 그리스도인은 하나님의 뜻과 계획 속에서 살아가야 하겠지. 길가와 돌밭, 가시떨기와 같은 마음을 제거하려무나. 나와 함께 하는 너이기를 기대한다.

- 너의 결실 자

오늘의 기도

제 소망의 기도도 늘 주 예수님 안에서 사는 옥토의 성도가 되는 일입니다. 사람과 환경에 매여 고민하는 삶에서 초월하게 하소서. 영원히 저와 함께 하시는 예수님의 이름으로 기도합니다.

304

여호와께서 함께 하시면 어디로 가든지 형통한다

"여호와께서 그와 함께 하시매 그가 어디로 가든지 형통하였더라 저가 앗수르 왕을 배반하고 섬기지 아니하였고"(왕하 18:7).

유다 왕 히스기야는 그의 조상 다윗의 행위와 같이, 여호와께서 보시기에 정직하게 행한 선한 왕이었음을 너도 익히 알고 있으리라. "여호와께서 그와 함께 하시매 그가 어디로 가든지 형통하였더라."

내가 네게 말한다. 모든 우상을 버리고 여호와 하나님만 의지하며 사랑할 수 있느냐. 내가 진 십자가의 은혜를 깨닫고 좁고 험한 길을 감사함으로 걸어갈 수 있느냐 말이다. 그렇게 할 때 너의 삶은 어디로 가든지 형통케 되리라. 나와 함께 하는 영생과 평강의 복이 강같이 흘러넘치리라.

내 사랑하는 자야, 아무리 힘들고 어려워도 모든 시선을 내게 맞추렴. 나로 인한 평안이 네게 임하리라.

- 너의 형통자

오 늘 의 기 도

아멘! 주 예수 그리스도의 말씀만이 진리가 됨을 제가 믿습니다. 제 생명의 구원을 위해 갈보리 언덕에서 보혈의 십자가 지셨으니, 감사만 드려도 부족합니다. 구세주이신 예수님의 이름으로 기도합니다. 아멘.

305

하나님은 너희의 영혼과 몸이 흠 없게 보전되길 원하신다

"평강의 하나님이 친히 너희를 온전히 거룩하게 하시고 또 너희의 온 영과 혼과 몸이 우리 주 예수 그리스도께서 강림하실 때에 흠 없게 보전되기를 원하노라" (살전 5:23).

성도가 지켜가야 할 개인적인 세 가지가 있단다. '항상 기뻐하라. 쉬지 말고 기도하라. 범사에 감사하라.' 그리고 성도가 하지 말아야 할 세 가지가 있단다. '성령을 소멸치 말라. 예언을 멸시하지 말라. 악은 어떤 모양이라도 버리라.'

육성이 깨어지고 불에 타버리는 장작이 되게 해달라고 간구하렴. 하나님의 말씀을 무시하거나 소홀히 여기지 말게 해 달라고 기도하렴. 아무리 보기 좋고 먹기 좋아도 하나님께서 먹지 말라 하시면 절대복종하는 신앙인이 되기를 원하노라.

사탄의 유혹을 멀리하고, 악은 어떤 모양이라도 기꺼이 버릴 수 있는 믿음의 용사로 남아 있으렴. 그러므로 너의 영혼과 몸이 흠 없게 보전되기를 원하노라. 그날에 내가 너를 오라 부를 때까지, 기쁨으로 남은 사명을 온전히 감당하렴.

- 너의 보전자

오 늘 의 기 도

저의 삶 1순위가 되시는 주 여호와 하나님이시여! 제 영혼과 몸이 주께 산 제사로 드려지길 소원합니다. 오직 주만 영광 받으소서, 감사하신 예수님의 이름으로 기도합니다. 아멘.

306

나의 모든 길과 눕는 것을 보셨고 행위를 아시니

"나의 모든 길과 내가 눕는 것을 살펴보셨으므로 나의 모든 행위를 익히 아시오니"(시 139:3).

다윗의 고백이 너의 고백이 되게 하라. 너의 걷는 길의 골목골목도 내가 다 아노라. 내가 너의 눕는 것도 다 아노라. 너를 향한 나의 살핌이 사랑이라는 것을 알렴. 너의 모든 행위 하나하나를 다 알고 있단다. 긍휼의 마음으로 너를 다독이는 나를 무서워하지 말고, 다정히 안기려무나.

요즘 힘들어서 안타까워하는 네 심정을 내가 왜 모르겠느냐. 다 지나고 나면 네가 내게 감사하는 날이 오리라. 나의 임재 속에 살렴. 앞이 보이지 않고 비바람이 엄습해 오는 순간에도 나의 손을 놓지 않기를 바란다.

너를 끝내 평안의 길로 인도하리라. 네가 버려지지 않도록 내가 항상 너와 함께 하리라.

- 네 행위의 증인

오 늘 의 기 도

저의 사정과 형편을 너무나 잘 아시는 주님 앞에서 제가 어찌 변명하오리까. 감사만 하며 살아도 부족하오니, 저의 행위를 살피사 온전케 하소서 예수님의 이름으로 기도합니다. 아멘.

307

예수께서 이르시되 안심하라 나니 두려워하지 말라

"예수께서 즉시 이르시되 안심하라 나니 두려워하지 말라"(마 14:27).

내 사랑하는 자야, 제자들에게 내가 전한 말이 무엇이냐. 바다 위로 걸어오는 나를 본 제자들이 유령이라 하며 무서워 소리 지르지 않았더냐.

"안심하라 나니 두려워하지 말라."고 하자, 베드로가 자기도 물 위로 오라고 명령해 달라 했지. "오라!"고 명했을 때 베드로는 물 위로 걸어 내게로 왔단다. 그러나 바람을 보고 무서워 빠져가며, "주여 나를 구원하소서!"라고 외쳤단다.

내가 그의 손을 내밀며 "믿음이 작은 자여 왜 의심하였느냐."하였을 때. 바람이 멈추고 고요해졌단다. 네게도 때때로 두려움의 바람이 불어올 때가 있으리라. 보이는 것보다 보이지 않는 것을 바라보렴. 내게 시선을 두라. 다른 것을 바라보면 시험에 빠진단다. 의심 대신에 신뢰함으로 주어진 상황을 바라보면 승리한다. 나와 함께 걷고 또 걷자.

- 너의 안심자

오 늘 의 기 도

주만 바라보게 하소서. 사람을 믿고 바라보면 실망과 상처만 남게 됨을 경험합니다. 오늘도 내일도 주 성령님만 믿고 의지하게 하소서. 감사드리며 예수님의 이름으로 기도합니다. 아멘.

308

너희 속에 있는 소망을 묻는 자에게 온유로 대답하라

"너희 마음에 그리스도를 주로 삼아 거룩하게 하고 너희 속에 있는 소망에 관한 이유를 묻는 자에게는 대답할 것을 항상 준비하되 온유와 두려움으로 하고" (벧전 3:15).

주를 위해 손해를 보는 자는 복 있는 자라 했단다. 네게 소망에 관한 이유를 묻는 자가 있거든, 항상 온유한 마음으로 준비된 대답을 하려무나.

때론 본의 아니게 감정의 손해를 입을 때도 있으리라. 그 때에 즉시 상대방에게 감정이 섞인 언어를 쏟아내면, 당장은 속이 시원할 수도 있겠지. 그러나 주님을 생각한다면 온유한 마음으로 참게 된단다. 이렇게 참게 되는 것을 감정이 손해 보는 것이라고 말할 수 있겠지.

그리스도인 나의 정신을 가지고 뭇사람들에게 진실을 알리는 신앙인으로 살렴. 나의 복음을 증거하되 경험된 예수, 즉 삶의 간증이 있는 언어로 전도하는 지혜가 요구되느니라. 살아계신 하나님 아버지를 생각하면서 인내하는 신실한 그리스도인으로 살아가기를 소망한다. 내가 너를 믿는다.

- 네 속의 소망

오 늘 의 기 도

의를 위하여 고난받는 자가 복이 있다는 말씀을 제가 믿습니다. 전도할 때 따라오는 고난을 두려워 말게 하시고 온유한 심정으로 전하게 하소서. 예수님의 이름으로 기도합니다. 아멘.

309

여호와의 원하심은 겸손히 네 하나님과 동행함이라

"사람아 주께서 선한 것이 무엇임을 네게 보이셨나니 여호와께서 네게 구하시는 것은 오직 정의를 행하며 인자를 사랑하며 겸손하게 네 하나님과 함께 행하는 것이 아니냐"(미 6:8)

얘야, 내가 네게 원하고 바라는 것이 무엇이라고 생각하느냐. 정의를 행하고 인자를 사랑하며, 겸손히 네 여호와 하나님과 함께 행하는 삶이니라.

너는 하나님이 미가 선지자를 통해 백성을 설득하게 하는 말씀을 알고 있으리라. 이 말씀이 곧 이 시대의 너희에게도 전하는 말씀임을 깨달아 알려무나.

먼저 하나님의 말씀을 듣고 순종하렴. 그리고 하나님의 마음을 잘 알아야 한단다. 하나님께서 원하시는 것이 무엇인가를 깨달아 실천하는 그리스도인이 되려무나. 네 마음과 말과 행실이 온전하도록 자신을 주의 말씀으로 지켜나가는 지혜자로 살기를 기대하련다. 함부로 남의 허물과 상처를 정죄하거나 비난하는 죄를 범하지 않기를 바란다. 악은 모양이라도 버리는 신실한 나의 제자가 되기를 기대하마.

- 너의 동행자

오 늘 의 기 도

주님. 알겠습니다. 매 순간 실수가 많은 제게 자상하게 타이르시는 주 성령님이 계셔서 든든합니다. 저의 입술과 마음, 행실을 온전히 지켜주소서. 예수님의 이름으로 기도합니다. 아멘.

310

너는 피투성이라도 살아 있으라

"내가 네 곁으로 지나갈 때에 네가 피투성이가 되어 발짓하는 것을 보고 네게 이르기를 너는 피투성이라도 살아 있으라 다시 이르기를 너는 피투성이라도 살아 있으라 하고"(겔 16:6)

내 사랑하는 자야, 너의 마음속 모든 것을 내가 다 헤아린단다. 겁내지 말렴. 위축되지도 말려무나. 항상 나를 의식하며 조심스럽게 살아가는 너! 그런 네가 대견스럽다.

그리고 모든 일에 있어서 시작과 마무리를 분명하게 성실히 감당하려는 너의 마음에 깊은 감동을 느낀단다. 사람과 환경이 바뀌어도 나는 불변하단다.

나는 은혜로 너를 지킨다. 최후의 비참한 상황에서도 건짐 받게 하는 하나님의 크신 사랑에 감사하라. 네가 이 세상에 태어났을 때, 아들이 아니고 딸이라고 인정받지 못했던 것도 내가 다 안단다. 그러나 하나님께서 여호야긴을 회복시켜 주신 것처럼, 그리하여 남유다를 위로하고 멸망에서 건져주신 긍휼을 기억하라.

"너는 피투성이라도 살아있으라"의 말씀이 네게도 주신 말씀임을 명심하렴. 내가 너를 고통에서 건져주리라.

- 네 보혈의 주

오 늘 의 기 도

아멘이십니다. 저를 출산 때부터 지금까지 지켜 인도해 주신 주 성령님께 감사를 드립니다. 제 앞서 인도하시며 장막 칠 곳을 예비해주심에 감사밖에 없나이다. 예수님의 이름으로 기도합니다. 아멘.

311

첫째는 이것이니 주 곧 우리 하나님은 유일한 주시라

"예수께서 대답하시되 첫째는 이것이니 이스라엘아 들으라 주 곧 우리 하나님은 유일한 주시라"(막 12:29).

서기관 중 한 사람이 내게 물은 내용을 너도 알고 있으리라. "모든 계명 중에 첫째가 무엇이니이까."라고 질문했을 때, 나는 첫째, 그리고 둘째의 계명을 알려 주었지.

"예수께서 대답하시되 첫째는 이것이니 이스라엘아 들으라 주 곧 우리 하나님은 유일한 주시라. 네 마음을 다하고 목숨을 다하고 뜻을 다하고 힘을 다하여 주 너의 하나님을 사랑하라 하신 것이요. 둘째는 이것이니 네 이웃을 네 자신과 같이 사랑하라 하신 것이라 이보다 더 큰 계명이 없느니라"(막 12:29-31).

서기관의 고백처럼 너는 내게 진정으로 말할 수 있느냐. "옳소이다 하나님은 한 분이시요 그 외에 다른 이가 없다 하신 말씀이 참이니이다."라고 그가 대답하지 않았느냐. 그의 지혜로운 대답에 "네가 하나님의 나라에서 멀지 않도다."라고 내가 칭찬한 사실을 잊지 말려무나. 내 사랑하는 자야, 너도 그처럼 고백하는 참 그리스도인으로 살렴.

\- 네 유일한 주

오 늘 의　기 도

아멘! 주여, 제가 그리하겠나이다. 우리 하나님은 유일한 주가 되심을 제가 믿습니다. 이 첫째 계명과 둘째 계명인 이웃사랑의 실천자로 살게 하소서. 예수님의 이름으로 기도합니다. 아멘.

312

예수께서 이르시되 항아리에 물을 채우라

"예수께서 그들에게 이르시되 항아리에 물을 채우라 하신즉 아귀까지 채우니" (요 2:7)

갈릴리 가나에 혼례가 있어 나와 어머니 마리아, 그리고 나의 제자들도 혼례에 청함을 받았다는 것을 너도 잘 알고 있으리라 믿는다.

마침 포도주가 떨어졌지. 유대인의 정결 예식을 따라 두세 통 드는 돌항아리 여섯이 놓였단다. 나는 하인들에게 "항아리에 물을 채우라." 하였고, 그들은 순종하며 항아리의 아귀까지 물을 채웠노라. 물이 변하여 포도주가 된 이 첫 표적이 나의 첫 표적이었단다.

나의 어머니 마리아가 하인들에게 "너희에게 무슨 말씀을 하든지 그대로 하라." 명했을 때 즉시 순종한 하인들을 기억하렴. 또한 물을 채우라는 나의 말에 순종한 그들의 순수한 행동을 본받으렴.

얘야, 네가 할 수 있는 일은 최선을 다하라. 그러나 더이상 할 수 없을 때는 주권자 되시는 하나님께 맡기렴. 내가 네 일을 하리라.

- 너의 물항아리

오 늘 의 기 도

실실하신 아버지 하나님께 감사드립니다. 구세주가 되시고 기적의 첫 표적을 이루신 주 그리스도께 감사를 올립니다. 제 심령에도 주의 은혜를 아귀까지 채워주소서. 예수님의 이름으로 기도합니다. 아멘

313

하나님을 찬미하며 칭송받음으로 구원자가 늘게 하라

"하나님을 찬미하며 또 온 백성에게 칭송을 받으니 주께서 구원받는 사람을 날마다 더하게 하시니라"(행 2:47)

오순절 날에 임했던 성령의 충만한 역사를 너도 알고 있으리라. 성령이 말하게 하심을 따라 다른 언어들로 말하기를 시작했다고 했지. 그때 어떤 이들은 새 술에 취하였다고도 했단다.

베드로의 오순절 설교 이후로 세례를 받은 신도의 수가 삼천이나 더했다고 했다. 신도들이 하나님을 찬미하며 온 백성에게 칭송까지 받았을 때, 구원받는 사람이 점점 많아졌다고 했단다.

날마다 마음을 같이 하여 성전에 모여 음식을 나누고 함께 기도하는 삶을 이루었던 초대교회의 성도들을 본받아야 하리라. 내 사랑하는 자야, 너는 세상 사람들에게 얼마나 호감을 주며 살아가고 있는지 묻고 싶구나. 네 자신이 손해 보는 것, 이것은 주를 위한 자발적인 손해 보기가 아닌가 싶다. 네 삶의 체험을 지혜롭게 전달하는 참 전도자로 살기를 원한다.

- 네 찬미의 주

오 늘 의 기 도

주님을 증거할 때 호감을 심어주는 지혜로운 전도자로 살기를 제가 소원합니다. 저의 하루하루가 영혼 구원을 위한 준비된 자로 충실히 살아가게 하소서. 예수님의 이름으로 기도합니다. 아멘.

314

모든 육체에게 먹을 것을 주신 이에게 감사하라

"모든 육체에게 먹을 것을 주신 이에게 감사하라 그 인자하심이 영원함이로다" (시 136:25).

때마다 일용할 양식으로 채워주시는 하나님의 은혜가 감사하지 않느냐. 감사의 시편이라고 하는 시편 136편의 말씀을 묵상해 보렴. 시편의 말씀 중에서도 26절까지 온통 "하나님께 감사하라 그 인자하심이 영원함이로다."라고 고백한 말씀이란다.

무엇보다 네가 더욱 감사하는 말씀이 25절의 말씀이라 했지. 모든 육체에게 먹을 것을 주신 여호와 하나님께 감사하는 너의 마음을 내가 아노라. 하루에도 삼시 세끼의 식사를 거르지 않는 네 모습을 기억하고 있다.

네가 새벽마다 묵상하는 성경 말씀의 생활이 좋은 습관으로 매일 유지됨이 대견스럽긴 하다. 하지만 의무감에서 행하기보다 자원하는 즐거움으로 감사하며 말씀을 사모하는 모습을 보고 싶단다. 마치 네가 매 끼니마다 맛있게 먹는 음식의 즐거움처럼 말이다. 그렇게 되길 기대하마.

- 네 양식의 주인

오 늘 의 기 도

주님의 말씀이 옳습니다. 의무감에서 더 나아가 감사와 감격으로 영의 양식인 성경 말씀을 묵상하게 하소서. 육체의 양식을 채우는 즐거움으로 말씀을 상고하게 하소서. 예수님의 이름으로 기도합니다. 아멘.

315

해 아래에서의 모든 일이 헛되어 바람잡이라

"내가 해 아래에서 행하는 모든 일을 보았노라 보라 모두 다 헛되어 바람을 잡으려는 것이로다"(전 1:14).

'늘푸른실버대학'이라는 명칭으로 노년의 어르신들을 섬기는 이 일이 너무도 소중하구나. 벌써 한 해를 마무리하는 종강을 앞두고, 헌신예배를 드리는 날을 맞았구나.

얘야, 몇 년 전부터 너도 어르신들을 섬기고 싶어 했었지. 늦게 시작한 사회복지학 공부도 마쳤으니, 자원하는 마음으로 봉사하고 싶은 열망도 생겼으리라.

3년이라는 긴 시간의 공백 상태에 있었던 늘푸른실버대학에서, 네가 올 한 해를 섬김이로 자원해서 봉사할 수 있게 된 것을 나도 기뻐했단다. 성경의 시편을 필사해서 전시회도 가졌더구나. 다윗 시인의 시와 그림도 그려서 완성시킨 필사 노트가 가보가 되리라 믿는다. 해 아래서 행하는 모든 일들이 헛되이 바람을 잡으려는 것이라고 솔로몬이 고백했느니라. 지혜로운 인생은 하나님의 질서 안에서 살 때만이 가능하리라. 주의 말씀으로 양식을 삼는 복된 자로 살려무나.

\- 네 행실의 증인

오 늘 의 기 도

주님의 은혜로 제가 늘푸른실버대학의 <시와 그림반> 섬김이로 시중들게 됨에 감사드립니다. 저희 반의 학우님들과 더불어 모든 학우님들이 노년에 주의 복으로 넘쳐나게 하소서. 예수님의 이름으로 기도합니다. 아멘

316

도마가 이르되 나의 주님이시요 나의 하나님이시니이다

"도마가 대답하여 이르되 나의 주님이시요 나의 하나님이시니이다"(요 20:28).

내 사랑하는 자야, 벌써부터 너의 눈시울이 눈물로 젖어있구나. 무슨 생각을 하다가 감동이 되었는지 묻고 싶단다. '오직 피난처 되시는 분은 주님뿐입니다'의 그 마음을 내가 아노라.

내가 왜 너의 요즘 심정을 모르겠느냐. 다 헤아려 알고 있지. 그래도 한 달 전보다는 많이도 안정을 찾았더구나. 한쪽의 문이 닫혀 있으면, 다른 한쪽의 문이 열린다는 것을 잊지 말렴. 때로는 생각지도 못했던 형통의 복이 흘러 들어올 경우도 있단다.

의심했던 도마 제자도 내가 십자가에 달려 못 박혔던 손의 못 자국을 들여다 보고, 창으로 찔린 옆구리를 확인하지 않았더냐. "나의 주님이시요 나의 하나님이시니이다."라고 고백한 도마는 완전한 나의 참 제자, 하나님의 신실한 믿음의 사람이 되었노라. 사람과 환경, 세상에서 실망하고 버림받은 경험이 있으리라. 그러나 세상 끝날까지 너와 함께 하는 내가 있기에, 너는 '나의 주, 나의 하나님'으로 고백함이 아니더냐.

- 너의 하나님

오 늘 의 기 도

아멘이십니다. 저의 마음을 너무도 세밀히 감찰해 주시니, 제가 몸 둘 바를 모르겠습니다. 저의 힘이 되시는 분은 예수 그리스도 당신이십니다. 참 하나님이신 당신이십니다. 예수님의 이름으로 기도합니다. 아멘.

317

주께서 하나님의 나팔소리로 친히 강림하시리니

"주께서 호령과 천사장의 소리와 하나님의 나팔 소리로 친히 하늘로부터 강림하시리니 그리스도 안에서 죽은 자들이 먼저 일어나고"(살전 4:16).

"하나님의 나팔소리 천지 진동할 때에 예수 영광 중에 구름 타시고,
천사들을 세계 만국 모든 곳에 보내어 구원받은 성도들을 모으리"

- 새찬송가 180장

내 사랑하는 자야, 너는 깨어 있으라. 너의 신랑인 내가 오기 전에 기름이 가득한 등불을 준비하려무나. 내가 임할 그 날과 시는 아무도 모르고, 여호와 하나님만 아시느니라.

얘야, 항상 같은 때는 없단다. 그리고 네가 아무리 치밀한 계획을 세워 노트에 기록해 두어도, 그 마지막의 마무리는 살아계신 여호와께서 행하신다는 사실을 잊지 말려무나.

결단을 잘 하지 못하던 네가 이젠 결심한 의지대로 행동을 하였구나. 죄책감은 갖지 말라. 너의 허물이라 여기지 말렴. 모든 것은 내게 맡기렴. 곧 하나님의 나팔소리와 천사장의 소리로 하늘로부터 호령할 때가 임하리라. 나의 재림을 위해 깨어 기도하라. 네가 섬기는 교회도 목회자도 내게 맡기렴. 내가 너를 인도하리라.

- 너의 강림자

오 늘 의 기 도

갈 길 잃어 방황할 때마다 주의 말씀과 성령의 감동으로 저를 인도해 주시오니, 저는 그저 말씀 붙잡고 깨어 기도하리이다. 이제 섬기던 교회를 주께 맡깁니다. 주 뜻대로만 인도하소서. 예수님의 이름으로 기도합니다. 아멘.

318

허다한 죄를 덮는 사랑으로 서로 사랑하라

"무엇보다도 뜨겁게 서로 사랑할지니 사랑은 허다한 죄를 덮느니라"(벧전 4:8)

얘야, 내 사랑하는 자야, 잃어버린 물건을 잊지 못해 맘에 두면 아무것도 제대로 할 수 없단다. 모든 일의 결과는 다 하나님 아버지께 맡기렴.

뒤의 것은 잊어버리려무나. 아직 현재라는 시간이 남아 있으니, 후회가 아닌 회개하며 사는 네가 되기를 원하노라. 오늘이 너의 마지막 날이라면, 너는 어떤 생각이 먼저 들겠느냐. 그러므로 만물의 마지막이 가까이 왔음을 깨달아 더욱 정신을 차리고, 근신하여 기도하라.

범사에 그리스도인 나로 말미암아 하나님이 영광을 받으시게 하라. 각각 은사를 받은 대로 선한 청지기같이 서로 봉사하렴. 무엇보다도 뜨겁게 서로 사랑하라. 사랑은 허다한 죄를 덮느니라. 너는 종말론적 믿음과 지혜의 삶을 살라. 그렇게 할 때 바르게 살 수 있는 힘이 생긴단다. 오늘 새로운 전에 등록한 너를 기념하며 축복하노라.

- 네 안의 사랑

오 늘 의 기 도

신실하신 아버지 하나님. 많은 날들을 고민하는 아픔 속에서 결단케 해 주신 것을 무한 감사드립니다. 사람과 환경을 초월하여 주만 바라보게 하소서. 주께서 예비해 주신 이 성전에서 죽도록 충성케 하소서. 예수님의 이름으로 기도합니다. 아멘.

319

하나님의 말씀은 매이지 아니하니라

"복음으로 말미암아 내가 죄인과 같이 매이는 데까지 고난을 받았으나 하나님의 말씀은 매이지 아니하니라"(딤후 2:9)

"곧 오소서 임마누엘 오 구하소서 이스라엘 그 포로 생활 고달파, 메시야 기다립니다 기뻐하라 이스라엘 곧 오시리 오 임마누엘 아멘"

- 찬송가 104장

3주째 맞는 대림절의 주일 낮 예배를 2부와 3부 예배로 연속해서 드렸더구나. 알고 싶은 네 마음, 호기심이 많은 네 심중을 다 알고 있지. 유아세례 예식을 보면서, 너의 옛 시절의 그때가 생각났을 거야. 고향의 감리교회에서 어머니의 믿음에 따라 네가 유아세례를 받았지. 어린 시절을 회상하며 고향에 온 듯한 교회에서 주일 예배를 드리는 네 심정을 내가 왜 모르겠느냐.

올 한 해도 이제 며칠만 지나면 새해가 시작되겠구나. 하지만 내가 누구겠느냐. 하나님의 말씀이 곧 육신이 되어 오신 분, 바로 예수 그리스도인 내가 아니더냐. 내가 복음으로 죄인과 같이 매이는 데까지 고난의 십자가를 지고 갔단다. 그러나 하나님의 말씀은 매이지 아니하니라. 이 소중한 성탄의 대림절을 소중히 지키려무나.

- 네 말씀의 주인

오 늘 의 기 도

아멘이십니다. 저의 죄를 구원하시려 십자가에 달리신 주 예수님이시여! 이 대림절에 제 심령에 찾아오소서. 찢기고 상했던 제 영혼에 생기, 생수를 주소서. 매이지 않는 말씀으로 인쳐 주소서. 예수님의 이름으로 기도합니다. 아멘..

320

새 포도주는 새 부대에 넣어야 다 보전된다

"새 포도주를 낡은 가죽 부대에 넣지 아니하나니 그렇게 하면 부대가 터져 포도주도 쏟아지고 부대도 버리게 됨이라 새 포도주는 새 부대에 넣어야 둘이 다 보전되느니라"(마 9:17).

내 사랑하는 제자야, 사람들의 눈치를 보는 너의 습관은 바람직하지 않단다. 아직 새 가족의 신분이니 그럴만도 하겠지.

그동안 습관적이거나 전통적이었던 너의 관습도 이젠 다 묻어 버리려무나. 새로운 곳에서는 그곳에서의 규칙을 따라야 하지. 네가 하는 행동과 다르다고 판단하거나 정죄하는 실수는 용납할 수 없단다.

어느 정도의 적응 기간이 지나가면 다 해결될 것이다. 너무 성급하게 서둘지 말렴. 생소하거나 분주할수록 더욱 침착하고 성실하게 행동하는 것이 실수를 줄이는 일이란다.

가나안에서의 첫 산물이 큰 포도송이였지. 포도주를 만들기 위해서는 부대가 필요하단다. 새 포도주는 새 부대에 넣어야 포도주와 부대가 다 보전된단다. 새 포도주를 낡은 가죽 부대에 넣으면 부대가 터져서 둘 다 버리게 됨이라. 교회의 성도간에도 헌신하는 성도나 새신자나 다 소중함을 잊지 말라.

- 너의 참 신랑

오 늘 의 기 도

성탄의 기쁨으로 다가오시는 주 예수님의 은혜를 감사드립니다. 주께서 말씀하신 새 포도주와 새 부대에 대한 깊은 교훈을 깨닫게 하시니 은혜가 됩니다. 성탄의 구주로 오시는 예수님의 이름으로 기도합니다. 아멘

321

하나님의 모든 말씀은 능하지 못하심이 없다

"대저 하나님의 모든 말씀은 능하지 못하심이 없느니라"(눅 1:37).

"마리아가 이르되 주의 여종이오니 말씀대로 내게 이루어지이다 하매 천사가 떠나가니라"(눅 1:38).

천사의 대답을 듣고 믿음으로 고백하는 마리아의 순전한 믿음의 자세에 감동이 되지 않느냐. 하나님의 보내심을 받은 천사 가브리엘이 나사렛이란 동네에 가서, 다윗의 자손 요셉과 그의 약혼녀인 마리아를 만났지. 마리아에게 이르되 "보라 네가 잉태하여 아들을 낳으리니 그 이름을 예수라 하라."고 했느니라.

곧 나의 출생이 마리아를 통하여 이루어진 것을 너는 어떻게 생각하느냐. 나의 출생은 성령으로 잉태된 것이란다.

얘야. 너도 마리아의 믿음을 본받고 싶지 않느냐. 하나님의 모든 말씀은 능하지 못하심이 없음을 믿으려무나. "주의 여종이오니 말씀대로 내게 이루어지이다."의 복이 네게도 넘쳐나기를 기대하노라. 내가 널 사랑하기 때문이다.

- 네 말씀의 증인

오 늘 의 기 도

사람의 힘으로 도저히 믿을 수 없는 사건 속에서도 오직 주의 말씀만 믿고 순종한 마리아의 위대한 신앙을 본받게 하소서. 저를 구원하시려 이 땅에 오신 예수님의 이름으로 기도합니다. 아멘.

322

말하는 이는 너희 속에서 말씀하시는 성령이라

"말하는 이는 너희가 아니라 너희 속에서 말씀하시는 이 곧 너희 아버지의 성령이시니라"(마 10:20).

내가 열두 제자에게 전한 말을 네가 잘 기억하는지 묻고 싶구나.

"너희가 나로 말미암아 끌려가리니 이는 그들과 이방인들에게 증거가 되게 하려 하심이라. 너희를 넘겨줄 때에 염려하지 말라. 그때에 너희에게 할 말을 주리라." "말하는 이는 너희가 아니라 너희 속에서 말씀하시는 이 곧 너희 아버지의 성령이시니라."라고 내가 제자들에게 전한 말을 명심하렴.

때때로 세상을 살아가면서 미움을 받을 일이 생길 수도 있다. 그러나 끝까지 견디는 자는 구원을 얻으리라. 그러므로 자기 목숨을 얻는 자는 잃을 것이요 나를 위하여 자기 목숨을 잃는 자는 얻으리라.

얘야, 하나님께서 주신 재능을 땅에 묻어두지 말렴. 한 해를 돌아보며 스스로 결단해 보는 시간을 가지렴. 너무 작다고 충성하지 못하면 많아도 충성할 수 없단다. 성령 안에서 늘 충성하라.

- 네 속의 성령님

오 늘 의 기 도

주님께 늘 충성한다고 결심했는데 벌써 한 해가 지나가고 있음을 깨달았나이다. 성령께서 이끄시는 대로 제게 주어진 일에 충성을 다하게 하소서. 예수님의 이름으로 기도합니다. 아멘.

323

하나님이 생명을 구원하시려고 먼저 보내셨나이다

"당신들이 나를 이곳에 팔았다고 해서 근심하지 마소서 한탄하지 마소서 하나님이 생명을 구원하시려고 나를 당신들보다 먼저 보내셨나이다"(창 45:5).

10대의 소년이었던 요셉을 생각해 보렴. 애굽의 노예로 팔려갔지만 그의 마음속엔 늘 여호와 하나님을 굳게 믿고 살았단다. 꿈꾸는 요셉으로 바르게 살아갔지.

'하나님이 나를 살펴보고 계신다. 하나님의 계획 안에 내가 있다.'라는 확신으로 모든 유혹들을 물리쳤지. 보디발의 아내가 유혹하는 순간에도 요셉 소년은 그 순간의 진실을 지키고 감옥에 들어갔단다.

요셉은 "내가 하나님을 대신 하리이까?" 하며 담대히 악한 죄의 유혹에서 탈출했다는 것을 잊지 말려무나. 형들이 요셉 앞에서 두려워 떨고 있을 때 위로해 주고, 형들의 마음을 안심시켜준 요셉의 마음은 곧 하나님 아버지의 사랑이었단다. 악을 선으로 바꾸시는 하나님이시다. "하나님이 생명을 구원하시려고 나를 먼저 보내셨나이다."란 고백을 너도 할 수 있는지…. 너는 이곳으로 보냄 받은 청지기란다.

- 네 생명의 구주

오 늘 의 기 도

저의 믿음도 요셉과 같은 순수하고 성결한 믿음의 소유자로 거듭나길 소망합니다. 원수까지도 주의 사랑으로 용서하고 감싸주는 사랑의 신앙인이 되게 하소서. 예수님의 이름으로 기도합니다. 아멘.

일곱

2024.1 ~ 2024.6

내 양은 내 음성을 들으며 나를 따르느니라

"내 양은 내 음성을 들으며 나는 그들을 알며
그들은 나를 따르느니라"(요 10:27).

324

여호와 이레로 하나님의 산에서 준비하셨더라

“아브라함이 그 땅 이름을 여호와 이레라 하였으므로 오늘날까지 사람들이 이르기를 여호와의 산에서 준비되리라 하더라”(창 22:14).

내 사랑하는 자야, 아브라함이 받았던 모리아 산에서의 여호와 이레의 축복이 너에게도 임하기를 축원하노라.

여호와의 산 정상에서 끝내 순종함으로 이삭이 살게 되는 축복의 주인공이 된 아브라함! 그 믿음이 얼마나 위대한가 말이다. “내가 이제야 네가 하나님 경외함을 알리라.”의 인정해 주시는 축복이 네게도 있기를 소원하마. 그러므로 여호와의 산에서 준비되는 여호와 이레의 복이 아브라함에게 임했던 사실을 잊지 말려무나. 이것이 바로 하나님께서 준비해 주시는 축복이란다.

지금까지 네가 살아오는 동안에 뒤돌아 보면, 어느 한 가지도 나의 손길이 닿지 않은 것이 없지 않느냐. 너의 잠시 받는 고난이 끝내 축복의 보자기로 쌓여져 있는 것을 체험하게 되는 것을 너도 실감하는구나. 내가 예비하고 준비한 이 성전을 떠나지 말고, 내가 부를 때까지 나의 할 일을 감당하려무나. 내 안에 사는 너는 누구보다 복된 존재란다. 알겠지?

- 너의 여호와 이레

오 늘 의 기 도

예. 제가 복된 주님의 자녀임을 능히 알고 감사드립니다. 그 무엇도 주님의 손길이 아닌 것이 없습니다. 새해를 선물로 받았으니 한날 한날을 주와 함께 동행하게 하소서. 예수님의 이름으로 기도합니다. 아멘.

325

네 성 안에는 평안이 있고 네 궁중에는 형통이 있을지어다

"네 성 안에는 평안이 있고 네 궁중에는 형통함이 있을지어다"(시 122:7).

"저 장미꽃 위에 이슬 아직 맺혀 있는 그때에, 귀에 은은히 소리 들리니 주 음성 분명하다. 주님 나와 동행을 하면서 나를 친구 삼으셨네 우리 서로 받은 그 기쁨은 알 사람이 없도다."

- 찬송가 442장

신년 축복 성회의 말씀에 많이도 은혜를 받았더구나. 시온산의 축복이 네게도 임하기를 기대하노라. 시온산의 의미를 살펴본다면, 여호와의 집, 곧 하나님의 성전을 뜻하고 있지.

얘야, 자유롭게 교회로 나올 수 있음을 감사하렴. 주변에 동산과 공원이 드리워진 교회에서 맘껏 예배드리고 찬양하며 성도들 간에 풍성한 교제를 나누렴. 사실 교회가 건물이 아니고, 성도 한 사람 한 사람이 먼저 교회라는 것을 잊어서는 안 되겠지. 시온산에 올라가는 사람에게 주시는 복은 첫째로 감사의 복이란다.

그리고 하나님의 말씀이 기준이 되는 심판의 복이 있지. 마지막으로 평안의 축복이 있단다. 조화를 이루는 샬롬의 복이란다. 곧 나의 평안으로 형통함이 있을지어다.

- 네 안의 형통

오 늘 의 기 도

저 장미꽃 위에 이슬은 주님의 음성이 들리는 때라 믿습니다. 저와 함께 동행하시며 친구 삼으시니 그 기쁨에 감사드립니다. 제가 섬기는 교회가 시온산이 되어 평안케 하소서. 예수님의 이름으로 기도합니다. 아멘.

326

이 반석 위에 내 교회를 세우리니 음부의 권세를 이기리라

"또 내가 네게 이르노니 너는 베드로라 내가 이 반석 위에 내 교회를 세우리니 음부의 권세가 이기지 못하리라"(마 16:18).

나의 몸 된 교회가 세워진 때가 벌써 40년의 세월이 되었구나. 어제 드려진 교회 창립 40주년 기념주일 예배를 나도 지켜보며 기뻐했단다. 나는 찬양이 뜨거운 교회를 좋아한단다.

그리고 너의 자원하는 용기에 내 마음도 좋았지. 나이에 연연하지 않고, 몸이 연약한 부분도 내게 의탁하며 찬양 대원으로 자진했으니, 내가 어찌 너의 문제를 지켜주지 않겠느냐. 일할 수 없는 밤이 오기 전에 열심히 일하려무나.

새해부터는 일을 찾아서 하라고 했는데, 순종해 줘서 고맙구나. 내가 너의 성대를 온전케 하리라. 너의 눈빛과 얼굴의 어눌함도 치유해 주리라. 새로운 교회에서의 적응도 한 달째가 되었구나. 내가 이미 택하여 양떼들의 목자로 세운 담임 목사님의 든든한 기도 지원자가 되려무나. 네가 섬기는 부서에서도 성도들에게 위로와 힘. 기쁨을 주는 자로 겸손히 충성하렴. 정녕 네가 음부의 권세를 이기리라.

- 네 안의 교회

오 늘 의 기 도

신실하신 아버지 하나님, 저의 행실을 인정해 주시고 지켜주심에 무한 감사를 드립니다. 모세 지도자의 40년 광야와 백성들을 떠올리며, 이 교회의 창립 40주년을 감사드립니다. 예수님의 이름으로 기도합니다. 아멘.

327

하나님의 말씀이 점점 왕성하여 제자의 수가 많아지고

"하나님의 말씀이 점점 왕성하여 예루살렘에 있는 제자의 수가 더 심히 많아지고 허다한 제사장의 무리도 이 도에 복종하니라"(행 6:7).

금밤 부흥회 시간엔 새해를 맞아 찬양대 임명의 시간과 더불어 청지기 세미나의 말씀이 있었더구나.

얘야, 너는 느낌이 색다르다고 여기는 심사더구나. 그러면서도 재미있어하는 모습도 보였단다. 어느 정도의 때가 지나가면 모든 것이 원만해질 테니 아무 걱정하지 말렴. 원망 없이 기쁨으로 찬양하는 나의 제자로 살려무나.

네가 주일과 수요 예배의 찬양 대원으로 섬길 수 있다는 것에 자부심을 가지고 있더구나. 누가 시킨 것도 아니고 스스로 결단한 일이니, 묵묵하고 성실하게 주어진 책임을 다하려무나. 초대교회였던 그 당시에 하나님의 말씀이 점점 왕성해졌고, 제자의 수가 더 많아졌다고 했지. 네가 몸담고 있는 교회도 매 주일 새 가족의 수가 많아짐을 확인했단다. 나의 참 제자를 만들어가기 위해 기도와 말씀, 섬김의 훈련으로 성도들을 이끌어 가는 담임목사님, 부담임 목사님들의 지도에 청지기로 순종하렴.

- 너의 참 목자

오 늘 의 기 도

찬양과 말씀, 기도가 뜨거운 교회로 인도받게 하심을 주님께 감사드립니다. 성도들 간의 한 몸 된 지체의 일원이 되어 기쁨으로 순종하는 청지기로 살게 하소서. 예수님의 이름으로 기도합니다. 아멘.

328

너희는 택하신 족속이요 왕 같은 제사장이요

"그러나 너희는 택하신 족속이요 왕 같은 제사장들이요 거룩한 나라요 그의 소유가 된 백성이니 이는 너희를 어두운 데서 불러 내어 그의 기이한 빛에 들어가게 하신 이의 아름다운 덕을 선포하게 하려 하심이라"(벧전 2:9).

내 사랑하는 자야, 네 생각이 옳다고 여기노라. 네가 글을 쓰며 책을 발간하면서 스스로 '나는 문서 선교사다'하고 자부심을 가졌지. 지금도 그 생각은 여전하더구나. 이번에도 그동안 아끼고 남겨 놓았던 100여 권 이상의 책을 찬양대 대원들에게 선물했더구나. 매우 잘한 일이야. 입술로도 전도하지만 문서를 통한 선교도 중요하단다.

전도, 그리고 선교는 하나님의 사랑, 육신의 몸을 입고 오신 예수 그리스도, 곧 나의 십자가 구속의 은혜를 알리고 자랑하는 것이리라. 너는 택하신 족속, 왕 같은 제사장, 거룩한 나라, 그의 소유가 된 백성이란다. 그러므로 어두운 죄 가운데서 불러내어 하나님의 아름다운 덕을 이웃과 나라, 만방에 선포하게 하려 하심이란다.

그래. 이제부터는 자긍심을 가지고 살려무나. 네 안의 성령께서 일하고 계신단다. 나는 제자들을 먼저 부르고, 권능을 주고, 파송시켰다. 너도 나의 제자로 파송 받은 선교사라.

- 너를 보낸 파송자

오 늘 의 기 도

제 마음속의 모든 것들을 다 헤아리시는 주님 앞에서 제가 무엇을 속이며 과장할 수 있겠나이까. 실수가 잦은 저를 인정해 주심을 감사드립니다. 예수님의 이름으로 기도합니다. 아멘.

329

급하고 강한 바람 같은 소리가 온 집에 가득하며

"홀연히 하늘로부터 급하고 강한 바람 같은 소리가 있어 그들이 앉은 온 집에 가득하며"(행 2:2).

유월절 이후로 50일째 되는 날이 오순절 날이란다. 내가 너희를 위해 십자가를 짐으로 숨졌지만, 또한 너희를 위해 3일 만에 부활한 사실을 능히 알고 있으리라.

내가 부활한 그 날이 주일이었지. 그리고 무엇보다 성령의 임재가 임한 오순절 날이었다는 것을 잊지 말렴. 무리가 한곳에 모여 있었을 그때였지. 홀연히 하늘로부터 급하고 강한 바람 같은 소리가 있었단다. 그들이 앉은 온 집에 가득했지. 이는 하나님의 호흡, 하늘의 소리, 하나님의 생기를 의미하기도 한단다.

그러므로 하나님의 영, 그리스도의 영인 나의 영이 성령의 충만함을 입어, 성령이 말하게 하심을 따라 각각 자기의 방언으로 말하였느니라.

베드로의 오순절 설교도 잊지 말려무나. 신도의 수가 삼천이나 더하여졌지 않느냐. 초대교회 성도들은 서로 교제하고 떡을 떼며 오로지 기도에 전념했단다. 내가 다시 네게 전하노라. 오직 성령의 충만을 받으라.

- 너의 성령

오 늘 의 기 도

아멘! 제 안에 임재하신 주 하나님, 그리스도의 영이시여! 성령의 임재 속에 매 순간 살게 하시며, 성령의 충만함을 받아 주의 전에서 즐거이 일하게 하소서, 예수님의 이름으로 기도합니다. 아멘.

330

자기를 높이는 자는 낮아지고 자기를 낮추는 자는 높아진다

"내가 너희에게 이르노니 이에 저 바리새인이 아니고 이 사람이 의롭다 하심을 받고 그의 집으로 내려갔느니라 무릇 자기를 높이는 자는 낮아지고 자기를 낮추는 자는 높아지리라 하시니라"(눅 18:14).

바리새인의 기도와 세리의 기도에 대하여, 비유로 내가 이야기 한 이유를 알고 있는지 네게 묻고 싶구나. 그래. 바로 자기를 의롭다고 믿고 다른 사람을 멸시하는 자들에게 전하는 비유의 예화란다.

그러므로 바리새인과 같이 자기를 높이는 자는 낮아지는 것이란다. 세리와 같이 자기를 낮추는 자는 높아진다는 사실을 알려무나. 가슴을 치며 "하나님이여 불쌍히 여기소서 나는 죄인이로소이다."라고 겸손하게 기도하는 세리의 태도를 너는 본받으렴. 자기 자신의 의를 드러내는 기도자의 자세나 예배자의 자세는 사람에게 인정받을지 몰라도 하나님께 인정받지 못하는 외식적인 소유자란다.

참된 예배는 오직 주께 경배 드리며, 자신의 있는 그대로의 모습을 보여드리는 것이란다. '나도 예배자의 한 사람이다'라고 여기며 강단에 있어야 할 목회자의 의자를 없앤 너희의 담임목사님을 본받으렴.

- 네 겸손의 주

오늘의 기도

주님 명심하겠나이다. 생명이 있는 참 예배자의 자세로 예배하게 하소서. 자신을 낮추는 세리의 기도자로 기도하게 하소서. 주님의 겸손을 닮아 낮은 자리에서 예배드리시는 담임목사님을 본받게 하소서. 예수님의 이름으로 기도합니다. 아멘.

331

주 앞에서 점도 없고 흠도 없이 평강이 임하길 힘쓰라

"그러므로 사랑하는 자들아 너희가 이것을 바라보나니 주 앞에서 점도 없고 흠도 없이 평강 가운데서 나타나기를 힘쓰라"(벧후 3:14).

요즘 나의 모습을 본받으려는 너의 심중을 내가 너무도 잘 알고 있단다. 주일 낮 예배와 수요 저녁 예배, 그리고 금밤 부흥회까지 결석하지 않고 출석하는 너의 모습을 대견하게 여긴단다.

새벽 기도회는 이따금씩 출발하는 버스 시간에 맞춰야 하는 등의 불편함이 있더구나. '매일성경' 큐티 묵상집을 보며 유튜브의 온라인 동시 중계로 예배드리는 것을 내가 다 이해한단다. 너의 중심의 진실함과 성실함을 내가 중시하고 있지.

모든 일을 내게 하듯이 한다면 사람들에게도 인정받게 된단다. 새벽의 시간을 하루 시간의 십일조로 바치는 3시간 이상의 영성 훈련도 참 지혜로운 선택이더구나. 그런데 얘야, 중단하면 안 되는 것을 명심하려무나.

주님 앞에서 점도 없고 흠도 없도록 평강 가운데서 사는 너의 일상이 되기를 소원하마. 네가 먹는 삼시 세끼의 식사나 비타민의 영양제를 섭취하듯이 말이다. 온유와 겸손을 강조하는 나의 성품을 닮아가렴. 하나님의 원리인 평강으로 살라.

- 네 안의 참 평강

오늘의 기도

신실하신 주님의 사랑과 은혜에 감사드립니다. 주님의 인격을 닮아가는 지정의의 사람으로 인 쳐주소서. 오직 겸손과 온유의 사람으로 평강의 삶을 이뤄가게 하소서. 예수님의 이름으로 기도합니다. 아멘.

332

예수 그리스도는 어제나 오늘이나 영원토록 동일하시다

"예수 그리스도는 어제나 오늘이나 영원토록 동일하시니라"(히 13:8).

"내일 일은 난 몰라요 하루하루 살아요 불행이나 요행함도 내 뜻대로 못해요 / 험한 이길 가고 가도 끝은 없고 곤해요 주님 예수 팔 내미사 내 손 잡아주소서 / 내일 일은 난 몰라요 장래 일도 몰라요 아버지여 날 붙드사 평탄한 길 주옵소서" - 복음성가 〈내일 일은 난 몰라요〉

내가 산에 올라가 앉았을 때 제자들이 나아와 앉아, 산상수훈으로 들려주는 나의 말을 경청했지. 복이 있는 사람, 비판에 대하여, 염려에 대한 말을 비유의 예화로 이야기한 것을 너도 알고 있으리라.

특히 내일 일에 대하여 염려하지 말라 했다. 또한 지나간 어제의 일에도 얽매이지 말라고 하였다. 오직 오늘이라는 하루에 충실하기를 강조했단다. 한 날의 괴로움은 그날로 족하기 때문이다. 나는 어제나 오늘이나 영원토록 동일하게 역사하느니라.

얘야, 행복하게 살고 싶으면 어제를 살지 말고 내일을 걱정하지 말려무나. 오직 오늘 하루를 성실히 살렴. 시간은 영원의 한 토막이란다. 인생의 가장 큰 선물은 오늘이란다.

- 너의 영원자

오 늘 의 기 도

아멘이십니다. 내일 일에 대해선 제가 아무것도 모릅니다. 주께서 선물로 주신 오늘의 하루하루를 감사히 살게 해 주소서. 내일은 더더욱 모릅니다. 영원토록 동일하신 예수님의 이름으로 기도합니다. 아멘.

333

성전 미문의 구걸하던 사람인 줄 알고 놀라니라

"그가 본래 성전 미문에 앉아 구걸하던 사람인 줄 알고 그에게 일어난 일로 인하여 심히 놀랍게 여기며 놀라니라"(행 3:10).

인생의 변화는 곧 예수 그리스도인 나와의 만남에서 오는 것이란다. 그러므로 우리 인생의 해결책은 나를 만나냐 못 만나냐에 달려 있다고 해도 과언이 아니란다.

인생은 다시 말해서 죽음을 향해 달려가는 급행열차와도 같지. 성전 미문에 앉아 구걸하는 앉은뱅이의 모습을 주목하라. 베드로와 요한을 본 그는 무엇을 얻을까 하는 마음으로 바라보았단다. "은과 금은 내게 없거니와 내게 있는 이것을 네게 주노니 나사렛 예수 그리스도의 이름으로 일어나 걸으라."하고 베드로가 명령했지. 그리고는 오른손을 잡아 일으키니 발과 발목이 힘을 얻고 뛰어 서서 걸었다고 했다.

바로 성전으로 들어가 걷기도 하고 뛰기도 하며 하나님을 찬송하였느니라. 모든 백성이 그의 모습을 보고 심히 놀랍게 여기며 놀라워하였단다.

얘야, 이 기적의 역사는 오늘날에도 일어날 수 있단다. 이 순간에도 말이다. 믿음의 앉은뱅이에서 일어나라. 내가 너를 생명의 자리로 옮기리라.

- 너의 치유자

오 늘 의 기 도

육신의 앉은뱅이보다 더 심각한 문제가 영혼의 앉은뱅이라 여겨, 제 자신의 허물을 바라봅니다. 예수 그리스도를 온전히 믿고 예수님의 이름으로 말하고 행하게 하소서. 예수님의 이름으로 기도합니다. 아멘.

334

무례히 행하거나 자기의 유익을 구하지 아니하며

"무례히 행하지 아니하며 자기의 유익을 구하지 아니하며 성내지 아니하며 악한 것을 생각하지 아니하며"(고전 13:5).

내 사랑하는 자야, 사랑은 무례히 행하지 않는 것이란다. 성내지 않으며 악한 것을 생각하지 않는 것임을 기억하려무나.

특히 사랑은 자기의 유익을 구하지 않는 것이란다. 이 사랑의 정의를 말한다면, 자기 자신의 이익을 구하지 않으면서 그 사랑을 전하는 것이 아니겠느냐.

남에게 줄 수 있는 사랑은 자기의 유익을 포기할 수 있는 넓은 마음의 소유자란다. 그 사랑의 시작이 어디에서부터 시작된다고 생각하느냐. 바로 내가 너희를 위하여 행한 십자가의 사랑이란다. 이기심이 가득한 변질된 사랑은 오래 참지 못하고 절망으로 가는 결과를 가져오게 된단다.

하나님께 먼저 영광 돌리는 삶, 이웃과 더불어 사는 삶. 그 후에 자신을 생각하는 겸손과 온유의 사람이 되기를 원한다. 천사의 말을 한다 해도 그 맘에 내가 주는 아가페의 사랑이 없으면 아무 소용이 없단다. 내가 주는 사랑의 실천자로 살렴.

- 네 사랑의 주

오 늘 의 기 도

사순절이 돌아올 때마다 예수 그리스도의 십자가 사랑을 떠올리며 감사를 올립니다. 특히 제 자신의 유익을 먼저 구하지 않는 겸손과 온유의 사람이 되게 하소서. 예수님의 이름으로 기도합니다. 아멘.

335

말씀을 듣고 믿는 남자의 수가 약 오천이나 되더라

"말씀을 들은 사람 중에 믿는 자가 많으니 남자의 수가 약 오천이나 되었더라" (행 4:4).

내 사랑하는 자야, 고난이라는 터널 속에서도 나와 연관되기 시작하면 축복이 되는 것을 알려무나. 초대교회가 받은 핍박이 부흥의 결과를 가져왔단다. 그러므로 핍박은 오히려 너희에게 축복으로 가는 길을 만들어 주기도 하지. 어려운 생활이 신앙생활에 자극제가 되는 기회를 만들어 준단다.

요셉은 감옥에 갇힘으로 왕과 대면할 수 있는 길이 열렸지. 바울과 실라가 감옥에 갇힘으로 빌립보교회가 시작되지 않았느냐. 사도 요한도 밧모섬에 갇힘으로 계시록을 쓰는 역사가 이루어졌다는 사실을 기억하렴. 오직 내 곁을 떠나지 말고 나와 함께 동행하렴.

베드로가 백성에게 말할 때에 말씀을 들은 사람 중에 믿는 자가 많았는데, 남자의 수만 해도 오천이나 되었다고 했다. 너도 성령이 말하게 하는 대로 전하렴. 내가 함께하리라.

- 네 생명의 말씀

오 늘 의 기 도

주님 곁으로 갈 때 생명의 능력이 역사함을 제가 믿습니다. 복음의 원동력이 사람에게 있지 않고 주께 있음을 믿습니다. 십자가가 없이는 영광도 없음을 믿습니다. 예수님의 이름으로 기도합니다. 아멘.

336

이 복음을 주신 하나님의 은혜로 내가 일꾼이 되었노라

"이 복음을 위하여 그의 능력이 역사하시는 대로 내게 주신 하나님의 은혜의 선물을 따라 내가 일꾼이 되었노라"(엡 3:7).

진정한 행복의 사람은 자기가 하는 일을 소중히 여기며 잘 감당하는 사람이라 말하고 싶단다. 여호와 하나님께서는 지금도 여러 가지 모양으로 너희를 부르시지. 그러므로 네가 행하는 크고 작은 일들도 우연이라고 가볍게 여기지 말려무나.

한 쪽의 문이 닫히는 아픔이 있었다면, 생각하지도 못한 다른 쪽의 문이 열리는 것을 너는 익히 경험했으리라.

내 사랑하는 자, 나의 소중한 아이야, 너는 기계적이거나 숙명적인 존재가 아니란다. 성공만 은혜가 아니라 실패도 은혜임을 알라. 건강만이 아니라 질병도 은혜란다. 빌립보 감옥에서도 찬송한 바울을 생각하라. 그는 복음을 주신 하나님의 은혜로 자신이 일꾼이 되었다고 고백했지. 일꾼은 곧 봉사로 연결되는 것이란다. 때를 얻든지 못 얻든지 복음 전도자의 사명을 다하렴.

- 일꾼된 너의 주

오 늘 의 기 도

어제도 오늘도 영원토록 동일하신 주 예수님의 은혜를 감사드립니다. 영혼 구원을 향해 기도하며 전도하되, 입술로 전하고 문서 선교로도 전하게 하소서. 예수님의 이름으로 기도합니다. 아멘.

337

사람이 떡으로만이 아닌 하나님의 말씀으로 살리라

"예수께서 대답하여 이르시되 기록되었으되 사람이 떡으로만 살 것이 아니요 하나님의 입으로부터 나오는 모든 말씀으로 살 것이라 하였느니라 하시니"(마 4:4).

내가 마귀에게 시험받은 것을 너도 알고 있으리라. 사십 일을 밤낮으로 금식한 연고로 주려 있을 때였지. "진정 네가 하나님의 아들이어든 이 돌들로 떡덩이가 되게 하라."했을 때, 나는 "사람이 떡으로만 살 것이 아니요 하나님의 입으로부터 나오는 모든 말씀으로 살 것이라."라고 물리쳤지. 그 후에도 내게 성전에서 뛰어내리라고 하고, 자기에게 엎드려 경배하라고 했단다.

나는 "주 너의 하나님을 시험하지 말라."했고, "사탄아 물러가라 기록되었으되 주 너의 하나님께 경배하고 다만 그를 섬기라."하여 마귀를 담대히 물리쳐 떠나게 했단다. 최고의 자리는 언제나 하나님의 자리란다. 절대 최고의 자리를 욕심내지 말아야 한다.

너는 나의 말을 잘 듣고 있겠지. 너희 인생은 마귀의 시험으로부터 자유할 수 없단다. 말씀과 기도로 깨어 있어 마귀의 유혹을 이겨나가렴.

- 네 생명의 떡

오 늘 의 기 도

아멘이십니다. 오직 주님의 말씀과 기도로 마귀의 유혹을 이겨나가기를 소망합니다. 저의 생명의 떡이 되시는 주 예수 그리스도시여! 십자가 군사 되어 승리케 하소서. 예수님의 이름으로 기도합니다. 아멘.

338
선행을 배우며 정의를 구하며 학대받는 자를 도와주라

"선행을 배우며 정의를 구하며 학대받는 자를 도와주며 고아를 위하여 신원하며 과부를 위하여 변호하라 하셨느니라"(사 1:17).

애야, 이스라엘 백성들의 40년 광야 행진의 길을 기억하리라. 그들은 감사하기 보다 애굽에서 종살이할 때의 생각을 하며 현실의 상황을 원망했단다.

아모스의 아들 이사야 선지자를 여호와께서 부르시고, 죄로 가득 찬 성읍을 책망하며 여호와께로 돌아오기를 호소하는 말씀을 너도 잘 읽었으리라.

이 말씀은 오늘을 살아가는 너희에게도 아주 적합한 말씀이 됨을 믿고 순종하기를 바라노라. 선행을 배우며 정의를 구하고 학대받는 자를 도와주려무나. 또한 고아를 위해 신원하며 과부를 위해 변호하기를 원하노라. 이러한 삶이 바로 내가 원하는 평화의 길임을 깨달으렴. 허망한 것을 의지하지 말고 악한 생각에서 벗어나기를 바란다.

내 사랑하는 자야, 내가 네게 묻노라. 주를 섬기는 것, 곧 나를 섬기는 것에 후회가 없느냐? 없다고 아멘 하는구나. 나와 늘 함께하자.

- 네 선행의 증인

오 늘 의 기 도

우리의 간사한 혀와 불순종의 죄를 용서하소서. 사순절을 맞이하여 주님의 십자가 구속의 은혜에 다시 한번 감사를 드립니다. 선행을 배우는 자로 거듭나게 하소서. 예수님의 이름으로 기도합니다. 아멘.

339

네가 온 마음으로 나를 구하면 나를 찾고 만나리라

“너희가 온 마음으로 나를 구하면 나를 찾을 것이요 나를 만나리라”(렘 29:13).

내가 너희의 기도하는 모습을 보면 답답할 때가 많단다. 소통이란 피차가 주고받는 것인데 말이야. 자신이 하고 싶은 얘기만 내게 말하고, 나의 대답을 안 들으려고 하니 안타깝단다.

온 마음을 다하여 너의 소원을 구하려무나. 나를 간절히 찾으려무나. 그러면 분명 나를 만나게 되리라. 하나님 아버지는 항상 너희 곁에 계시는 분임을 알라. 그리고 먼저 찾아오셔서 말씀하시는 하나님이 되심을 믿고 감사하렴. 아버지 하나님의 음성을 잘 들을 수 있는 최상의 방법이 바로 성경 말씀이 아니겠느냐. 적당히 찾지 말고 부르짖어 간구하고 전심으로 기도하는 자에게 내가 응답하리라.

이제 겨울도 가고 새봄이 왔으니, 영의 눈을 뜨고 내게 가까이 오렴. 나와 함께 동행하는 너는 최고의 행복자란다.

- 네 만남의 주

오 늘 의 기 도

아멘이십니다. 저의 주 하나님이 곧 예수 그리스도인 당신이심을 제가 믿습니다. 이전보다 주님을 더더욱 사랑하게 하옵소서. 감사하신 예수님의 이름으로 기도합니다. 아멘.

340

때가 되면 나 여호와가 속히 이루리라

"그 작은 자가 천 명을 이루겠고 그 약한 자가 강국을 이룰 것이라 때가 되면 나 여호와가 속히 이루리라"(사 60:22).

내 사랑하는 자야, 어제 주일로 네가 섬기는 교회에 등록한 지 3개월이 되는 날이더구나. 8주간의 새 가족 양육 과정도 지도 받게 되었으니 느낌이 어떤지 묻고 싶구나.

내가 너의 심리를 왜 모르겠니. 새 가족 교육의 과정을 차분하게 배워 나가렴. 너무 성급하게 시도하려다가 본의 아니게 난감한 상황을 만날 수도 있단다. 교훈을 받는 것도 큰 은혜란다. 너의 열심은 알지만 허둥대기보다 지혜롭고 총명하게 일을 처리하는 방법을 터득해 나가기를 바란다. 이제 처음보다는 많이 적응하고 성도들의 이름과 얼굴도 제법 알아보는 보람을 느끼더구나. 오늘 주일 예배의 말씀은 감동받지 않았는지 알고 싶구나. 그래. 믿음과 겸손만이 죄를 막을 수 있단다.

사순절의 '거룩한 불편'에 동참하며, 너도 하루 한 시간의 기도 생활과 매일 한 끼의 금식 기도를 작정했더구나. 네가 기도하며 실천하기로 한 '다시 한번 천(시간) 천(끼) 금식기도'의 결실이 잘 맺어지기를 내가 응원하리라. 때가 되면 나 여호와가 속히 이루리라. 파이팅! 함께 가자꾸나.

- 네 때의 증인

오 늘 의 기 도

신실하신 주 예수님의 크신 사랑을 갚을 길이 없습니다. 제가 작정하여 기도할 수 있도록 본 교회를 통하여 모든 좋은 것을 공급받게 하심을 무한 감사드립니다. 십자가를 지신 예수님의 이름으로 기도합니다. 아멘.

341

사람보다 하나님께 순종하는 것이 마땅하다

"베드로와 사도들이 대답하여 이르되 사람보다 하나님께 순종하는 것이 마땅하니라"(행 5:29).

십자가 복음을 전하던 사도들에게 큰 위기가 닥쳤단다. 유대의 공회가 더이상 복음을 전하지 못하도록 금지시킨 것이다. 그럼에도 불구하고 베드로와 사도들은 오직 하나님의 법을 따랐다.

"사람보다 하나님께 순종하는 것이 마땅하니라." 부흥과 축복 속에서도 사탄은 더욱더 믿는 자들을 시험하고 능욕을 받게 한다는 것을 잊지 말려무나. 핍박과 고난은 가까운 자리에서 온단다. 불신자가 아닌 믿는 자, 아는 자를 통해서도 핍박이 오는 것이다. 그리고 핍박은 시기와 질투가 원인이 되어서도 온단다.

얘야, 사람은 비교의 대상이 아니라 창조의 대상임을 알라. 사도 바울은 감옥에서도 복음을 정하며 찬양했다. 이처럼 신앙인은 감옥보다 살아 역사하시는 하나님을 더 두려워하는 것이다.

상황과 환경보다 하나님을 더 바라보렴. 분명 하나님은 하나님의 때에 역사하심을 믿으라. 때를 얻든지 못 얻든지 너는 복음을 전하라. 내 안에서 사는 너의 이야기를 간증하렴.

- 너의 순종을 보는 주

오 늘 의 기 도

아멘! 제가 그리하겠나이다. 입으로 전하고 행함으로 본을 보이며, 문서선교로도 전하겠습니다. 저를 위해 부활하시고 승천하사 재림으로 오실 주님을 찬양합니다. 주 성령님이시여! 감사드리며 예수님의 이름으로 기도합니다. 아멘.

342

모이기를 폐하는 어떤 이들의 습관을 닮지 말라

"모이기를 폐하는 어떤 사람들의 습관과 같이 하지 말고 오직 권하여 그날이 가까움을 볼수록 더욱 그리하자"(히 10:25).

내 사랑하는 자야, 너는 모이기를 폐하는 어떤 사람들의 습관과 같이 하지 말라. 서로 교제하고 떡을 떼며 오로지 기도하기에 힘쓰렴. 언제나 나를 의식하며 깨어 있으렴. 내가 다시 너희에게로 올 그때까지 정신을 차리고 근신하며 하나님의 말씀대로 순종의 삶을 이어가렴. 성령의 충만함을 힘입어 나의 은혜 안에서 살려무나.

네가 현재 마음 다하여 나의 몸 된 전에서 예배드릴 수 있음을 감사하렴. 예수 그리스도의 피, 곧 나의 피를 힘입어 성소에 들어갈 담력을 얻었느니라. 그 길은 너희를 위하여 휘장 가운데로 열어 놓으신 새로운 살 길임을 잊지 말라. 휘장은 곧 그의 육체, 나의 육체니라. 너희를 구원하기 위해 내가 십자가에 달려 온갖 물과 피를 다 쏟지 않았느냐.

아무런 핍박도 없이 자유롭게 네가 때마다 성전에서 예배하며 기도하고 찬송할 수 있음을 감사하렴. 더 환난의 밤이 오기 전에 나를 의지하렴.

- 네 모임의 주인

오 늘 의 기 도

신실하신 하나님 안에서 주님을 의지하고 사랑합니다. 부활 신앙이 매일이 되게 하소서. 십자가 사랑의 은혜가 제게 넘쳐나, 주의 전에서 열심히 예배하며 충성케하소서. 예수님의 이름으로 감사 기도드립니다. 아멘.

343

너희가 환난을 당하나 담대하라 내가 세상을 이겼다

"이것을 너희에게 이르는 것은 너희로 내 안에서 평안을 누리게 하려 함이라 세상에서는 너희가 환난을 당하나 담대하라 내가 세상을 이기었노라"(요 16:33).

"생명의 주여 면류관 받으시옵소서. 날 위해 쓰신 가시관 나 기억합니다. 저 겟세마네 기도를 늘 기억하게 하시고, 그 십자가의 은혜로 날 인도하소서."

- 새찬송가 154장

고난주간 특별 새벽기도회가 시작되었구나. 교회와의 거리가 그리 가까운 거리는 아닌데도, 너의 결심이 가상하구나. 내가 네게 힘을 주리라. 이른 새벽에 일어나 준비하고 나가서 버스를 기다리는 일까지 잘 감당하도록 말이야. 전 성도가 금식하며 기도하는 그 일들을 내가 기특하게 여긴단다.

"세상에서는 너희가 환난을 당하나 담대하라 내가 세상을 이기었노라." 시시때때로 두렵거나 무서운 생각이 날 때는 성경 말씀을 묵상하려무나. 다윗이 고백한 시편의 말씀을 암송하면 마음이 차분하게 안정되지.

"내가 사망의 음침한 골짜기로 다닐지라도 해를 두려워하지 않을 것은 주께서 나와 함께 하심이라 주의 지팡이와 막대기가 나를 안위하시나이다"(시 23:4). 내가 세상 끝 날까지 너와 함께하리라.

- 네 평안의 주

오 늘 의 기 도

이미 세상을 이기신 주 예수님이 승리하셨기에, 저도 끝내 주 안에서 마귀를 이기고 승리하게 될 줄을 믿습니다. 이 고난주간에 새벽마다 만나를 먹이시니 감사를 드립니다. 예수님의 이름으로 기도합니다. 아멘.

344

죽은 자들이 다시 살아나고 우리도 변화되리라

"나팔 소리가 나매 죽은 자들이 썩지 아니할 것으로 다시 살아나고 우리도 변화되리라"(고전 15:52).

부활 주일 음악 예배로 드려지는 2부 예배의 앞자리에 앉아있는 너의 모습을 보았노라. 아직은 새 가족의 양육 과정 중에 있기에, 배려된 좌석이라 여겨지니 감사하고 감동스럽지 않더냐.

내가 너의 그 마음의 진심을 다 아노라. 지난 한 달 동안을 네가 소원했던 할렐루야 찬양대의 알토 대원으로 함께 찬양했었지. 지휘자의 찬양을 인도하는 지도력에 흠뻑 취해서 음악 강의를 듣는 너의 자세는 진지했더구나. 이런저런 형편과 사정으로 현재는 주일 중보기도 팀에 합류해서 주일 예배를 위한 기도로 섬기더구나. 부활절 칸타타(독일 레퀴엠)를 잠시 초기에 연습했던 경험자 입장에서 오늘의 찬양에 은혜가 넘쳤으리라 믿는다.

얘야, 이제 나의 너를 위한 골고다의 십자가와 부활의 기쁨을 어느 정도는 만끽하지 않았느냐. '부활의 소망 승리의 노래'라는 주제로 말씀(고전 15장) 하시는 강단의 목사님을 통해서도 크게 은혜를 받더구나. 이제 성령의 내주하심 속에서 부활 신앙으로 살렴. 그리고 나팔 소리가 나는 그날을 기다리렴. 죽은 자들이 다시 살아나고 너희도 변화되리니, 주의 일에 힘쓰는 자가 되어라.

- 네 생명의 은인

오 늘 의 기 도

오 주여! 찬양의 가사처럼 이 땅 위에는 머물 도성이 없음을 믿습니다. 인간의 모든 영광이란 풀의 꽃과 같다는 말씀이 아멘이십니다. 오늘 부활 주일에 말씀이 있는 찬양으로 은혜받게 하심을 감사드립니다. 저를 위해 부활하신 예수님의 이름으로 기도합니다. 아멘.

345

시몬도 믿고 빌립을 따르며 그 표적과 능력에 놀라니라

"시몬도 믿고 세례를 받은 후에 전심으로 빌립을 따라다니며 그 나타나는 표적과 큰 능력을 보고 놀라니라"(행 8:13).

고난이라는 양분이 믿음을 성장시키는 것이란다. 하나님의 사람들은 핍박을 통해 신앙이 성장하며 인내의 힘이 주어지지. 봄의 여린 새순도 단단한 껍질이 벗겨지는 고통을 통해서 자라나는 것이지. 스데반의 순교로 인한 천사 같은 얼굴과 그의 용서와 사랑의 기도가 결국은 핍박자 사울이 사도 바울로 변화되는 동기가 되었단다. 한 알의 밀알이 땅에 떨어져 죽으면 많은 결실을 맺는 것이란다.

예루살렘에 있는 교회에 큰 박해가 있을 때, 그리스도인들은 유대와 사마리아 모든 땅으로 흩어졌지. 그 흩어진 사람들이 두루 다니며 복음의 말씀을 전할 때에, 빌립도 사마리아 성에 내려가 복음을 전파했단다. 시몬이라 하는 사람이 자칭 큰 자라 하며 마술을 행함으로 사람들을 현혹시켰단다. 그때에 빌립이 하나님 나라와 예수 그리스도인 나의 이름에 관한 전도를 했을 때 남녀가 다 세례를 받았느니라. 이 모습을 본 시몬도 믿고 세례를 받은 후 전심으로 빌립을 따랐다고 했다. 그 나타나는 표적과 능력을 보고 놀랐다고 했다. 결국 핍박으로 인한 흩어짐이 세계선교의 시작이 되었단다.

- 네 능력의 주인공

오 늘 의 기 도

하나님의 말씀이 능력이 되며 변화의 새사람이 되는 것을 스데반의 순교를 통해 깨닫습니다. 또한 사도 바울이 되기까지의 연단을 통해 거듭남을 교훈으로 받습니다. 감사드리며 예수님의 이름으로 기도합니다. 아멘.

346

그리스도는 하나님의 능력이요 지혜니라

"오직 부르심을 받은 자들에게는 유대인이나 헬라인이나 그리스도는 하나님의 능력이요 하나님의 지혜니라"(고전 1:24).

"무지개를 찾아다니시나요 돌고 도는 생활하시나요. 헛된 모든 꿈을 다 가지고 주님 발 앞에 모두 놓아요. 맑은 날만 있다 하지 않아요 궂은 날도 있을 거예요. 그런 날도 찬송할 수 있지요 주님이 우리 도와주세요. 드려요 모두 다 주님께 드려요 깨진 꿈 상한 맘 지친 몸 드려요 모두 다 주님께 드려요 슬픈 마음 기쁨으로 변해요."

- 복음성가 〈주님께 모두 드려요〉

주보에 실린 이 주의 찬양을 예배가 마쳐지는 결단의 복음성가로 부르는데, 너의 눈시울이 뜨거워지는 것을 목격했단다. 찬양의 가사가 마치 너의 마음을 대변해 주는 것 같지 않느냐. 성도들이 일어나 성전 밖으로 다 나갈 때까지, 너의 담임 목사님은 계속 결단의 믿음을 심어주기 위해 이 찬양의 성가를 불러 주더구나. 나 역시도 마음이 찡했단다.

얘야, 실망의 황혼길에서 부활의 새벽길로 향하는 엠마오의 두 제자를 생각하렴. 내가 성경을 풀어 줄 때에 마음이 뜨거워졌다고 했지. 떡으로 축사하고 떼어줄 때 그들의 눈이 밝아졌단다. 나 그리스도는 하나님의 능력이요 지혜란다. 너도 부활의 승리자로 살렴.

- 네 안의 능력자

오 늘 의 기 도

아멘! 주 예수 그리스도는 저의 능력과 지혜가 되시는 살아계신 하나님이십니다. 제게 주님의 제자로 부름 받게 하심을 무한 감사드립니다. 평생을 찬양하며 살게 하시는 예수님의 이름으로 기도합니다. 아멘.

347

우리 죄를 자백하면 우리 죄를 사하여 깨끗케 하신다

"만일 우리가 우리 죄를 자백하면 그는 미쁘시고 의로우사 우리 죄를 사하시며 우리를 모든 불의에서 깨끗하게 하실 것이요"(요일 1:9).

"오 나의 자비로운 주여 나의 몸과 영혼을 주님 은혜로 다 채워 주소서.
이 세상 괴롬 걱정 근심 주여 받아주시고 험한 세상에서 인도하소서.
예수 오 예수 지금 오셔서 예수 오 예수 채워 주소서."

- 복음성가 〈오 나의 자비로운 주여〉

죄로부터의 승리하는 삶의 주인공이 되려면, 그 죄를 숨기기보다 자백하는 것, 회개하며 주님께 용서를 구하는 길이 최선의 길이란다. 하나님께 자신의 허물과 죄악을 거짓 없이 고백할 때, 너의 죄를 사하시며 모든 불의에서 깨끗하게 하심을 잊지 말라. 자기를 합리화, 보편화하는 것은 안 되겠지. 죄는 숨겨지지 않는 것이란다.

자기가 자기를 괴롭히는 자학도 잘못이란다. 내가 너희를 위해 대신 진 십자가는 용서뿐만 아니란다. 너희를 죄로부터 깨끗하게 하고 새로운 길로 이끄는 부활 생명으로 승리를 보장해 주는 은혜란다. 탕자의 비유를 생각해 보렴. 아버지께서 용서하시고 씻기시며 가락지를 손가락에 끼워 주시고 새 신을 신겨 주셨단다. 너희를 향한 내 사랑을 아느냐.

- 네 죄의 구원자

오 늘 의 기 도

살아 역사하시는 아버지 하나님, 죄는 모양이라도 버리게 하소서. 불의에서 벗어나 의에 반열에서 주와 함께 동행하길 원합니다. 저의 몸과 영혼을 온전히 씻겨주시는 예수님의 이름으로 기도합니다. 아멘.

348

나도 너희를 보내노니 너희에게 평강이 있을지어다

"예수께서 또 이르시되 너희에게 평강이 있을지어다 아버지께서 나를 보내신 것 같이 나도 너희를 보내노라"(요 20:21).

"주는 평화 막힌 담을 모두 허셨네 주는 평화 우리의 평화 염려 다 맡기라 주가 돌보시니 주는 평화 우리의 평화"

- 복음성가 〈주는 평화〉

주일 1부 예배 시간에 찬양으로 섬기는 글로리아 찬양대의 깊이 있는 찬양 〈주 나를 지키리〉의 곡조와 가사에 너의 눈시울이 충혈되어 있더구나. 또한 평안이라는 주제의 말씀과 일치하는 복음성가인 〈주는 평화〉가 잔잔하게 울려 퍼질 때, 얼마나 마음의 평화가 넘쳐나는지 말이다. 너는 늘 평안하렴. 자신의 자아를 내려놓고 주만 바라보게 하시는 하나님 아버지의 인도하심이 참 평안의 평강이 아니겠니.

얘야, 내가 주는 평안은 세상이 주는 평안이 아니고, 갈함이 없는 성령 충만의 평안이란다. 그러므로 마음에 근심도 말고 두려워하지도 말려무나. 아버지께서 내 이름으로 보내시는 보혜사 성령, 그가 너희에게 모든 것을 가르치고 생각나게 하시리라. 진정 평안한 사람은 감옥에서도 꿀잠을 잔단다. 그러나 두려움의 사람은 좋은 침대와 좋은 음식도 소용이 없노라.

-너의 보혜사 성령

오 늘 의 기 도

아멘! 주께서 돌보시니 제게는 평강만이 넘쳐납니다. 주께서 십자가 보혈로 저의 막힌 담을 허물어 주셨습니다. 염려와 근심, 두려움을 잠재우시는 평안의 예수님 이름으로 기도합니다. 아멘.

349

두세 사람이 내 이름으로 모인 곳엔 나도 그들 중에 있다

"두세 사람이 내 이름으로 모인 곳에는 나도 그들 중에 있느니라"(마 18:20).

며칠 전 함께 만나 석촌 호수가 드리워진 벚꽃길을 거닐었던 너와 두 사람! 모처럼의 행복한 만남이었더구나. 내가 생각해 보면 신비스럽기도 하고 대견하다는 느낌이 든단다.

25여 년이 훨씬 지난 지금까지도 잊을 만하면 또 만나게 되는데, 그 원인이 어디에 있을까 말이다. 세상 물정을 모르는 순수한 믿음의 사람들이지.

나의 이름으로 맺어진 관계가 아니겠니. 맞는 대답이야. 힘들고 외로워서 처절하리만치 배신 받은 느낌이 들었을 때, 한 여름의 시원한 냉수 한 사발을 마신 것 같은 위로의 말, 위로의 중보기도가 얼마나 큰 힘이 되는지 너희 세 사람은 다 경험했으리라.

서로의 환경이나 상황이 달라도 마음의 중심이 하나이면 언제든지 소통할 수 있지. 서로의 아쉬움과 필요, 채워져야 할 요소를 내가 먼저 알고 있었기에, 적당한 때 내가 다시 네게 소중한 두 사람을 만나게 했노라. 사랑의 동역자로 교제하렴.

- 네 생명의 이름

오늘의 기도

주께서 저희들을 살피시고 피차를 위해 서로 기도하며 사랑하라고 맺어주신 믿음의 동역자에 대해 무한 감사를 드립니다. 주의 사랑으로 새로운 만남을 주셨으니, 주께서 동행하시는 저희의 남은 인생길에 빛과 소금이 되게 하소서. 예수님의 이름으로 기도합니다. 아멘.

350

빌기를 다하매 성령의 충만으로 말씀을 전하니라

"빌기를 다하매 모인 곳이 진동하더니 무리가 다 성령이 충만하여 담대히 하나님의 말씀을 전하니라"(행 4:31).

"기도를 쉬지 마라 찬양을 멈추지 마라. 하나님이 너를 주목하고 있다. 예배에 집중하라 말씀을 붙잡아라. 하나님을 만나면 끝난 것이다."

- 복음성가 〈하나님을 만나면 끝난 것이다〉

금밤 부흥회 집회까지 참석하기 위해 노력하는 너의 마음이 가상하도다. 무엇보다 사람에게 보이기보다 내게 잘 보이려고 힘쓰는 그 진실함을 칭찬하고 싶구나.

어제 금요일엔 시니어 칼리지의 봄 소풍을 잘 다녀왔더구나. 아름다운 봄날의 맑은 하늘 아래 도자기 공예를 견학하며, 학우들과의 사진을 추억으로 남기는 재미가 쏠쏠했겠지. 저녁이 되면서 소풍을 마쳤지만 금요기도회에 도전하는 너를 목격했단다.

역시 본 교회의 금요 집회는 찬양이 뜨겁더구나. 말씀과 합심의 통성 기도도 만만치 않더구나. 성령 충만한 금요 집회가 되기를 나도 응원하노라.

- 네 기도의 응답자

오 늘 의 기 도

복음성가 <하나님을 만나면 끝난 것이다>의 가사가 제 심금을 울립니다. 하루의 피곤한 발걸음에도 주의 전에서 찬송하며 기도하니 새 힘이 넘쳐납니다. 감사하신 예수님의 이름으로 기도합니다. 아멘.

351

내가 너희를 사랑한 것 같이 너희도 서로 사랑하라

"새 계명을 너희에게 주노니 서로 사랑하라 내가 너희를 사랑한 것 같이 너희도 서로 사랑하라"(요 13:34).

"아버지 사랑합니다 아버지 경배합니다 아버지 채워주소서 당신의 사랑으로 / 예수님 사랑합니다 예수님 경배합니다 예수님 채워주소서 당신의 사랑으로 / 성령님 사랑합니다 성령님 경배합니다 성령님 채워주소서 당신의 사랑으로…."

- 복음성가 〈아버지 사랑합니다〉

내가 너희에게 새 계명을 주노니 서로 사랑하라. 내가 너희를 사랑한 것 같이 너희도 서로 사랑하라.

얘야, 네가 내게 사랑한다고 찬양으로 고백하면, 나는 기뻐서 몸 둘 바를 모르겠더라. 아버지와 예수님, 성령님의 삼위일체 하나님을 노래하며 찬양할 때 형용할 수 없는 행복감에 취한다는 사실을 잊지 말려무나. 내가 부활한 후에 "요한의 아들 시몬아!"라고 부르며 "내 어린 양을 먹이라." 했을 때, 베드로는 "내가 주님을 사랑하는 줄 주님께서 아시나이다."라고 세 번씩 대답했지. 내가 십자가에 달리기 직전의 유월절 전에는 제자들의 발을 씻겨 주었지. 그러면서 "너희도 서로 발을 씻어 주라."고도 하였지. 그 후에 새 계명을 주며 "내가 너희를 사랑한 것 같이 너희도 서로 사랑하라." 하였노라.

- 네 영혼의 연인

오 늘 의 기 도

신실하신 아버지 하나님의 사랑을 다시 한번 감사드립니다. 독생자 예수그리스도를 저희 죄를 위해 십자가로 구원해 주셨나이다. 저희를 위해 부활하셨나이다. 저희도 서로 사랑하게 하옵소서. 예수님의 이름으로 기도합니다. 아멘.

352

딸아 네 믿음이 너를 구원하였으니 평안히 가라

"예수께서 이르시되 딸아 네 믿음이 너를 구원하였으니 평안히 가라 하시더라" (눅 8:48).

얘야, 너 같았으면 혈루증 여인처럼 담대하게 행동했을 것 같으냐고 묻고 싶구나. 내가 회당장인 야이로의 열두 살 된 외딸이 죽어가고 있다는 소식을 듣고 가는 길이 아니었더냐. 나의 발 앞에 엎드려 딸을 살려 달라는 야이로의 주변으로 많은 무리가 밀려들 때였지.

아무에게도 고침을 받지 못하던 그 여자가 내 뒤로 와서 나의 옷가에 손을 대었을 때, "내게 손을 댄 자가 누구냐 내게 손을 댄 자가 있도다 이는 내게서 능력이 나간 줄 앎이로다."라고 내가 말한 것을 너도 알고 있으리라.

그 상황을 내게 간증으로 고한 혈루증 여인에게 "딸아 네 믿음이 너를 구원하였으니 평안히 가라." 하였느니라. 이 여인은 오로지 믿음으로 내 옷자락을 만졌단다. 주변 사람들의 눈치나 체면 같은 것은 아예 생각도 하지 않았지.

절망과 고통이 깊을수록 너는 나를 찾으려무나. 인간의 끝은 곧 나의 시작을 의미하지. 너도 그리하라.

- 네 믿음의 구원자

오 늘 의 기 도

옳습니다. 주님의 말씀이 옳습니다. 치유의 기적은 오직 믿음으로만이 가능함을 제가 믿습니다. 혈루증 여인의 간절한 믿음을 저도 본받게 하소서. 예수님의 이름으로 기도합니다. 아멘.

353

어린 아이들이 내게 오는 것을 용납하고 금하지 말라

"예수께서 그 어린 아이들을 불러 가까이 하시고 이르시되 어린 아이들이 내게 오는 것을 용납하고 금하지 말라 하나님의 나라가 이런 자의 것이니라"(눅 18:16).

"예수께로 가면 나는 기뻐요 걱정 근심 없고 정말 즐거워
예수께로 가면 나는 기뻐요 나와 같은 아이 부르셨어요."

- 새찬송가 565장

너의 어린 시절에 네가 주일 예배드리며 힘차게 불렀던 어린이 찬송가 가사를 기억하고 있으리라. 나는 어린아이들을 보면 얼마나 사랑스러운지 모르겠다. 너도 요즘 TV 프로그램 〈슈퍼맨이 돌아왔다〉를 매우 좋아하더구나. 아장아장 걸음마를 시작하는 아가의 눈망울은 그 누구도 흉내 낼 수 없단다.

하나님의 나라가 바로 이런 자의 것이니라. 그러므로 어린아이들이 내게 오는 것을 용납하고 금하지 말라 했느니라.

어린이날을 맞이하여 어제 주인엔 어린이 주일로 연합하여 함께 예배를 드렸더구나. 어린이 합창단의 노래가 감미롭더라. 네가 어렸을 때의 어린이를 생각하며 어린이를 가까이 하렴. 그리고 헛된 말로 속이지 말고 자주 얘기하는 습관을 가지렴. 천국에서 큰 자가 곧 어린이와 같은 자란다.

- 너는 나의 어린이

오 늘 의 기 도

저의 어린 시절의 모습도 다 기억하시는 주님께 제가 무엇을 속일 수 있사오리까. 그저 저를 '너는 나의 어린이'라 여겨주시니 감사드릴 뿐이옵니다. 예수님의 이름으로 기도합니다. 아멘.

354

그가 백성을 많이 구제하고 하나님께 항상 기도하더니

"그가 경건하여 온 집안과 더불어 하나님을 경외하며 백성을 많이 구제하고 하나님께 항상 기도하더니"(행 10:2).

고난 당하는 자가 마음이 상하여 그의 근심을 여호와 앞에 토로하는 기도의 말씀이 시편 102편에 있는데, 그 첫 절의 말씀부터 부르짖음에 관한 내용이 있단다.

"여호와여 내 기도를 들으시고 나의 부르짖음을 주께 상달하게 하소서." 그러므로 우리의 삶에 모든 순간에 있어서 주께 드리는 소원의 기도가 상달될 수 있음을 알라.

참된 긍휼의 절절한 부르짖음의 기도가 상달될 수 있단다. 내 사랑하는 자야, 로마의 백부장인 고넬료의 믿음을 본받으라. 그가 경건하여 온 집안과 더불어 하나님을 경외했다고 하였다. 그리고 백성을 많이 구제하고 하나님께 항상 기도했다고도 했노라. 고넬료야말로 귀하게 쓰임 받는 기도의 사람이란다.

네게 묻고 싶다. 이처럼 너도 하나님의 기념비로 인정받는 신실한 일꾼이 될 수 있느냐. 내게 인정받는 신실한 기도의 사람이 되길 기대한다.

\- 너의 참 중보자

오 늘 의 기 도

모든 면에 부족함이 없이 본이 되는 기도와 구제의 사람인 고넬료의 믿음을 본받게 하소서. 겸손히 주께 엎드려 부르짖는 기도의 증인이 되게 하소서 예수님의 이름으로 기도합니다. 아멘.

355

하늘의 보화가 네게 있으리니 네 소유를 가난한 자들에게 주라

"예수께서 이르시되 네가 온전하고자 할진대 가서 네 소유를 팔아 가난한 자들에게 주라 그리하면 하늘에서 보화가 네게 있으리라 그리고 와서 나를 따르라 하시니"(마 19:21).

"말씀 앞에서 경외함으로 주께 홀로 섭니다. 생명의 말씀 읽고 순종해 주를 예배합니다. 기록된 말씀 힘이 있어서 진리로 우릴 거룩케 하며, 거룩한 말씀 세세 영원히 복음이 되어 말씀하시네. 하나님 말씀에 두려워 떠는 자 그 말씀에 생명을 거는 자, 한 사람 찾으시는 주님의 약속을 믿어. 영원한 하나님 나라 이뤄갈 주의 교회여 일어나라."

- 복음성가 〈하나님 말씀 앞에서〉

얘야, 어제 금밤 부흥회 시간엔 찬양도 뜨겁고 말씀도 뜨겁더구나. 시급할수록 하나님이 우선순위가 되어야 한단다. 부자 청년에 대한 말씀에서 교훈으로 삼을 핵심이 있음을 너는 깨달았느냐. 재물이 많은 것이 원인이 되어 나의 진실된 말을 듣고 근심하며 떠났지 않느냐. 진심은 있었으나 전심으로 그리스도인 나를 따르지 않았단다. 너는 어떠한 일을 하든지 진심을 넘어 전심으로 나아가려무나.

〈하나님 말씀 앞에서〉라는 복음성가 가사가 나의 말을 대변해 주는 듯이 감동이구나. 하나님 말씀에 생명을 거는 자로 살아가렴.

- 너의 참 보화

오 늘 의 기 도

아멘이십니다. 제가 매일 새벽 성경 말씀을 읽고 묵상하지만, 얼마나 실천으로 순종의 삶을 살고 있는지, 주께 죄송스럽기만 합니다. 주 말씀에 생명을 거는 자로 살게 하소서. 예수님의 이름으로 기도합니다. 아멘.

356

자녀들아 모든 일에 부모에게 순종하라

"자녀들아 모든 일에 부모에게 순종하라 이는 주 안에서 기쁘게 하는 것이니라" (골 3:20).

내 사랑하는 자야, 두 자녀와 함께 여행을 다녀온 느낌이 어떤지 이야기할 수 있겠지? 너의 얼굴의 미소가 참 좋았다 말해주고 있구나.

가정의 달이기도 한 이 5월에 가족 여행으로 1박 2일의 아름다운 추억을 남기고 왔으니 후련하겠다. 하늘도 맑고 넓은 바다가 보이는 명산지!

그래도 이른 새벽에 기상하여 성경을 읽고, 새벽 기도로 시작하는 너의 모습이 대견해 보였단다. 창문 너머로 웅장하게 보이는 큰 바위를 바라볼 때마다, 나를 의식하고 나의 존재를 네 마음속에 품고 있었다니 감격이었단다.

늘 그 자리에 변함이 없이 산이 되고 바위가 되는 나를 생각했다니 말이다. 그리고 내가 네게 맡긴 너의 딸들이 네게 효도하는 모습이 너무도 좋아 보였단다. 너 역시도 네 영의 부모인 주 하나님께 순종하는 자로 살려무나.

- 네 영의 부모

오 늘 의　기 도

주께서 저희 가정을 사랑하시고 자녀들의 사랑을 받게 하심이 얼마나 감사한지요. 주님의 자녀가 된 저도 주님께 순종하는 자녀로 인쳐 주소서. 예수님의 이름으로 기도합니다. 아멘.

357

온전하고 정직하여 하나님을 경외하며 악에서 떠난 자

"여호와께서 사탄에게 이르시되 네가 내 종 욥을 주의하여 보았느냐 그와 같이 온전하고 정직하여 하나님을 경외하며 악에서 떠난 자는 세상에 없느니라" (욥 1:8).

"우리 주는 위대하며 능력이 많으시도다. 그의 지혜 무궁하며 인자는 영원하도다. 상한 자를 고치시며 상처를 싸매시도다. 별들의 수를 세시며 이름을 붙이셨도다. 그가 구름으로 하늘을 덮으시며 땅을 위하여 비 준비하시니 예루살렘아 여호와를 찬송할지어다. 네 하나님을 감사함으로 그 앞에 나가며, 주 임재 앞에 경배해." - 복음성가 〈비 준비하시니〉

연합성회를 본 교회에서 개최하니, 네가 밤마다 은혜받는 일에 더욱 집중할 수 있었겠다. 강사 목사님의 진솔한 말씀과 간증에 네가 심취하여 청종하고, 노트에도 빠짐없이 기록하는 모습을 보았단다. 특히 시편 147편의 말씀을 복음성가로 부르게 된 〈비 준비하시니〉의 곡조 있는 말씀의 찬양이 매우 듣기 좋았지.

그래. 식물이 자라는 마른 땅의 소망은 단비란다. 정직하고 온전하며 하나님을 경외하는 욥을 생각해 보아라. 악에서 떠난 자라고 사탄 앞에서도 욥을 칭찬하지 않았느냐. 욥과 같은 자는 세상에 없다 했다. 너도 갑절의 복을 받은 욥의 온전한 믿음을 본받으라.

- 너를 살피는 주

오 늘 의 기 도

아멘! 주님의 말씀이 진실로 아멘입니다. 온갖 풍파와 시험, 질병의 고통 속에서도 하나님을 원망치 않고 감사한 욥의 온전한 믿음을 저도 본받게 하소서. 축복의 비를 준비하시는 예수님의 이름으로 기도합니다. 아멘.

358

예수 그리스도와 그가 십자가에 못 박히신 것 외에는

"내가 너희 중에서 예수 그리스도와 그가 십자가에 못 박히신 것 외에는 아무것도 알지 아니하기로 작정하였음이라"(고전 2:2).

사도 바울의 고백을 다시 한번 음미해 보려무나. "예수 그리스도와 그가 십자가에 못 박히신 것 외에는 아무것도 알지 아니하기로 작정하였음이라."

세상의 그 어떤 것보다도 오직 예수! 내가 십자가에 못 박힌 것과 나의 이름만을 알기로 했다는 간증을 들으니, 어찌 내가 감동하지 않겠느냐 말이다. 웨슬리 회심 기념 주일을 맞이하여, 감리교회의 창시자인 웨슬리의 참된 믿음을 기억하며, 네 자신을 점검하는 계기가 되기를 바란다.

죄와 사망에서 자신을 구속, 구원하셨다는 확신의 뜨거운 성령의 감동이 로마서를 읽고 말씀을 듣는 중에 일어났다고 했단다. 영국의 전역을 다니며 구제, 전도, 교회와 학교 세우기, 부흥의 말씀 선포로 바울의 뒤를 잇는 전도자로 세워진 사실을 알고 믿으며, 너 또한 제2의 웨슬리 전도의 뒤를 따르는 자로 바로 서기를 기대하노라.

- 네 생명의 구세주

오 늘 의 　기 도

오직 주의 말씀 만이 영혼의 변화를 가져온다는 진리를 다시 한번 깨닫게 하시니 감사합니다. 저로 하여금 성령 충만케 하시고, 웨슬리 신앙의 중심을 따라 살게 하소서. 예수님의 이름으로 기도합니다. 아멘.

359

손을 내밀어 잡으니 그의 손에서 지팡이가 된지라

"여호와께서 모세에게 이르시되 네 손을 내밀어 그 꼬리를 잡으라 그가 손을 내밀어 그것을 잡으니 그의 손에서 지팡이가 된지라"(출 4:4).

"신실하게 진실하게 거룩하게 살게 하소서. 신실하게 진실하게 거룩하게 살게 하소서. 하나님 나의 마음 만져 주소서. 하나님 나의 영혼 새롭게 하소서."

- 복음성가 〈신실하게 진실하게 거룩하게〉

주보에 실리는 '이 주의 찬양'마다 가사의 내용이나 곡조가 다 은혜가 되는구나. 찬양이야말로 곡조 있는 기도가 아니겠니. 네가 새벽마다 기도할 때 전도대회 때 받은 '모세의 지팡이'를 손에 잡고 기도하고 있는 장면을 내가 보고 있지. 오늘 주일 예배 시간에 받은 말씀이 모세의 지팡이에 대한 말씀이라, 네가 더욱 마음이 집중되는 것을 감지했단다. "네 손을 내밀어 그 꼬리를 잡으라." 했을 때, 모세가 즉시 순종하여 잡으니 그의 손에서 지팡이가 되었지.

얘야, 너도 하나님의 말씀에 합당하게 손을 쓰는 축복의 신앙인이 되길 바라노라. 모세처럼….

- 너의 참 지팡이

오 늘 의 기 도

주님께 순종하는 온유의 지도자 모세를 본받게 하소서. 저의 손과 발, 모두를 주께 맡기오니 주님 능력의 지팡이로 온전히 쓰임 받게 하소서. 제 평생의 복은 주님이십니다. 예수님의 이름으로 기도합니다. 아멘.

360

사람이 의롭다 하심을 얻는 것은 믿음으로 되느니라

"그러므로 사람이 의롭다 하심을 얻는 것은 율법의 행위에 있지 않고 믿음으로 되는 줄 우리가 인정하노라"(롬 3:28).

마귀가 던지는 함정은 자신이 '피해자'라고 믿게 만드는 것이란다. 그러므로 피해자 의식의 최대 위험성은 '회개가 되지 않는다'는 것이리라.

나는 세리와 창기도 만났다. 왜냐하면 그들이 죄인 됨을 인정했기 때문이지. 수가성의 여인도 처음에는 피해자 의식에 젖어 있었단다. 내가 그녀에게 "네 남편이 없다."라고 했을 때, 자신의 죄인 됨을 인정하고 피해자의 자리에서 죄인의 자리로 내려와 앉은 것이란다.

피해자 의식은 미래를 망치는 일이 된다는 것을 잊지 말라. 네 마음속에 자리 잡은 피해자 의식도 이젠 아예 송두리째 벗어 버리려무나. 오히려 베풀고 섬기는 쪽으로 나가면 자부심과 책임감으로 더 강력하게 성장하는 것이다. 죄인 됨을 인정하고 엎드리라.

사죄의 은혜, 변화의 능력, 성장의 잠재력을 발견하리라. 사람이 의롭다 하심을 얻는 것은 율법의 행위가 아닌 믿음으로 되는 줄 인정하노라. 믿음으로 살라.

\- 네 믿음의 주

오 늘 의 기 도

아멘! 믿음으로 피해자 의식을 뿌리 뽑게 하소서. 죄인 된 겸손의 자리에서 회개함으로 구원의 감격 속에서 살아가게 하소서. 주 십자가를 통과한 부활 신앙의 믿음으로 승리하게 하소서. 예수님의 이름으로 기도합니다. 아멘.

361

그리스도 안에서 너희를 용서하심 같이 서로 용서하라

"서로 친절하게 하며 불쌍히 여기며 서로 용서하기를 하나님이 그리스도 안에서 너희를 용서하심과 같이 하라"(엡 4:32).

자기의 마음을 잘 다스리는 자는 성을 빼앗는 자보다 낫다고 했느니라. 자기 자신의 진실을 찾아서 자신이 누구인지를 평가할 수 있어야 하리라.

사도 바울의 삶을 생각해 보아라. 그는 말하기를 그리스도인이 된다면 먼저 진실하라고 하였다. 또한 그는 자신이 만삭되지 못하여 난 자 같다고도 했단다.

자기 육체의 질병인 가시가 있는 것을 주님께 치유해 달라고 간구했지만, "내 은혜가 네게 족하다."의 말씀을 그대로 받고 감사해 했단다. 자신에게 가시가 있어야 교만치 않고 주의 일을 할 수 있다는 고백이란다.

내가 네게 부탁하노니, 너는 내 안에서 이웃을 향해 친절하게 대하여 불쌍히 여기려무나. 또한 서로 용서하기를 하나님이 내 안에서 너희를 용서함과 같이 피차 용서하라. 자기를 다스리는 원죄가 여기에 있단다. 진실하고 거룩하게 살라.

- 너를 용서한 주

오 늘 의 기 도

제 삶의 표어가 진실과 성실이었습니다. 이제 또한 주 앞에서 거룩하게 살기를 원합니다. 주께서 저를 용서하심과 같이 저도 이웃을 용서하며 살게 하옵소서. 예수님의 이름으로 기도합니다. 아멘.

362

나를 떠나서는 너희가 아무것도 할 수 없다

"나는 포도나무요 너희는 가지라 그가 내 안에, 내가 그 안에 거하면 사람이 열매를 많이 맺나니 나를 떠나서는 너희가 아무것도 할 수 없음이라"(요 15:5).

"주 음성 외에는 참 기쁨 없도다 날 사랑하신 주 늘 계시옵소서. 기쁘고 기쁘도다 항상 기쁘도다 나 주께 왔사오니 복 주옵소서 아멘.

- 새찬송가 446장

내 사랑하는 환아, 나는 참 포도나무요 내 아버지는 농부라. 나는 포도나무요 너희는 가지라. 그가 내 안에, 내가 그 안에 거하면 사람이 열매를 많이 맺는단다. 그러므로 나를 떠나서는 너희가 아무것도 할 수 없음이라. 너희가 열매를 많이 맺으면 내 아버지께서 영광을 받으실 것이요 너희는 내 제자가 되리라.

수요예배 때마다 예루살렘 언덕의 시온 줄기를 이어받는 시온 찬양대의 구성이 아름답구나. 어제 수요예배 시간에 부른 찬송가를 들으며, 내 음성을 듣고 기뻐 찬양하는 너희의 진실된 모습을 보았단다. 지휘자의 순수한 지도에 따라 어린이처럼 순종하는 청지기 직분자들이 대견하게 느껴졌단다. 찬양을 하면 영육이 강건해진단다. 더욱 기쁘게 찬송하렴.

- 나는 너의 포도나무

오 늘 의 기 도

신실하신 주 하나님을 찬양합니다. 저도 귀한 찬양대의 일원으로 세움 받게 하셨으니 죽도록 충성하게 하소서. 주 예수님의 이름을 찬양하는 포도나무의 가지로 살게 하소서. 예수님의 이름으로 기도합니다. 아멘.

363

여호와께서 온 땅의 언어를 혼잡하게 하셨음이라

"그러므로 그 이름을 바벨이라 하니 이는 여호와께서 거기서 온 땅의 언어를 혼잡하게 하셨음이니라 여호와께서 거기서 그들을 온 지면에 흩으셨더라"(창 11:9).

"무한하신 주 성령 우리 어둔 성품에 생명 빛을 주소서 보혜사시여.
우리 맘에 평안을 이슬 같이 내리사 열매 맺게 하소서 보혜사시여."

- 새찬송가 188장

주보에 새겨진 '이 주의 찬양' 성가가 내 마음을 흐뭇하게 해 주는구나. 바벨탑을 심판하신 하나님의 역사 앞에서, 너희는 겸손히 낮아져 삼위일체 되시는 여호와 하나님과 예수 그리스도인 나와 보혜사 성령님을 찬양하며 경배함이 마땅하니라.

하나님께서 독생자인 나를 이 땅에 보내시고 십자가 사랑을 이루셨으니, 너희가 주를 사랑함이 당연함이라. "성읍과 탑을 건설하여 그 탑 꼭대기를 하늘에 닿게 하여 우리 이름을 내자."라는 사람들 교만의 뿌리를 아신 하나님! 온 땅의 언어가 혼잡하게 되고 흩어지지 않았느냐. 자연에 순응해야 하지, 거스르면 안 된다는 것을 명심하렴.

- 너의 아버지

오늘의 기도

아멘! 아멘! 우리 교만의 극치를 불쌍히 여겨 용서하옵소서. 욕망과 탐심, 명예욕을 탈피하게 하소서. 주님의 뜻을 거스르게 하는 것들이 무너지게 하소서. 예수님의 이름으로 기도합니다. 아멘.

364

하나님의 말씀과 기도로 거룩하여짐이라

"하나님의 말씀과 기도로 거룩하여짐이라"(딤전 4:5).

나의 제자 환아, 세상에는 두 종류의 인생을 구별할 수 있겠구나. '자기로 사는 인생'과 '예수로 사는 인생'의 차이점은 무엇일까 말이다.

간단히 말하자면 '자기로 사는 인생'은 욕심부리다가 지쳐서 회복과 쉼, 충전의 삶을 이룰 수 없다는 것이다. 예수, 곧 나를 의지하며 사는 인생은 힘의 공급을 받아 싱싱하단다.

예배는 말씀과 기도의 힘을 준단다. 말씀의 회복은 무한한 힘을 발휘하게 만들지. 그리고 기도의 회복은 쓰러진 자도 일으키는 힘이 있음을 알라.

얘야, 지난해의 연초부터 너의 삶은 많이 변화된 모습을 지속하고 있더구나. 다만 온전한 결실을 맺기까지는 시간이 필요하겠지. 새벽을 깨워 기도하고 말씀을 묵상하기 위한 몸부림이라 할까. 자정이 지나도록 취침에 들지 못하던 네가, 이제는 밤 10시만 지나면 잠자리에 드니 말이다. 잘한 일이야. 거룩의 길은 말씀과 기도뿐이란다.

- 네 안의 거룩

오 늘 의 기 도

매사에 부족하고 어눌한 저를 칭찬해 주시니, 제가 감히 주님께 드릴 말씀이 없습니다. 새벽마다 기상하여 성경을 상고하고 기도하오나 부족하오니 저를 온전케 하소서, 예수님의 이름으로 기도합니다. 아멘.

365

네 길을 여호와께 맡기면 그가 이루시리라

"네 길을 여호와께 맡기라 그를 의지하면 그가 이루시고"(시 37:5).

내 사랑하는 자야, 너의 길을 여호와께 맡기라. 그를 의지하면 그가 이루시고 풍성한 열매로 갚아주리라.

한나의 끈질긴 눈물의 기도가 사무엘을 허락하셨느니라. "길이 아니면 가지 말라."는 말이 있단다. 원하는 결과는 길로만 온다는 뜻이지. 축복도 오는 길이 있단다. 그 길을 붙들고, 나와 함께 그 길을 가자꾸나.

축복이 오는 네 가지 길을 기억하고 명심하렴. 말씀 붙들기, 은혜 베풀기, 하나님께 맡기기, 첫 열매 드리기를 하려무나. 하루의 첫 열매인 새벽을 드리라. 하루 일과의 모든 것을 여호와께 맡기면 축복의 결실을 맺게 되리라.

3년 6개월 동안 주의 말씀 받아 기록해 놓은 새벽 노트 9권을 내가 어찌 잊겠느냐. 내가 분명 썩지 않을 생명의 열매로 네게 갚아주리라. 365일간의 말씀 묵상을 기쁨으로 받으리라.

- 네 길의 완성자

오 늘 의 기 도

저의 영혼과 육신의 모든 것을 다 헤아리시고 기억하시는 아버지 하나님이시여! 저의 신랑 되시는 주 예수 그리스도시여! 지금도 내주하시는 주 성령님이시여! 모든 찬양과 영광을 받으옵소서. 감사하신 예수님의 이름으로 기도합니다. 아멘.

나의 사랑 안에 거하라

인쇄일 2024년 9월 10일
발행일 2024년 9월 17일
지은이 김명환
펴낸곳 코람데오
등록 제300-2009-169호
주소 서울시 종로구 세종대로 23길 54, 1006호
전화 02)2264-3650, 010-5415-3650
팩스 02)2264-3652
E-mail soho3650@naver.com

ISBN | 979-11-92191-37-9 03230
값 16,000원